U0861479

吴庄子村志

《吴庄子村志》编修委员会　编

方志出版社
Publishing House of Local Records

图书在版编目（CIP）数据

吴庄子村志/《吴庄子村志》编修委员会编. --北京：方志出版社，2019.6

ISBN 978-7-5144-3786-7

Ⅰ.①吴… Ⅱ.①吴… Ⅲ.①村史—滦县 Ⅳ.①K292.25

中国版本图书馆CIP数据核字（2019）第143432号

吴庄子村志

编　　者：《吴庄子村志》编修委员会
责任编辑：黄　彦

出 版 者：方志出版社
地址　北京市朝阳区潘家园东里9号（国家方志馆4层）
邮编　100021
网址　http://www.fzph.org
发　　行：方志出版社图书经销中心
电话　（010）67110500
经　　销：各地新华书店
排　　版：北京天逸合文化有限公司
印　　刷：北京中科印刷有限公司

开　　本：787×1092　1/16
印　　张：18.75
字　　数：327千字
版　　次：2019年6月第1版　2019年6月第1次印刷
印　　数：0001～2000册

ISBN 978-7-5144-3786-7　定价：150.00元

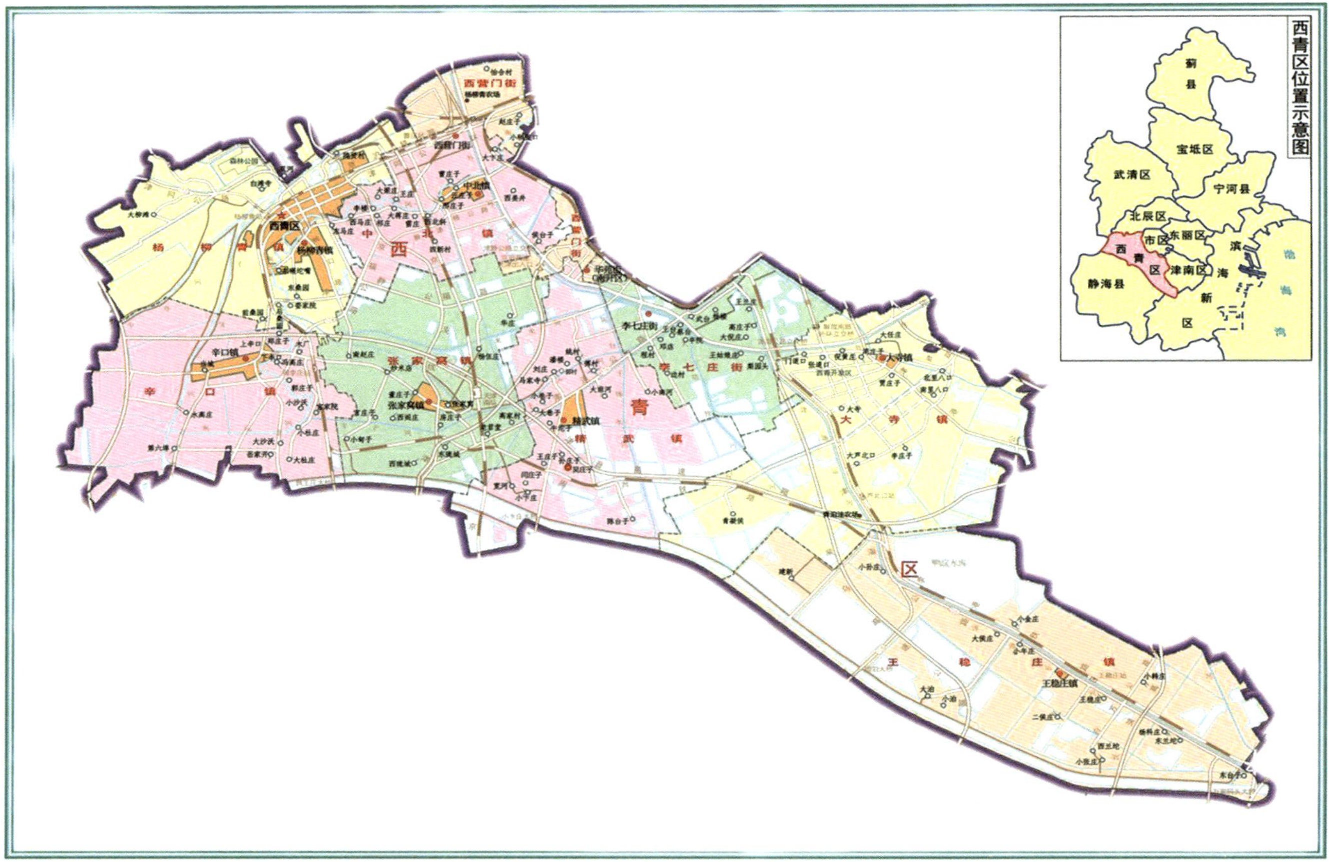

西青区精武镇吴庄子村位置示意图

2016 年吴庄子村域图

国兴佳园小区北门（2016 年摄）

吴庄子村党群服务中心（2017 年摄）

国兴佳园社区综合服务中心（2016 年摄）

国兴佳园小区道路（2016 年摄）

国兴佳园全景（2016年摄）

吴庄子工业园新建厂房（2016 年摄）

吴庄子村工业园鸟瞰图（2016 年摄）

党员参观平津战役纪念馆（2017 年摄）

2016 年，召开党员大会

第十届吴庄子村委会换届选举现场（2018 年摄）

宣传横幅（2017 年摄）

“七一”全体党员重温入党誓词（2016 年摄）

正月十五秧歌花会展演（2016 年摄）

创城创文宣传活动（2016 年摄）

举办道德讲堂（2016 年摄）

参加精武镇诗歌朗诵会（2017 年摄）

参加区妇联彩虹计划活动（2017 年摄）

村民分房登记（2014 年摄）

春节慰问村低保户（2017 年摄）

2015 年 8 月 18 日，村民为塘沽爆炸遇难者捐款

慰问老党员（2017 年摄）

慰问困难群众（2017 年摄）

慰问退伍军人和现役军人家属（2017 年摄）

村民免费体检（2017 年摄）

在镇司法所进行工程投标（2015 年摄）

妇联举行端午节包粽子送邻里活动（2016 年摄）

2017 年 7 月 28 日，村民读书活动

2016 年“5 · 27 无烟日”宣传

2016 年，庆“五一”劳动节趣味运动会

村扇舞队表演（2017 年摄）

篮球比赛（2015 年摄）

幼儿舞蹈（2016 年摄）

乒乓球比赛（2015 年摄）

趣味比赛（2017 年摄）

趣味运动会（2017 年摄）

参观老革命事迹展（2017 年摄）

新春送福（2016 年摄）

2017 年，参加精武镇春节文艺演出

广场舞表演（2017 年摄）

村老年舞蹈队广场舞表演（2017 年摄）

老村委会办公楼（2014 年摄）

老村体育广场（2010 年摄）

老村工业园区（2014 年摄）

吴庄子村墓地（2017 年摄）

旧村街景（2013 年摄）

西青区村村建档修志工程领导小组组长及成员单位

组　　长：张　劲（至2019年3月）

副组长：惠　冰　高　艳

成员单位：区档案局　区委督查室　区民政局
区农业经委　区新闻中心　西营门街
李七庄街　杨柳青镇　辛口镇
中北镇　张家窝镇　精武镇
大寺镇　王稳庄镇

西青区村村建档修志工程领导小组办公室成员

主　　任：孙国春（至2018年2月）
林小琳（自2018年2月）

副主任：谷大丽（至2018年9月）
薛安鲁
边秀文（自2018年9月）

精武镇村村建档修志工程领导小组组长及成员单位

组　　长：潘作成（至 2019 年 6 月）　刘振河（自 2019 年 6 月）
副 组 长：扈树燕（至 2019 年 6 月）　辛凌雯（自 2019 年 6 月）
成员单位：镇党委办公室　政府办公室　民政办公室　社区建设服务中心
农业服务中心　建设管理办公室　社会治安综合治理办公室
企业服务中心　文化广播电视服务中心　档案室和各村为成员单位

《吴庄子村志》审验组成员

组　长：潘作成　刘振河　林小琳
副组长：扈树燕　辛凌雯　薛安鲁
成　员：王敬模　许秀英　王富盛
张立民　谢连华　杨茂枫
吴锡凤　张为新　汪立健
李雪建

《吴庄子村志》编修委员会

主　任：杨文起

成　员：王福喜　张学伟　韩清义
　　　　高兰英

《吴庄子村志》编辑人员

主　　编：张殿成

编辑人员：刘春君　刘文安　兰　涛
　　　　　范海红　郑蕙蕙

资料提供：高兰英

照片提供：高兰英

序一

村村建档修志工程卷帙浩繁，内容宏富。整个工程历时三载，经广大村志工作者辛勤编纂、精心打磨，终于付梓出版。这是西青区社会主义精神文明建设的重要成果，体现了全区在文化工程建设、文化自信方面取得的重要成绩，在此，予以祝贺！

村志，是整个方志编写中的一个分支，明代即有了乡村志的雏形。历代政府多注重“官志”的编修，而作为乡土聚落的村志极少在正史典册中出现。自20世纪80年代始，村志的立身及地位逐步得到认同，随着经济社会的不断发展和城乡一体化进程的加快，部分省市的村志编修已在较大范围内开展。但作为一个地区，西青区将“村村建档修志”作为一项系统工程，举全区之力，用三年的时间，在全区162个村庄全面铺开推动，这在全市乃至全国尚属空前。

村村修志工程，是西青区深入贯彻落实习近平新时代中国特色社会主义思想和党的十九大精神的具体实施，是推进乡村振兴和文化强区战略的生动实践，也是全面推动全区档案事业和地方志事业科学发展的一项创新举措。村志，系统记述了村落发展的变化和改革开放的进程，全面展现了西青区厚重的历史文化底蕴，是认识全区农村社会变革和经济发展的重要途径，为全区“乡村振兴战略”和新型小康村建设提供了历史智慧和现实借鉴。村村修志工程，契合了城市化进程中抢救村落文化，做好文化传承的当前态势；回应了随着经济社会不断发展，广大村民渴望诉说家乡情怀、展现村庄历史的文化需求。对于铭记历史，“记住乡音、留住乡愁”，激发民众爱乡情怀，必将带来重大而深远的影响。

纵观全志，资料广征博引，据事实录，彰盛事、志伟绩，寓成功得失，分是非曲直，系统反映了各村面貌，是一部部村落发展的百科全书。村志在编修体例上因地制宜，不拘一格，突出时代特点和村情特色；在编写机制上，重视本村人写本村志，同时提倡开门修志，博览众长，广泛吸纳社会专业力量，推动村志编修工作有效开展，创造出一批独具村味乡韵的精品文化成果。不仅为后人留下了大量珍贵的史料，弥补了正史文献中对村庄记述之缺环，同时也为全区政治、经济和社会发展提供了强大的精神动力和智力支持。

衷心地感谢方志出版社、天津市志办领导、村志工程各级组织者，各方专业人士以及广大的村志编纂者。“修志问道，以启未来”，区委、区政府愿与全区人民以史为鉴、同心同德，与时俱进、开拓创新，用勤劳和智慧创造西青更加美好的未来。

中共天津市西青区委员会

天津市西青区人民政府

2019 年 3 月

序二

吴庄子村位于天津市西南部卫南洼，紧邻天津外环线，村庄历史悠久，人文底蕴深厚。在这块古老的土地上，勤劳、纯朴、智慧的吴庄子村人为追求光明、幸福、自由、进步，前赴后继，用双手创造了自己的历史和文化。新中国成立后，吴庄子村人以火热的激情和冲天的干劲，积极投身社会主义建设，使村庄发生翻天覆地的变化。特别是改革开放后，全村干部群众充分发挥得天独厚的区位优势，一心一意谋发展，奏响一曲曲华美的时代乐章。经过多年的奋斗，各项事业都取得历史性突破。今日的吴庄子村拥有发达繁荣的现代化城市经济模式，村民居住在舒适的住宅楼区，物质条件优越，生活富足幸福，往日的传统村庄已变成现代化社会主义新农村，成为现代化大都市的一角。

盛世修志是中华文化的优良传统，村镇修志正是这一文化传统的延伸，也是保留历史、铭记乡愁、凝结乡情的最好载体之一。村志如实再现那曾经的村街里巷和袅袅炊烟，记录村落里的先人与往事，借以传承乡俗、诉说乡音，纾解乡思，激活历史传统，唤起共同文化记忆，塑造共同心灵，留住乡村文化的根脉，让人们难以割舍的乡愁得以慰藉和释放。同时，记述贫穷落后的往昔，对比今天的巨大变化，还可激励人们热爱生活，砥砺奋发，以更大的热情和干劲，为建设美好家乡做出更大的贡献。

斗转星移，物是人非，村中传统的生产和生活方式、风俗习惯以及许多往事，都随着时光的流逝而未得保留；还由于多年没有档案，许多反映村庄域情文化的第一手资料和信息未能保存，使得村志编修留下了难以弥补的缺陷。通过这次编修村志，编辑人员多方挖掘、收集资料，旁征博引，对吴庄子村的历史和现状进行考究，将村庄六百多年历史概貌梳理清楚，记述明白，并将改革开放作为重点，详细记述了四十年来翻天覆地的变化，可使读者具体了解到农村承载的历史文化信息，了解到改革开放给农村带来的巨大变化，了解到新时代崇德向善、勇于创业创新的吴庄子村人……

在《吴庄子村志》成书过程中，得到西青区档案局和精武镇领导的大力支持，得到热心村民提供多方资料和信息，本书编辑人员付出艰辛的努力，才使得村志得以顺利出版。在此，我们代表村党支部、村委会和全体村民对为本书做出贡献的各方人士表示衷心的感谢！

我们相信，在党的十九大精神指导下，吴庄子村一定会继往开来，发奋进取，在社会主义新时代建设中取得更大的成绩，奔向更加美好的未来！

吴庄子村党支部书记

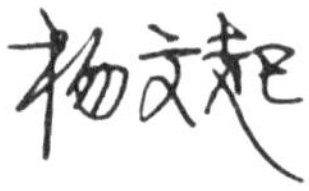

2019 年 1 月

凡　例

一、本志以马克思列宁主义、毛泽东思想、邓小平理论、“三个代表”重要思想、科学发展观和习近平新时代中国特色社会主义思想为指导，坚持辩证唯物主义和历史唯物主义的立场、观点和方法及实事求是原则，严格执行国务院颁布的《地方志工作条例》。坚持质量第一，确保政治观点正确。

二、全面、系统地记述吴庄子村自建村以来几百年的历史与现状，主要突出改革开放和民计民生，努力用客观鲜活的史料揭示吴庄子村的发展规律，体现其时代特征和地方特色。力求科学性、著述性、资料性的统一。

三、记述范围为吴庄子村现辖区域，个别事件对其原属区域略有涉及。

四、记述时间上限为明洪武年间，下限至2017年。为保持史实记述的完整性，个别事物记述时间作必要上溯。

五、采用述、记、志、传、图、表、录并用体，以志为主，横排竖写，一般横不缺要项，记述上“述而不作”。概述、篇前小序以序为主，间或有论。图表照附于相关部类，力求图文并茂、史料翔实、文字简练、内容全面，为存史、资治、育人服务。

六、本志采用规范语体文，各种名称首次出现用全称，再次出现酌用简称。

七、本志按类设章，章下设节、目，部分目下设条目。

八、本志采用纪年，中华民国前用历史纪年，括注公元纪年；中华民国成立后用公元纪年。志内出现的解放前、后，系指1949年1月村内解放前、后。志文记述中，一般年代前的“20世纪”省略。一般事条的吴庄子村省略。

九、人物传严格遵循“生不立传”原则。

十、标点符号执行《中华人民共和国国家标准标点符号用法》(2012年)。

十一、计量单位执行1984年国务院颁发的《关于在我国统一实行法定计量单位的命令》，统一使用现行法定的计量单位，如千米、公顷等。

目　录

概　述 …………………………………………………………………………（1）
大事记 …………………………………………………………………………（11）

第一章　建置　地理 ……………………………………………………（39）
　第一节　建置沿革 ……………………………………………………（41）
　第二节　自然环境 ……………………………………………………（45）
　第三节　自然资源 ……………………………………………………（51）
第二章　人　口 …………………………………………………………（57）
　第一节　人口状况 ……………………………………………………（59）
　第二节　婚姻　家庭 …………………………………………………（65）
第三章　交通水电 ………………………………………………………（69）
　第一节　交　通 ………………………………………………………（71）
　第二节　电力　给排水 ………………………………………………（75）
第四章　农　业 …………………………………………………………（77）
　第一节　生产关系 ……………………………………………………（79）
　第二节　农业生产条件 ………………………………………………（85）
　第三节　农林牧渔 ……………………………………………………（90）
第五章　工商业 …………………………………………………………（97）
　第一节　副　业 ………………………………………………………（99）
　第二节　工商服务业 ………………………………………………（100）
第六章　党政群团 ……………………………………………………（107）
　第一节　党　务 ……………………………………………………（109）
　第二节　村　务 ……………………………………………………（123）

第三节　群众组织 ………………………………………………………… (133)
第七章　新农村建设 ……………………………………………………… (141)
第一节　民居变迁 ………………………………………………………… (144)
第二节　创建活动 ………………………………………………………… (150)
第三节　思想道德教育 …………………………………………………… (155)
第四节　文明新风范例 …………………………………………………… (159)
第八章　村民生活 ………………………………………………………… (165)
第一节　物质生活 ………………………………………………………… (167)
第二节　文化生活 ………………………………………………………… (180)
第九章　风土民情 ………………………………………………………… (197)
第一节　风味小吃 ………………………………………………………… (200)
第二节　习　俗 …………………………………………………………… (205)
第十章　方言谣谚 ………………………………………………………… (221)
第一节　方言土语 ………………………………………………………… (223)
第二节　歌谣谚语 ………………………………………………………… (230)
第十一章　艺文杂记 ……………………………………………………… (235)
第一节　艺　文 …………………………………………………………… (237)
第二节　故事传说 ………………………………………………………… (241)
第十二章　人　物 ………………………………………………………… (245)
第一节　人物传 …………………………………………………………… (247)
第二节　个人荣誉 ………………………………………………………… (247)
第三节　人物专记 ………………………………………………………… (248)
附　录 ……………………………………………………………………… (251)
参考文献 …………………………………………………………………… (265)
编后记 ……………………………………………………………………… (266)

概　述

一

吴庄子村位于天津市西青区中部、精武镇政府驻地南 1.5 千米，东靠五七公路，北面和西面均与孙庄子村相邻，北为南河工业区。全村总面积 248.67 公顷。

村域交通便利，附近有津涞公路、津文公路，村附近有多条公交线进入天津市区。周芦铁路从村南部穿过，西北有地铁 3 号线。距北京首都国际机场 120 千米，距天津站 8 千米，距天津港、天津滨海新区 65 千米，距天津滨海国际机场 45 千米；距天津大学城仅 15 分钟路程。

吴庄子村原属静海县低洼盐碱的地方，历史上有“临海濒水、十年九涝”之说，海拔在 2.5 ~ 3.5 米之间。地质结构属新华夏构造体系，华北沉积带沧州隆起的北端。属暖温带季风型大陆气候，四季分明，年平均气温 11℃，年平均降水量 557 毫米。河流纵横，水源丰富，大南河从村东流过，不远处还有独流减河、自来水河和丰产河，古河道有宽河、南河、运粮河遗址。地势低洼平坦，平原地貌特征显著，土地肥沃，拥有大面积适于发展水产养殖业的鱼池。2017 年后，全村耕地和水面不再营作。

2017 年，全村有村民 386 户、995 人，民族以汉族为主，有少量少数民族同胞。

二

吴庄子村历史悠久。古代属东平舒县，后来隶属关系多次变动，金代至明代，属于静海县管辖。清同治年间，吴庄子属管铺头地练管辖。光绪年间，属静海县东乡管辖。1920 年，属于闫庄子编村管辖。1923 年，属静海县的总区（又称六区）管辖。抗日战争前期，沦为日伪统治区。1941 年，吴庄子等村属于日伪静海县政府的砖垛大编乡管辖。1945 年 9 月，隶属抗日民主政权中共津南县委第六区管辖。1948 年，国民党政权在乡村基层行政组织中实行保甲制，吴庄子村仍属静海县老君堂乡。

新中国成立后，吴庄子村先后属静海县的牛坨子乡、砖垛区、闫庄子乡、大南河乡、大南河管理区、闫庄子管理区管辖。1960 年 10 月，随闫庄子管理区划入天津市和平区，先后属卫南公社、郭村公社管辖。1962 年 2 月，划入天津市西郊区，先后属郭村公社、南阎庄子公社、小卞庄公社、红卫人民公社、傅村公社、傅村乡、永红乡、南河镇管辖。2009 年 1 月 13 日，撤销南河镇，设立精武镇，吴庄子村属精武镇管辖。

自清道光二十年（1840）鸦片战争到 1949 年天津解放，吴庄子村人饱受帝国主义侵略及地主阶级压迫，生活在饥寒交迫、天灾人祸的苦难中，具有反抗剥削压迫的光荣传统。光绪二十六年（1900）掀起义和团运动，从静海县独流镇发展到吴庄子村，形成人人入团、村村设坛，除恶霸、灭洋教、打击侵略者的浩大局面。

在抗日战争年代和解放战争的烽火硝烟中，吴庄子村人在中国共产党的领导下，同地主、恶霸、汉奸和还乡团、土匪等恶势力进行斗争，党的堡垒户为革命事业做出重大牺牲。1949 年 1 月天津解放，吴庄子村人进入保卫国家、建设家乡的新时期，建立农会，开展土改，发动群众支前，开展宣传救灾，贫苦农民真正当家做了主人。

三

历史上，先民生产方式单一，以开荒耕作和捕鱼为生，旱时耕作、涝时捕捞。但因地势低洼，十年九涝，农业收成低下，百姓生活困苦。每遇大的水旱灾年，只得外出逃荒要饭，甚至流落外地。

新中国成立后，随着生产关系的变革，生产力逐步得到发展。在党的领导下，1956 年初级社转入高级社后，吴庄子村人参加两年的洼田改造，改变了传统的种植结构，实现旱田改稻田，初步实现农田河网化。随着柴油机的普遍使用，百分之七十的洼地种植水稻，亩产达300公斤以上。50年代，吴庄子村成为天津市蔬菜种植半园田区。60年代开始使用电力，建立村科技组，推广科技项目。1974年，农田基本实现方田化。1978年，达到标准农田的水平。1979年，完成吴庄子洼改土工程，村耕地达到旱涝保收的标准。

党的十一届三中全会后，吴庄子村在全公社第一个实行联产承包责任制。随着农业生产责任制的落实，农业发展步伐加快。1989年，大棚种植迅速发展。90年代，大棚种植蔬菜20公顷。

90年代初，随着天津城市扩张，村内耕地逐渐减少。农业上减少粮食、蔬菜作物种植面积，积极发展渔业，鱼池面积由1958年的2公顷发展到2003年66.67多公顷。养鱼方法由自然放养、粗放型养殖到精细养殖，鱼类品种发展到白鲢、花鲢、草鱼、鲤鱼等多个。

1983年，村成立农工商联合公司，成为集农业、工副业、商业综合实体的管理部门。90年代，工业企业进入发展的快车道，村办企业数量逐年增加，1991年建津西大发印刷厂。1992年，成立津西永发水暖器材厂、天津光华畜禽保健药厂、水暖管件厂。1994年，对村内企业实行村级股份合作制改革。1995年，村主要企业有津西大发印刷厂、顺发橡胶制品厂、永红化工厂、光华畜禽保健药厂、荣昌冲压件厂。主要产品有汽车反光屏、鱼饲料、橡胶制品等。2000年，村农工商公司建有畜牧畜禽鱼骨粉厂、氢氧化铝化工厂和氧化再生胶橡胶厂3个村办企业。全年完成工业销售额498万元、利税49.49万元，增加值103万元。

1997年7月，南河镇政府与天津师范大学地理系共同制定《南河镇吴庄子村总体规划》。吴庄子村因为紧邻市区，90年代后，村集体收入除工业利润外，工业园土地租赁费、工程承包费成为村集体的主要收入。

四

吴庄子村有光荣的革命传统。抗战时期，中国共产党就在这一带开展地下活动，中共津南工委组织发动群众开展游击战，扒铁路、割电线、毁交通，打击日本侵略者。在一些村庄建立村政权，成立农会、民兵组织，发展党员，建立基层党组织，领导群众开展减租增资斗争，发现培养一批积极分子。解放战争时期，吴庄子村为解放区购买转运文具药品。平津战役时，吴庄子村建立支前委员会，为解放军筹集柴草，组织担架队，运送伤病员。新中国成立后，吴庄子村成立农会和青年团、妇联、民兵等群众组织，开展土地改革、镇压反革命、抗美援朝等运动。

1996 年获天津明星小康村称号称号

多年来，村党支部在村委会、工会、团支部、妇女组织、民兵组织、个体劳协等群众组织的配合下，贯彻执行党的路线方针政策，以开拓进取，艰苦奋斗，苦干实干的创业精神，团结和带领村民，努力发展壮大集体经济，注重新党员发展，组织党员贯彻中共十一届三中全会精神，参加社会主义思想教育活动、“三讲”教育、“三个代表”重要思想学习教育、保持共产党员先进性教育活动、学习实践科学发展观、党的群众路线教育实践、“两学一做”学习教育等各种活动，增强了党支部的凝聚力、号召力、战斗力。1996 年跨入市级明星小康村行列。村党支部先后被中共南河镇（精武镇）党委、中共西郊（西青）区委评为先进党支部，被中共天津市委组织部、中共天津市农村工作委员会评为农村党的建设三级联创活动“五个好红旗村党支部”，多名党员先后被评为中共南河镇（精武镇）党委、中共西郊（西青）区委评为优秀共产党员。

多年来，吴庄子村连续开展社会治安综合治理，评选遵纪守法户，先后被市政府授予“天津市 2003 年至 2006 年人民调解工作先进集体”，被天津市社会治安综合治理委员会评为平安示范村、社会治安综合治理全优达标村，被天津市依法治市领导小组评为天津市民主法治村，被区委、区政府评为社会治安综合治理先进集体，被镇党委、镇政府评为

2007—2008 年度获西青区文明村称号

社会治安综合管理全优达标村、社会治安综合治理先进单位。相关负责人多次被区委、区政府评为社会治安综合治理先进个人、模范治保主任。21 世纪后，村委会按照“村级重大事项六步决策法实施流程”实行民主决策。做好军烈属照顾、孤寡老人赡养。通过开展社会主义精神文明教育，全村和谐安定，百姓文明向善，涌现出许多先进模范。吴庄子村先后被天津市精神文明建设委员会授予“创建文明村五个一活动先进村”，被西青区精神文明建设委员会评为文明村（文明小区）、文明村“五个一”创建活动先进单位，相关负责人被评为精神文明创建活动优秀组织者，村民陈秀霞被天津市精神文明建设委员会办公室评选为“天津好人”，被西青区精神文明建设委员会评为“西青好人”。许多家庭被评为文明家庭。

近年来，开展志愿服务活动，村党员和群众为南方遭受水灾的地区捐款捐物。常年开展小区环境卫生清洁，年节慰问困难群众、老党员、老干部等活动。吴庄子村被评为 2015 年度镇十大优秀志愿者服务平台，村党务干部高兰英被评为 2015 年精武镇平台优秀管理员、村民张平和刘丽被评为 2015 年精武镇优秀志愿者称号。2013 年 3 月，韩清义被评为 2012 年天津市优秀平安志愿者称号。

五

随着经济的发展，人民生活水平的提高，群众文化活动丰富多彩。传统民间花会如高跷、小车会、吹歌等得到保留。70 年代，建村图书室、广播站。80 年代，镇电影放映队到村里放电影。1993 年建成闭路电视。90 年代，村中建有图书室、档案室、老年之家、青年之家，多次举办棋类比赛。2016 年 6 月，村舞蹈队在“舞飞扬，心向党，与文明同行，为精武喝彩”、庆祝建党九十五周年及创建文明城区舞蹈比赛中表演的舞蹈《吉祥》被镇评为二等奖；《在中国大地上》被镇评为三等奖。2016—2017 年，先后组织开展正月十五秧歌花会展演活动、庆“五一”趣味运动会、“我爱家 同悦书香”亲子阅读活动、妇女插花培训、“迎国庆”文艺演出、“鸡”祥如意、DIY 亲子卡通制作活动、“五一国际劳动节”广场舞、集体踢毽、集体跳绳表演及趣味活动、创建文明城区文艺会演等文艺活动，丰富群众业余文化生活。

2016 年，村舞蹈队参加镇“庆‘七一’舞蹈比赛”

村中有幼儿园、托儿所和育红班。90 年代，普及幼儿中班教育。2017 年，全村幼儿入托率达百分之百。

新中国成立后，建立村初级小学。1978 年，停止村办学校，村学生到中心小学和镇办中学上学。

50 年代，村建立民校、夜校、识字班，利用晚上组织农民识字。1964 年再次掀起扫盲高潮。改革开放后，成立村成人学校，村会计、乡村医生多次进修学习；对村民进行短期培训，学习农业、财会、法律知识。随着集体经济的发展，教育投入逐年增多，2009 年，吴庄子村成人学校被西青区教育局授予“村级成人文化技术学校区级示范校”。

随着村民文化水平的逐步提高，科技兴农的意识逐渐增强。多年来，村民积极参加镇科协、科技站组织的科技活动，开展科学种田，引进优良品种，推广鱼鸭混养技术。1991 年，村有科技专业户 20 户。1995 年，有科技组 4 个。进入 21 世纪，村民积极参加跨世纪青年农民科技培训工程培训、天津市“351”培训工程，促进了经济的发展。

新中国成立前，村内医疗条件简陋，加上生活水平低，卫生条件差，各种传染病、多发病肆虐，人民生命健康得不到保障。新中国成立后，缺医少药逐步得以改变，卫生保健水平不断提高。1964 年，村选派青年参加中西医结合医疗学习班，结业后回村建立村红色医疗站。1991 年，村卫生所达到国家甲级卫生所标准。五六十

2016 年，村举办趣味运动会——踢毽比赛

年代，开始为儿童接种疫苗，大大降低了死亡率和患病率。1969 年，推行合作医疗，村民就医得到体制保障。70 年代后，村中有“赤脚医生”和“乡村医生”，方便村民就医，基本做到小病不出村，大病不耽搁。1991 年，村民普遍参加集资医疗。进入 21 世纪，村民参加新农合医疗保险，避免因病致贫现象的发生。

历史上，村内体育活动多为民间传统项目，如武术、踢毽、拔河、举重、掰腕子、摔跤、打尜、游泳、滑冰等，没有固定体育队伍和活动场地，农民多为群众自发组织体育活动。50 年代，村团支部和民兵多次组织体育活动。70 年代，学校增添体育活动器械和活动场地。80 年代，建立村农民体育协会，村里有篮球场、文体活动室，购置相应的体育器械，开展各种球类、棋类运动，积极参加南河镇农民运动会。进入 21 世纪，体育设施逐年增加，村民体育活动进入常态化。

六

新中国成立前，由于社会黑暗，村域环境恶劣，生产能力低下，吴庄子村百姓生活极端困苦。解放后，生产逐年发展，生活不断改善。1953 年实行土地改革，农民分到土地。60 年代，人民生活开始好转。中共十一届三中全会后，农民收入迅速增加，生活水平发生明显变化，衣食住行有了较大改观。90 年代，达到市级明星小康村水平。进入 21 世纪后，随着集体经济的发展，各种福利待遇愈来愈多的惠及村民，人们的幸福指数不断提升，消费水平及方式发生历史性转变。

进入 21 世纪，吴庄子村按照生态宜居理念，以“高起点规划、高标准建设、高效能管理”为原则，吸纳众多村庄先进设计经验，在村庄规划区内另选址建设新的居民住宅楼——国兴佳园。世世代代“面朝黄土背朝天”的农民，2014 年 12 月迁居入住花园式小区。村容村貌也得到大的改观，街路全部实现硬化。

中共十一届三中全会后，随着农村政策的逐渐落实，农民的收入不断增加，储蓄额逐年提高，各种物品的消费量、拥有量大幅度上升，高档服饰、家具、家电、机动车基本普及，轿车进入寻常百姓家庭。饮食营养健康，丰富多样。随着村集体经济的发展，社会保障体系日趋完善，村民全部加入居民医疗保险；老年村民每月发放养老金，享受养老待遇；低保户、残疾人享受政府优抚待遇。村庄风俗淳厚，邻里和谐，人与人友善关爱，生活丰富多彩，展示了社会主义新农村的勃勃生机。

回顾过去的岁月，吴庄子村人在党和政府领导下，取得了新农村建设中的巨大成就；展望美好的明天，吴庄子村人将按照“以农业为基础，工业、渔业收入为主要经济来源的工农联合型现代化村庄”的发展目标，实施中共十九大提出的乡村振兴战略，齐心合力，砥砺前行，把吴庄子村建设得更加美好！

2016 年，迎国庆文艺演出

大事记

明

洪武元年（1368）

开凿南运河支流运粮河，流经吴庄子村一带，有先民依河而居。

永乐二年（1404）

九月，朝廷颁诏迁山东、山西、河北等地移民迁入本地，有吴姓先民于此落户，后逐成村落，遂名吴庄子村。

永乐五年（1407）

村域大水，粮食歉收，饥荒。

成化十四年（1478）

天阴连雨，河水泛滥，村域陆地可行舟。

嘉靖二年（1523）

风沙蔽天，村田地中积沙尺许，影响春耕和收成。

嘉靖二十五年（1546）

大水，远近居民漂溺甚众。

嘉靖三十三年（1554）

大水，村域瘟疫流行，人多死者。

嘉靖三十七年（1558）

大雨成灾，村禾稼多淹没，房屋坍毁。

隆庆四年（1570）

大水，域内沦为泽国。

万历十九年（1591）

夏大蝗，群飞蔽天，村禾稼被食几近。

万历二十年（1592）

南运河决堤，境内皆为洪流，平地成川，农田化为湖泊。

万历三十二年（1604）

连续两个月降水不止，平地积水深3米，有村民饿死。

崇祯十三年（1640）

春旱大饥，人相食，饿殍遍野。

清

顺治十年（1653）

大水，村农田行舟，积水深达2米以上。

雍正三年（1725）

村积水深1米以上，“薪尽苫为炊”。

据2003年出版的《西青区志》记载，天津卫改州。域内属静海县南路。

雍正九年（1731）

据2003年出版的《西青区志》记载，天津州升府辖天津县。域内属天津县南路。

乾隆元年（1736）

降雨持续40余日，积水深3米，村落、农田均被淹，汪洋一片。

道光二十七年（1847）

大雨数日，田野水溢，田园皆被淹。

同治六年（1867）

大旱，赤地千里，村民四处逃荒。

同治十二年（1873）

据同治十二年《静海县志》记载，是年静海县村庄设48个“地练”，吴庄子等

7 个村属于管铺头“地练”所辖。

光绪二十四年（1898）

据重修《天津府志》记载，吴庄子村属于静海县东乡所辖。

中华民国

1912 年

是年，由直隶省（今河北省）所辖。境内隶属天津县南乡和西乡。

1917 年

发生特大水灾，村部分民房被冲毁，农田全部被淹，一些地块绝收，村民生活极度困难。

1920 年

大旱，村河塘干涸，村民生活艰难。

1923 年

静海县分为 6 个区，吴庄子等 6 个村属总区（又称六区）所辖。

1927 年

年内大水，农田被淹。

1928 年

8 月来水，水深 3 米，齐村土台，积水达半年之久，受灾严重。

1930 年

静海县划全县为六个区、281 个编村，吴庄子村属于闫庄子编村管辖。

1931 年

域内发生飞蝗，禾苗尽光，村民四处逃荒。

1935 年

国民党 29 军军长宋哲元驻守津冀一带时，主持修建津盐公路。在旧官道基础上新辟北起八里台，往南经李七庄、吴庄子等 28 个村庄至河北省盐山县。

1939 年

7 月，由于连降暴雨，降雨量 1237.2 毫米，大清河、子牙河、南运河水势汹涌。日伪军将大清河、子牙河、滹沱河堤扒开，决口 182 处，村庄全部沦入汪洋，房屋大部倒塌，村民四处逃难。

是年，国民政府实行行政编村制，吴庄子村被列为静海县行政村。

1940 年

静海县划全县为 6 个区、281 个编村，吴庄子村属于闫庄子编村所辖。

1941 年

是年春旱，农作物无法播种。

年内，流经域内的独流减河开挖。

是年，吴庄子村属于日伪静海县政府的砖垛大编乡所辖。

1942 年

1 月，中共中央颁布《关于抗日根据地土地政策的决定》后，村内实行“二五减租”。

春，旱，农作物无法播种。

是年，日本侵略军在华北进行“治安强化”运动，强迫村民献铜献铁，村中铜铁都被搜刮殆尽。

是年，村民生活艰难，多数人家靠吃豆饼、“飞箩面”、山芋干和挖野菜、刨“地梨”充饥。有村民外出逃荒以要饭为生，日本投降后才回村。

1943 年

是年，日本侵略军推行第六次“强化治安”，粮食奇缺，村不少老人儿童冻饿而死。春，村民在南洼、西洼刨“地梨”“羊苗根”煮熟充饥。

是年，中共地下武工队到村域一带开展武装斗争。

1944 年

10 月，中共冀中区津南工作委员会成立，下设工作组，村属第六工作组。在区委领导下，村组建贫农协会，建立民主政权。建立秘密民兵组织，村有民兵 7 人。抗日战争后期，村秘密民兵组织与武工队一起挖地道，负责放哨警戒任务。解放天津战役中，积极参加支前工作。

1945 年

8 月 15 日，日本宣布无条件投降，村民和全国人民一道欢庆抗日战争胜利。

9 月，中共津南县委将六、七工作组改建为六、七区，吴庄子村被划入第六区。

7 月，中共晋察冀边区发布《晋察冀边区目前施政纲领》，麦秋时，吴庄子等村的佃户推行收十留七的分成政策。

10 月，某天拂晓，国民党义勇壮丁队赵德谦部包围吴庄子村，七区区委书记张良在战斗中壮烈牺牲。

是年，附近地区发生霍乱传染病，由于医疗条件差，村中有人被传染死亡。

1946 年

6 月 1 日，国民党天津县还乡团 200 多人包围中共津南县七区区公所驻地吴庄子村，区干部立即转移，进入地道坚守。次日，还乡团继续围攻，区公所人员凭借高房工事打退数次进攻，天黑前增援的区小队于还乡团背后发起进攻，打死打伤 31 人，还乡团溃逃，区公所无人员伤亡。

7 月，津南县大批村庄被国民党军队占领，中共津南县区干部及武工队暂时撤退到大城地区整训，各村党的关系中断。

是年，村内再次开展减租减息运动。

1947 年

2 月，津南县建立津郊区，成立武工队，重新进入吴庄子村所在的津南区六、七区，坚持与敌人进行斗争。

1948 年

年初，国民党政权在乡村组织中实行保甲制，吴庄子村属静海县老君堂乡，村民秦玉春为保长。

8 月中旬，国民党军队企图在投降前把窑厂仓库的大批物资运走。武工队闻讯后，立即与驻在吴庄子村的我军 23 团某排取得联系，一起攻打广发、德新窑厂，组织群众夺取物资。

年底，随着解放战争的进展，村革命工作开始转入支前活动，吴庄子村建立支前委员会，为解放军筹集柴草，每天多人为解放军带路。还组织担架队，随军运送伤病员。

1949 年

1 月 15 日，天津解放，村民欢庆胜利。

3 月，随着村政权的建立，村扩大民兵组织，凡年满 18～35 岁，政治可靠、身体健康的男性公民均参加民兵组织。

4 月，村内开展“四十天运动”，废租查漏，粗分土地，废除“保甲制”，建立新政权。征收富户土地、粮食、牲畜、大车，分给贫苦农民。

年内，村建立村公所，上级先后派郭有通、孙庆余负责村中事务。

中华人民共和国

1949 年

10 月 1 日，村民庆祝新中国成立。

是年，村建立农民协会（简称农会），领导农民斗地主分田地。村建党建政以后，农会的作用逐渐被党政、民兵、妇联等组织代替，村农会自行消失。

1950 年

3 月，村内成立妇女识字班，有多名女青年参加学习。

初夏，村南北洼沥涝成灾，农会组织群众开展生产自救。1950 年，实行土地改革，农民分得田地，家庭收入逐渐提高。

抗美援朝期间，村党组织动员青年报名参加志愿军赴前线抗美援朝，率领群众积极捐献物资，家家户户订立爱国公约，积极响应毛泽东“增加生产，厉行节约”号召。

1951 年

年初，群众响应党的号召，踊跃参加捐献，支持抗美援朝。

是年，新开挖排水渠 1 条，对西大洼 93.33 公顷地势较高地块进行开荒、改造。

是年，村民秦凯、秦国珍、刘金生、张其品等联合成立吴庄子村诊所，为精武镇地区第一家联合诊所。

9 月，村派人参加天津市委和天津县委举办的土改培训班。

秋，村中贯彻《中华人民共和国土地改革法大纲》，开展土地改革运动，村农民协会推选出土改委员会，成立农会，组成贫农团。

1952 年

3 月 1 日，村中颁发土地证书。贫下中农分得土地、房子、粮食和大牲畜。

5 月，全村按分到土地的连片灌溉面积大小，成立 7 个互助组。中农以下的农民都加入生产互助组织。

秋，村域发生蝗灾，河北省派飞机灭蝗，喷洒六六粉，效果甚佳。

是年，吴庄子村建立民校、夜校、识字班，推广“速成识字法”，利用晚上组织农民识字。

是年，村 20 多名民兵组成“民兵生产小队”，早晨鸣号集合，一手拿枪，一手拿农具，下地集体劳动，生产空隙则跑步操练，成为精武镇一带最早的农业生产互助组。

1953 年

2 月，村建立拥军优属委员会。

5 月 12 日，取消天津县建制后，吴庄子村划归津西郊区。

12 月 16 日，中共中央发出《关于发展农业生产合作社的决定》后，村办初级社掀起高潮。多以互助组为单位组成村民小组，实行互助合作。烈属的土地由互助组代耕。

是年，天津县委派出工作队开展土改补课运动，村重新清理阶级划分，解决土改遗留问题。

是年，村选举产生村民代表会，由村民代表会选举产生村政委员会。

1954 年

3 月，村成立红星初级社。

5 月，吴庄子村属于静海县二区的牛坨子乡所辖。

春，大南河乡洼改委员会对村西大洼 4000 公顷盐碱低洼的土地进行改造，吴庄子村民参加洼改，将村域稻田改造成为稳产高产麦田。

年底，村有互助组 7 个，入组村民的收入比一般单干户多一倍。

1955 年

2 月，村内初级社成立高级农业生产合作社。

春初，高级社成立后，在低洼地开辟稻地。

是年，村内组成联合、联兴两个初级合作社。

是年始，吴庄子村实行土地归合作社所有，所有牲畜按股取酬。初级社购买两辆钢丝轮胎大车。

1956 年

1 月，村联兴高级农业生产合作社成立。由联合、联兴两个初级社合并而成，全社有社员 80 户、400 人，有土地 66.67 公顷、牲畜 72 头。

夏秋，村高级社兴修水利，将洼地开垦种稻，村域内水稻种植面积始多。8 月，静海县进行区划调整，吴庄子村等村隶属于二区，又名“砖垛区”。

秋，村玉米钻心虫成灾，村民用六六粉拌草木灰、麦糠在秸秆上漫撒。

是年，村内普及小学教育。

是年，村高级社对烈军属优待“工分儿”，军属工分高于中等劳力，烈属工分高于军属优待的百分之十。

是年，实行撤区并乡后，吴庄子村属于闫庄子乡所辖。

是年，将小块园田规划改造成连片园田，由高级社统一管理，学习新技术，改变种植方法，提前播种育秧苗，增加品种，大面积栽种黄瓜、西红柿、圆白菜、莴笋、茄子、辣椒等品种。

1957 年

是年，静海县设立 29 个乡镇，吴庄子村属于大南河乡所辖。

是年，水稻开始普遍使用化肥，电力水泵完全代替龙骨水车。

1958 年

8 月，静海县团泊洼人民公社设立管理区，大南河乡改成大南河管理区，吴庄子村为其所辖。实行人民公社化，吴庄子村为团泊洼公社所辖。

是年，村团支部建立图书组，有几百册藏书，供群众借阅。

是年，中共中央发出“全民皆兵，大办民兵师”号召后，吴庄子大队（村）建连，生产队建排，按照每班 8～12 人，4 个班编 1 连，4 个连为 1 个营的“四四”编制，60 岁以下男女公民为兵员，生产队改称连队，实行生产军事化管理。

是年，大南河乡洼改委员会对西大洼 4000 公顷盐碱低洼的土地进行改造，村域稻田改造成为稳产高产田。

是年，村内开展学前教育。

1959 年

是年，公社广播站线路架设到吴庄子村，户内安装小喇叭收听广播。年底，小喇叭入户率50%，每两户共用一只喇叭。

是年，村试验成功陆床育秧（稻秧）。

是年，为三年自然灾害第一年，食堂解散。公社敬老院解散后，吴庄子村为赡养无儿无女无依靠老年人，实行“保吃、保穿、保住、保医、保葬”制度，时称“五保”。

1960 年

10 月，闫庄子管理区划入天津市和平区卫南公社，吴庄子村遂属卫南公社所辖。

是年，村生产大队对生产队采取土地、劳力、农具、牲畜“四固定”政策，实行“三级所有，队为基础”管理体制，以生产队为基本核算单位，坚持“各尽所能，按劳分配”原则。

是年，在村西南角修建土砖井，盖 5 米高水楼，为吃水井。

是年，家家户户都安上电灯，安上可以收听西郊区广播的“电喇叭”。此后，电气化迅速发展，稻田首先实现电力灌溉。

1961 年

3 月，卫南公社分为 4 个公社，吴庄子村等 30 个村属郭村公社所辖。

7 月 1 日，村安装电动机、抽水机、电磨，村民的生活用电得到解决。

是年，吴庄子村出现“瓜菜代”，村民人均吃粮每日定量 400 克，人皆有饥色。

是年，小喇叭入户率达 100%。

是年始，社队（村）实行联办合作医疗制度，村社员每人每年缴纳 2 元医疗基金后看病不收钱，超支部分由社队（村）公益金负担。

是年，村民队改建为民兵营。

1962 年

2 月，天津市恢复郊区行政建置，吴庄子村划归西郊区郭村公社所辖。

是月，村按照上级《关于生产队规模的意见》，正式确定“三级所有队为基础”的管理体制。落实“三包一奖四固定”的按劳分配政策，缩小生产队的规模。

年内，村贯彻区委“以农业为基础以菜为纲”指示，扩大园田种植面积。

1963 年

1 月，郭村公社划分为 5 个公社，吴庄子村属南阎庄子公社所辖。

2 月，村发放肉食定量票，肉类实行凭票供应。

7 月，村域连日暴雨连绵。

8 月 15 日，吴庄子村组织抗洪抢险队伍，开赴独流减河北岸加固堤防，昼夜守卫、吃住在堤岸。20 日，向静海县境内分洪。

是月，村重点防治烈性传染病“02”病，控制疫情率百分之百。

是年，卫津河、赤龙河水源枯竭，村木船停运。

是年，村中开始提倡节制生育，适当控制人口增长。

是年，村试验并推广水床育秧（稻秧）。

是年，农村合作医疗制度开始实行，农村社员的医疗费报销 70% ~80% 。

1964 年

3 月，村开展“四清”运动，建立贫下中农协会。

12 月，阎庄子公社与青凝候公社合并，更名为小卞庄公社，吴庄子村随之由小卞庄公社所辖。

是年，村中再次掀起扫盲高潮。

是年，村建立红医站后，传染病预防接种实现区社村三级联网管理，预防接种率大为提高。

是年，“四清”工作队进村，干部普遍“洗手洗澡、上楼下楼”，进行隔离自省。

1965 年

1 月，大队计划生育领导小组成立。

9 月，大队建立广播站，安装高音喇叭 5 个，户装小喇叭被淘汰。

是年，为解决少数贫困家庭儿童入学问题，村办起耕读小学及少年儿童的业余学校，教师按大队选派，经费由大生产大队负责，国家给予适当补贴。

是年，在儿童中接种麻疹减毒活疫苗、脊髓灰质炎糖丸疫苗、流行性乙型脑炎疫苗，降低传染病的发病率。

1966 年

5 月，村内开展“文化大革命”。村干部全部靠边站，生产队人心涣散，生产徘徊不前。

是年，村卫生所改称红医站。

是年，引出 591 号输电线路，供应吴庄子村等 8 个大队用电。

是年，村成立大队贫下中农协会。

1967 年

年初，村成立多个造反队。各派展开辩论，抢占广播站、开展夺权活动。

9 月，村党支部进行调整。

下半年，“贫下中农毛泽东思想宣传队”代表进驻学校，负责学校管理。

1966 年，大队（村）成立红十字卫生委员会，委员由大队长、生产队队长、大队妇代会主任、团支部书记、贫协主席和红医组成。

是年，小卞庄公社更名为红卫人民公社，吴庄子村归其所辖。

1968 年

1 月，掀起“农业学大寨”高潮，生产队推行大寨式评工记分制度。

2 月，吴庄子大队（村）革命委员会成立，党组织陷入瘫痪。

是年，公社选派吴庄子村一名青年到天津医学院学医，结业后回村成为第一批“赤脚医生”。

是年，村开展所谓清理阶级队伍、深挖“5・16”分子等一系列运动，造成一些冤假错案。

1969 年

4 月，吴庄子村在天津市围巾厂院内打出第一眼机井，井深 340 米，铺设管道 5000 米，在居民区设点供水。

7 月，按照毛泽东主席“五十字建党纲领”，村开展整党建党工作，直到 1970 年年底，村党支部恢复组织生活。

是年，小卞庄公社与傅村公社合并，称为傅村公社，吴庄子村属其所辖。

是年，天津知识青年陆续到村插队落户后，天津市有关单位为大队的“知青”赠送图书，大队也出资金购买图书，建立大队“知青图书室”。

是年，吴庄子村实行合作医疗制度，每人每年交合作医疗基金三至五元。

是年，大队为“知青”建立乒乓球活动场所，乒乓球活动开始在村普及。

1970 年

春，罕见大旱，河水干枯，稻田改旱田，收成大减。

8 月，村进行整党建党，重新建立大队党支部，党组织恢复活动。

是年，村建永红化工厂。

是年，村相继打生活和菜田浇灌用的机井，解决饮水和生产用水的不足。

是年，吴庄子村开展整团建团工作，开展团员评议活动，共青团的组织生活得以恢复。

1971 年

3 月 2 日，大雪，平地积雪 22 厘米，为 37 年间罕见。

春季，因上年粮食减产，群众口粮短缺。

春秋两季，公社卫生院集中为村婴幼儿、学龄前儿童和学生接种麻疹、天花、白百破、流脑、肝炎疫苗。

冬季，降雪日达 18 天，为 37 年中降雪日最多之年。

是年，提倡一对夫妇只生一个孩子，部分村民开始实行计划生育。

1972 年

春，大旱，为历史罕见，村域河道干涸，村民于河中挖河、井里掘井。

6 月 10 日，村极端最高气温达 40.4℃。

7 月 14 日，村地面极端最高温度达 68℃。

秋，村内黏虫成灾，开始用敌敌畏拌炉灰漫洒，除治高粱黏虫。

是年，在稻田改种杂交品种“多穗高粱”，但颗粒未收。

是年，吴庄子村恢复民兵连建制。

1973 年

1 月，大队调整计划生育领导小组。

2 月，村提出粮食亩产跨“纲要”，三年“奔长江”的奋斗目标。

9 月，村修改合作医疗制度，门诊病人自己负担 50% 的医药费，住院医药费由大队（村）支付。

是年，村实行殡葬改革，土葬改火葬。

是年，在村东侧排水河上建吴庄子桥。

1974 年

是年，村域降雪日仅两天，为 30 多年罕见。

是年，村成立育红班，安排幼教老师，将育红班纳入学校设置，制定学习内容与活动计划，跟小学一道上下课，购置一些简单的玩具和幼教设备。

是年，全国开展“批林批孔”“评法批儒”，批判“复辟回潮”、查“两个否定”的运动。

1975 年

是年，村复建民兵营。

是年，傅村公社建立图书室后，供给村图书室借阅图书，定期对村图书管理员进行业务培训。

1976 年

1 月 8 日，全村干部群众沉痛悼念周恩来总理逝世。

7 月 28 日，唐山丰南发生 7.8 级地震，波及村域，干部群众奋起抗震救灾。

9 月，全村干部群众沉痛悼念毛泽东主席逝世，举行各种悼念活动。

10 月 6 日，村民游行，庆祝党中央一举粉碎江青反革命集团。

年末，村党支部在上级党委领导下，组织党员开展肃清江青反革命集团流毒、消除“文化大革命”所造成的后果。

1977 年

2 月，急剧降温，村最大冻结深度 56 厘米，持续 3 天。

8 月，村域多日连降暴雨，降水量达 1093.3 毫米，为 30 多年罕见。河水猛涨，农田积水，大队组织群众抗洪排涝。

1977 年，村购置 8.75 毫米放映机 1 台，村民看电影更加方便。

1978 年

6 月，村成立爱国卫生领导小组，负责本村卫生管理、绿化、美化工作。

是年，国家将计划生育作为一项基本国策后，提倡“一对夫妻一个娃”，村中开展计划生育宣传，提高人们对少生优生利国利家的认识。

是年，国家调整市场蔬菜价格，村组织各级农业科技人员引进试种新品种，荷兰豆等数十个品种蔬菜新品种引种上市，村蔬菜种植面积及产量大幅增加。

是年，吴庄子村东干校路建成，为 3 级公路。

1979 年

11—12 月，完成吴庄子村洼改土工程。总土方 21.19 万立方米。

秋冬，村开挖干渠 13 条、支渠 33 条，总长 68.7 千米，总土方量 160 万立方米，将 253.33 公顷土地进行全面改造。

是年，区内广播电视大学、函授大学、职工大学、业余大学相继开办后，村中一批青年报考中国语言文学专业函授大学进修。

是年，大队（村）管理委员会成立。

1980 年

是年，村与公社签订计划生育责任状，推动村计划生育的开展。

是年，村与公社签订计划生育责任状，建立领导小组，提倡一对夫妇只生一胎，号召只生一个孩子的夫妇领取独生子女证，对领取独生子女证的，每月发放保健费5元。

1981年

3月，村制定《吴庄子村规民约》。

是年，在村民中开展“五好家庭”评比活动。

是年，地膜覆盖技术在村中得到普遍推广。

是年，制定《吴庄子村落实专业承包联产计酬责任制奖励办法》，实行家庭联产承包责任制。吴庄子村为公社第一个实行联产承包制的村庄。

1982年

是年，村解散生产队，实行家庭联产承包责任制，吴庄子村是傅村人民公社第一个实行家庭联产承包责任制的村。

11月6日，大队油库起火，韩俊杰不顾个人安危扑灭大火，避免一场重大事故。是月10日，傅村公社党委表扬韩俊杰的忘我精神和模范事迹，号召全公社共产党员向韩俊杰学习。

是年，傅村人民公社租用吴庄子村土地33.33公顷开发鱼池，投放鱼苗。

是年，吴庄子村建立集体统一经营和农民家庭分散经营相结合的农村经济体制。

是年，村民兵参加引滦入津工程，在宝坻境内施工。

是年，村内开展全国第三次人口普查。

是年，吴庄子村完善农业生产责任制，实行生产小组与各户承包经营相结合的联产承包责任制。

是年，村成立由党支部书记牵头的计划生育领导小组，加大计划生育宣传和奖惩力度。

1983年

1月，傅村公社管委会制定《关于实行老年社员发放养老金制度的意见》。

是月，村开展创建“五好家庭”、文明家庭活动。

6月26日，改傅村公社为乡，吴庄子村为其所辖。

6月，人民公社管理委员会改建为乡镇党委，吴庄子村生产大队管理委员会改建为村民委员会。

是年，村党支部做出《关于分地的决定》，全体党员、群众代表一致同意全村统一耕种。

1984年

3月20日，大风袭击村域，阵风达七八级，园田经济损失约4万元。

4月26日，春冻、小雨，菜田绝收。

7月，傅村乡更名为永红乡，吴庄子村属其辖。

秋，吴庄子村组织民兵参加丰产河清淤工程。

是年，村开发2.67公顷鱼池。傅村公社孵化鱼种池主要分布在吴庄子等村。

是年，村统一购进园田生产资料，设立泵点，成立专业队伍提水灌溉。

是年，村进行“两个文明”教育，倡导“五讲四美”，开展“五好家庭、双文明户”创建评比活动。

是年，吴庄子村修建进村道一条，为柏油路，为村中第一条柏油路。后相继投资重建路两侧房台子、安装路灯和水泥路面、建进村桥一座等。

是年，村中进行殡葬改革，一律实行火化。

1985年

3月10日，村成立由党支部书记任组长，副书记和负责纪检工作的支部委员组成的整党工作领导小组。

是年，村落实复退军人“三优”政策，优先安排房基地、优先安排工作、子女入学优先，对现役军人每年补助。

是年，吴庄子村组织团员青年开展思想教育活动，学习宣传中共中央1号、4号文件精神，开展义务植树，防治农田林木病虫害、灭鼠和清理街道大搞积肥等活动。

1986年

1月17日，撤销永红乡，设立南河镇（后改称精武镇），吴庄子村为其所辖。

10月，村首次发放居民身份证。

是年，村安装23盏路灯，逐步实行自来水入户。年底，入户率达百分之百。

是年，与邻近的孙庄子村实行联合办小学，优化教育资源配置。

是年，村建立安全委员会（下简称安委会）。安委会由党支部书记挂帅，3人组成，设立专人负责车管。

1987年

是年，全村有鱼池28公顷。为加强绿化带鱼池的管理，将新开挖的鱼池分别承包给 2 个成鱼队和 1 个鱼苗队，由专业队再包租。实行分组定岗定产，联产计酬。

是年，村新购进饵料机和粉碎机各 3 台，增氧机 16 台，挂浆机 14 台，进行科学喂养。

1988 年

12 月，村建立计划生育协会。

是年，村统一规划，发展大棚蔬菜。

是年，村投资 26 万元，对绿化带鱼池构筑钢筋混凝土板护坡长度 6650 米，并进行地面绿化，实行轮捕轮放，实现活鱼常年上市。

是年，村委会办夜校扫盲班，村中小学生参加“包教包会”活动。

是年，村建立农民体育协会。

1989 年

11 月 8 日，按照区委、乡党委安排部署，开展“三爱三讲”（爱党、爱国家、爱家乡；讲理想、讲奉献、讲廉洁）活动。

是年，村建光大化工厂。

是年，每月为育龄妇女普查一次，达到计划生育“三无村”标准。

是年，集体投资整治村容村貌，修建一条 1050 平方米的柏油路。

是年，吴庄子村党支部被评为区级先进党支部。

1990 年

4 月 4 日，吴庄子村团支部在开展学雷锋活动中组织团员植树 500 棵，开展街道清扫，为军烈属做好事。

4 月，村修改《村规民约》，逐户签订《家庭治安责任书》。

6 月 21 日下午，村遭受冰雹袭击。

7 月，村内受狂风暴雨袭击，损失严重。

是年，村卫生所第一批达到甲级卫生所标准。

是年，妇联组织妇女积极开展“四自”（自尊、自重、自爱、自强）和争创五好家庭活动。

是年，在村南建吴庄子村变电站。

是年始，组建村巡逻小分队、防汛抢险分队。

是年，村综合治理理事会（简称综治理事会）成立，成为村务监督委员会的最早组织形式。

1991 年

4 月 8 日—6 月，村开展社会主义思想教育活动（简称“社教”）。4 月，镇党委派出社教工作组进驻吴庄子村，和村党支部一起开展社会主义教育。

5 月 30 日，村委会进行改选，选举张洪苓为村委会主任。

7 月 19 日，村成立天津市津西大发印刷厂、津西长虹装饰材料加工厂。

8 月 8 日，村建立天津市津西永发水暖器材厂。

是年，吴庄子村开通闭路电视。

是年，在村北新修公路 150 米，于各个胡同里铺设砖道。

是年，吴庄子村安装闭路电视。

是年，村党支部达标升级考核总得分 666 分，被评为一级党支部。

是年，村中实行新的合作医疗制度，村民每人每年交纳 20 ~ 30 元，作为农村合作医疗基金，重病住院超过 1000 元报销 30%，超过 5000 元报销 40%，条件好的村报销 50% ~ 70%。

是年，村成立治安综合治理领导小组、巡逻小分队，调整综合治理理事会、治保会、调解委等综合治理组织，实行群防群治。

1992 年

春，食油敞开供应，村民生活便利。

是年，村广播站被天津市广播电视局评为先进集体。

是年，南河镇举办首届全民运动会，村组织代表队参加多个项目的比赛。

是年，张洪树任村党支部书记。

1993 年

年初，村成立水利组，规定水利组的具体任务，制定奖罚制度。

3 月，村红医站完成体制改革，实行承包经营。

是年，村建天津光华畜禽保健药厂。

是年，村成立计划生育协调和工作小组，利用广播标语等宣传计划生育。

是年，村成立成人学校，对村民进行短期培训。

是年，实行强化免疫，0 ~ 4 岁儿童在全国统一规定的时间内服用糖丸，以根除小儿脊髓灰质炎。

是年，吴庄子村筹建工会组织。

1994 年

9 月上旬，村级股份合作制改革领导小组成立，开始对村内企业实行股份合作制改革。对永兴化工厂、塑胶厂等进行增资改制，参股人数 79 人次。

是年，村新建企业 1 个，开发新产品 3 个。

是年，村组建 20 多人的专业服务队，负责全村的沟渠改造等生产保障。

是年，村投资 72 万元修整村容村貌。村街道路分别与津淄公路、外环线、卫津南路等相连接。

是年，村建文化设施 1 个，用于购买图书、象棋、羽毛球等文体器材。

1995 年

是年，村小学校实现“有门楼、有院墙、实验室、教室、仪器室、音乐室、美术室、少先队活动室、图书阅览室、卫生室”“两有八配套”标准。

是年，村党支部进行换届，杨文起任党支部书记，王福喜、张学通任委员。

1996 年

1 月 30 日，村民代表会议召开，调整村委会成员分工。

3 月 18 日，南河镇党委发出通知，决定杨文起任村党支部书记，王福喜、张学通任副书记。

是日，村民徐锡才、王福喜被镇党委评为优秀共产党员。

是年，村计划生育率达百分之百。

是年，村成立水利组、机耕组、整修泵站组。全年修渠道 500 米，清理渠道 1500 米。

是年，吴庄子村跨入市级明星小康村行列。

是年，村建立文化活动中心，用于读书、打羽毛球、下象棋等各种娱乐活动。

1997 年

7 月，南河镇政府与天津师范大学共同制定《南河镇吴庄子村总体规划》。

6—8 月，在党员中开展“尽党员义务，做合格党员”大讨论。

是年，村妇女组织实行“工作记事册制度”，推动妇代会工作规范化。

1998 年

2 月，村成立评选文明户、遵纪守法户领导小组，修订《文明家庭、遵纪守法户条件》。

是年，村新购置佳联小麦收割机两台和播种机、旋耕机，农机作业率达百分之百，实现农业机械化。小麦、玉米均获得大丰收，总产量700吨，创历史最高纪录。

是年，村委会与南河镇乡村建设管理站签订《基本农田保护责任书》。

是年，村党员为南方水灾群众捐款捐物。村民两天内捐衣服1000件。

是年，治安巡逻队片长信息员等队伍成立，巡逻队全部着装。

是年，吴庄子村被评为镇安全示范村。

1999年

11月，《中华人民共和国村民委员会组织法》施行后，村民按照相关法规规定的选举办法参加投票，按照自己意愿选举产生村委会。

是年，吴庄子村安置复转退军人到镇村企业工作。

2000年

3月，在村干部、群众中进行形势任务政策教育。

3月至4月20日，集中对全体党员干部和村民代表进行形势任务政策教育。

4月15日，根据《中国共产党基层组织选举工作暂行条例》，选举产生新一届村党支部。

5月6—28日，根据天津市村民委员会选举办法的规定，吴庄子村进行第四届村民委员会选举，选举产生新一届村委会。

8月，村开展向王兰庄党支部书记郭宝印学习活动。

11月8日，村制定《吴庄子村领导干部廉洁规定》。

是年，村农工商公司成立畜牧畜禽鱼骨粉厂、氢氧化铝化工厂和氧化再生胶橡胶厂3个村办企业。

是年，村组织妇女开展选“好婆婆”“好儿媳”活动。

2001年

2月，韩清义在“1999—2000年度社会治安综合治理”工作中成绩突出，被西青区委、区政府评为社会治安综合治理模范治保主任。

8—10月，村党支部组织全体党员开展“三个代表”重要思想学习教育活动。

11月，村南五号坑以投标方式进行招标。标底为每亩360元，按其中最高标数为中标者，由村委会和中标者拟定条款，承包期限为6年。

是年，吴庄子村被中共西青区南河镇委员会、西青区南河镇镇党委授予“2001

年度社会治安综合治理全优达标单位”。

是年，团支部组织青年纪念五四青年节，并组织成立足球队。

2002 年

是年，吴庄子村被天津市社会治安综合治理委员会评为 2002 年度社会治安综合治理全优达标村。

是年，镇党委、镇政府对 2001 年度吴庄子村各项工作考核评估后，批准村党支部书记和其他村干部的报酬按照有关规定执行。

2003 年

3 月，杨文起被市农委评为 2002 年度天津市农业系统优秀思想政治工作者。

3 月，村党员、群众代表大会推选 5 名村民组成监督委员会。

4 月 15 日，村永红化工厂租赁给村民，租期 3 年。

7 月 1 日，在镇党委召开庆祝中国共产党建党 82 周年大会上，杨文起等 8 名优秀党务工作者受到表彰。

10 月 10—11 日，连降暴雨，降雨量达 164. 5 毫米，村部分农田被淹，为 50 年一遇的特大暴雨。

是年，吴庄子村被镇党委、镇政府评为 2004 年度人口与计划生育达标单位。

2003 年，“非典” 流行期间，吴庄子村举全村之力，实行群防群治，使疫情未扩散到村。

2005 年

6 月 1 日，南河镇工业园管委会、吴庄子村委会分别与西青区威龙包装制品有限公司、天津市丰达制管厂签订土地出租合同。将位于吴庄子村工业园的土地 1. 67 公顷、0. 6 公顷租赁给西青区威龙包装制品有限公司、天津市丰达制管厂，租地期限 50 年。同日，南河镇工业园管委会、吴庄子村委会与西青区嬴发包装厂签订土地出租合同。

7 月，村域一带连下两场大雨，村街低洼处道路积水深达 50 厘米，给村民出行及车辆通行造成困难。

12 月 1 日，南河镇工业园管委会、吴庄子村委会与乙方天津亿达金属制品工贸有限公司签订土地使用租赁合同，将位于吴庄子村工业园的土地 1. 13 公顷租赁给乙方，租地期限为 50 年。

12 月 12 日至翌年 3 月 30 日，历时 108 天对全村 28 名党员进行共产党员先进性教育活动。

是年，市重点工程高速公路在南河镇境内修建，村被占用土地 4.2 公顷。

2006 年

6 月，韩清义被南河镇党委评为优秀党务工作者。

6 月 8 日，吴庄子村召开第六届村委会换届选举大会。

12 月，杨文起被西青区委、区政府评为 2006 年度计划生育工作先进工作者。

是年，吴庄子村被市精神文明委授予“创建文明村五个一活动先进村”。

是年，村内排水设施与市政管网接通，设施和排放水平与市区无异。

是年，吴庄子被南河镇委员会、镇政府授予 2005、2006 年度社会治安综合管理全优达标村。

2007 年

1 月，吴庄子村被市政府授予“天津市 2003 年至 2006 年人民调解工作先进集体”。杨文起被区委、区政府评为先进工作者。

7 月 1 日，村党支部被中共南河镇委员会评为 2007 年度先进党支部。

11 月，吴庄子村被天津市依法治市领导小组评为 2007 年度天津市民主法治村。

2008 年

5 月 1 日，南河镇工业园管委会、吴庄子村委会与村民吕印臣签订土地出租合同，将位于南河镇工业园的吴庄子村土地 2.26 公顷租赁给吕印臣，租期 40 年。

6 月，市委组织部、市农委授予吴庄子村“农村党的建设三级联创活动五个好红旗村党支部”称号。

2008 年，吴庄子村被区精神文明建设委评为 2007 年至 2008 年度文明村，杨文起被评为优秀组织者。

12 月，杨文起被区精神文明建设委员会评为 2007 年至 2008 年优秀组织者。

12 月，在西青区精神文明创建活动中，吴庄子村成绩突出，被评为 2007—2008 年度文明村。

2009 年

1 月，吴庄子村被市综治委授予“2007 至 2008 年度平安示范村”。

2 月，高兰英被区委组织部评为“2008 年西青区党员干部现代远程教育优秀管理员”。

2—5月，村党支部开展“坚持科学发展观，建设和谐西青”主题教育活动。

5月30日，村委会与乙方天津市春海经贸公司签订土地出让协议，提供乙方土地22.1407公顷，土地使用权限50年。

6月，镇党委授予吴庄子村先进党支部称号。

9月，村党支部开展第三批“深入学习实践科学发展观”专题教育活动。

9月，吴庄子村成人学校被区教育局授予“村级成人文化技术学校区级示范校”。

12月27日，村委会与精武镇建筑工程公司签订赛达大道拆迁补偿协议书。

2010年

1月1日，村域普降大雪，村街道路积雪严重，村委会迅速组织清扫，方便群众出行。

5月，第七届村委会换届选举举行。

6月1日，南河镇工业园管委会、吴庄子村委会与村民签订土地出租合同，将位于吴庄子村工业园的土地2.67公顷租赁给村民，租地期限50年。

同日，南河镇工业园管委会、吴庄子村与西青区富盛饲料厂签订土地出租合同，将位于吴庄子村工业园的土地2.67公顷租赁给富盛饲料厂，租地期限50年。

6月，村党支部被评为“精武镇2009年度先进党支部”，韩清义被评为精武镇优秀共产党员。

是年，吴庄子村被镇党委、镇政府评为“2010年度人口计生工作优秀单位”。

2011年

1月，韩清义在“2009—2010年社会治安综合治理”工作中成绩突出，被镇党委评为先进工作者。

2月，韩清义被区纪委、镇纪委聘请为村纪检监察信访举报联络员。

6月，村党支部被镇党委评为“2010年度先进党组织”。韩清义为优秀共产党员。

2012年

2月，村工会在三级联创活动中被西青区总工会授予先进村（园区）工会。高兰英被评为精武镇优秀工会干部。

3 月，村第八届党支部换届选举完成，杨文起当选党支部书记，王福喜、张学伟当选党支部委员。

6 月，吴庄子村党支部在镇庆“‘七一’保持党的纯洁性教育形势任务教育知识竞赛”中获得二等奖。

7 月，第八届村委会换届选举举行。

是年，在全村展开培育和践行社会主义核心价值观活动。

是年，在区红十字会第七次全会员代表大会上，杨文起当选为第七届理事会理事。

是年，村投资近 10 万元，安装更换村健身设施。

是年，村级财务交“三资办”统一管理。

是年，张学伟被团区委评为优秀共青团干部。

是年，村工会被评为“精武镇 2012 年度优秀区域职代会组织单位”。

2013 年

3 月，村委会委员韩清义被天津市社会管理综合治理委员会评为天津市优秀平安志愿者。

4 月，党员和村民代表会议召开，公布由两委会、平房改造领导小组提议、村民代表表决通过的《吴庄子村平房改造置换条件和收房补贴条件》。

5 月 17 日，《天津日报》全文刊登《村民拥护爱戴的好书记——记天津精武镇吴庄子村书记杨文起》一文，在社会上产生较大反响。

6 月 1 日，村实施收缴村民平房房证，张贴老村租房户搬迁公告。

7 月 1 日，村开始逐步开展收房工作。将老村平房进行排查和摸底。

8 月 1 日，村党总支、村委会发布《关于收缴平房有效证件及收房补贴标准通告》，通知村民对老村平房的有效证件开始收缴。

2014 年

3 月 11 日，村制定《吴庄子村计划生育（户口登记）补充规定》。

3—10 月，在村班子成员、党员干部队伍中进行党的群众路线教育实践活动，历时 8 个月。活动分学习文件、查找问题、整改提高三个阶段。

10 月 25 日，村两委会公布《精武镇示范小城镇吴庄村宅基地换房方案》。

10 月 26 日，村民代表会议召开，对《关于精武镇示范小城镇吴庄子村宅基地换房方案》进行审议表决，同日，召开党员大会，对《关于精武镇示范小城镇吴庄子村宅基地换房方案》进行审议表决。

11 月 27 日，在村公示分楼方案及其一号公告。

12 月 2 日，村委会与村民达成协议，签订《国兴佳园宅基地换房协议书》。

是年，陈秀霞在“2014 年度中国梦好人”评选活动中事迹突出，被区精神文明建设委员会评为第三季度“西青好人”。

是年，村民迁居国兴佳园住宅楼，吴庄子老村剩下十几户未搬迁。

是年，村党支部、村委会制定《村级重大事项六步决策法实施流程及备案表》。

2015 年

1 月，经市民推荐评议，村民陈秀霞被市精神文明建设委员会办公室评选为“天津好人”，入选天津文明网。

4 月，村完成第九届党支部换届，杨文起当选党支部书记，王福喜、张学伟当选党支部委员。

7 月，第九届村委会换届选举举行。

12 月，村重新修改制定《吴庄子村村规民约》，增加民主政治建设内涵。

2015 年，村党支部联合大卷子村、王庄子村在社区联合建立综合服务站，设立党群、民政、计生、劳动保障等服务窗口，为民代办事项 192 件。

是年，村组织 112 名志愿者开展活动 10 次，慰问困难老党员 4 人，慰问困难群众 12 人，解决困难问题 6 件。

是年，成立巡逻队，确保村民的人身、财产安全。

2016 年

2 月 22 日，在镇文化站组织的正月十五秧歌花会展演活动中，吴庄子村开心舞蹈队参加广场舞队演出。

3 月 3 日，吴庄子村被评为“2015 年度镇十大优秀志愿者服务平台”，高兰英被评为十佳志愿者平台管理员，张平和刘丽被评为优秀志愿者。

3 月 23 日，民政部、天津市民政局一行 20 多人到村检查低保工作。

3 月，村党支部组织党员开展“群众微心愿，党员来点亮”活动。

5 月 1 日，村工会联合村妇联、团支部在国兴佳园社区开展“庆‘五一’趣味运动会”。

5—12 月，村党支部组织全体党员开展“两学一做”学习教育活动。

6 月，村开心舞蹈队表演的藏族舞《吉祥》在“舞飞扬，心向党，与文明同行，为精武喝彩”庆祝建党九十五周年及创建文明城区舞蹈比赛中获得二等奖，《在中国大地上》获得三等奖。

9月8日，村妇联组织妇女参加镇妇联在国兴佳园社区组织的插花活动。

10月6—7日，为农业户口年满20周岁及以上人员在社区进行体检。体检项目包括：胸透、肿瘤4项检查、B超心电图、血压、外科、耳鼻喉等项目。

10月21日，在国兴佳园社区二楼为村育龄妇女B超查体。

11月9日，国兴佳园社区妇联联合盛兴佳园社区开展“学法律法规做守法公民”为主题的普法知识竞赛。

12月25日，国兴佳园社区联合吴庄子等村开展“鸡”祥如意、DIY亲子卡通制作活动。

12月，高兰英等3人在镇“学法律法规，做守法公民”普法知识竞赛中获二等奖。

是年，村工会被评为精武镇2012年度优秀区域职代会组织单位。

是年，吴庄子村被区精神文明建设委员会评为文明村（文明小区）“五个一”创建活动先进单位。高兰英被评为精武镇“2016年度优秀工会干部”。

2017年

春节前夕，开展慰问村困难党员和困难群众活动。共慰问困难党员和困难群众81人，发放慰问金4万元。

1月13日，村委会为村60周岁以下农业户口村民发放一次性福利补贴每人3600元，60周岁以上农业户口老人每人发放4800元。

是月20日，村委会联合国兴佳园社区、大卷子村和王庄子村开展“迎新春 包饺子 送温暖”活动。

2月13日，村联合国兴佳园社区志愿者清理国兴佳园小区草坪上的烟花爆竹废弃物。18日，村志愿者联合国兴佳园社区志愿者开展爱国卫生大扫除行动。

3月9日，村志愿者联合国兴佳园举办乐活绿主妇——环保志愿团队培育项目启动活动。11日，村志愿者联合国兴佳园社区志愿者开展清洁小区内的活动器械，清洁器械60多件。15日，在国兴佳园小区开展卫生清理活动。

7月3—10日，村志愿者开展创建文明城区发放宣传品、调查问卷活动。

7月25日，市民政局、区民政局领导到村座谈。

8月3—7日，村志愿者开展创建文明城区宣传、发放宣传品、调查问卷活动。

9 月 22 日，村文艺志愿者进行文艺演出。

9 月，为 5 户村民办理低保复审，其中精神残疾 2 户，肢体残疾 3 户。

是年，村党员开展“群众微心愿，党员来点亮”微心愿活动。

12 月，村工会被评为“2017 年度精武镇优秀区域职代会组织单位”。高兰英被评为“2017 年度精武镇优秀工会干部”。

第一章　建置　地理

吴庄子村位于天津市区中南部。明永乐初年依河傍水而建，600 多年来，古老的赤龙河、运粮河陪伴着吴庄子村历尽沧桑。新中国成立后，村庄历经天津县、静海县（津西郊区）、南开区、和平区、西郊区、西青区隶属变迁。村域内系海积冲积平原，地势低洼，土地盐碱。四季气候分明，季风显著，温差大，雨热同期。光能、风力、地热田等资源丰富。

村庄毗邻北京首都、天津滨海两大国际机场及天津港，村域内及周边外环线、津淄公路等高密度的立体交通网络，纵横交错，四通八达。

第一节　建置沿革

一、建村　区位

（一）村庄由来

明初，开凿南运河支流运粮河，流经吴庄子村一带，曾有先民依河而居。

永乐初年，朝廷颁诏迁山东、山西、河北等地移民迁入本地，有吴姓先民于此落户，后逐成村落，遂名吴家庄，又称吴庄子村。

1984 年，天津市进行地名标准化处理，村名核定为吴庄子村。

（二）村形

旧村呈长方形状，有东西走向 3 条街道，还有 2 条南北走向街道。村内民房均为南北朝向，为典型北方农村格局。平均高度为海拔 3.16 米（大沽高程，下同）。

新中国成立后，村台占地面积不断扩大。20 世纪末，村中仍以东西走向老街为

平房改造前村图（2011 年摄）

中心街，有 2 条长胡同南北穿街。

21 世纪初，吴庄子村有老村和国兴佳园小区两部分，老村坐落在津文公路东侧，威乌高速南侧。国兴佳园小区坐落在老村东北方向，为新建居民楼。2014 年 12 月，村民迁入新居。

（三）区位

吴庄子老村地处天津市区的中南部，位于永红工业区南侧 1.5 千米处，东隔干校路与大南河村搭界，西与孙庄子村毗邻，南抵陈台子村地界，北为南河工业区。中心地理坐标：北纬 39° 04′，东经 117° 12′。

（四）交通区位

60 年代前，村域位于津盐公路（土路）附近。60 年代中期，修建津淄公路后，村域位于路旁。70 年代，域内有乡村公路，邻近周边多条主干道路。

吴庄子村毗邻北京首都、天津滨海两大国际机场及天津港。至北京首都国际机场 120 千米，车程 90 分钟左右；距天津站 8 千米，地铁 15 分钟即可到达；至天津港、滨海新区 50～60 千米，距滨海国际机场 18 千米，地铁 50 分钟即可到达；距离大学城仅15分钟路程，教育资源环伺周边。

村域内及周边有高密度的立体交通网络，纵横交错，贯通全国各地。有天津外环线、津淄公路、荣乌联络线3条国家级干道；市级主干路有4路，邻近地铁3号线等。途经公交车线路9条，设孙庄子站。周边有157路公交车和静海到食品街大巴车2条。

二、隶属变化

吴庄子立村后，历史上行政隶属多有变化。

（一）明清时期

明代初年，改靖海为静海，村域隶属静海县。按照赋税黄册进行编户，时南河镇隶属于归德里，吴庄子村为其所辖。

清乾隆四年（1739）刻本《天津府志》载，静海县划分全县为4路，吴庄子等村划归东路所辖。

同治十二年（1873）刻本《静海县志》记载，吴庄子等7个村属于管铺头地练所辖。

光绪二十四年（1898）重修《天津府志》记载，南河镇村庄分属天津县西乡、静海县东乡，吴庄子村属于静海县东乡所辖。

（二）中华民国时期

民国时期，吴庄子村隶属静海县所辖。

中华民国成立后，对旧政区进行改革。1923年，开始实行县以下社区的行政区划制度。

1930年，静海县划全县为6个区、281个编村，吴庄子村属于闫庄子编村管辖。

日本侵华战争爆发后，日伪政权在沦陷区推行“强化治安”，在县以下政权推行大编乡制度。1941年，吴庄子等村属于日伪静海县政府的砖垛大编乡。

1946年，国民党天津县政权调整区域，吴庄子等村行政区划与抗战前相同。

1948年，国民党政权在乡村基层行政组织中实行保甲制，吴庄子村属静海县老君堂乡所辖。

1945年年初，中共冀中区委撤销津南工作委员会，涉及津南县、津沽县，吴庄子村所在的南河镇分属两县所辖。抗战胜利后，中共武装力量挺进敌后，在今静海县、西青区普遍建立基层人民民主政权，9月将六、七工作组改建为六、七区，吴庄子村被划入第六区。

1946 年，第六区改属于津南县、津郊县所辖，1948 年设立天津县后，部分村庄属天津县所辖。1948 年年底撤销津南县，改属天津县静海县所辖。

（三）中华人民共和国

新中国成立后，吴庄子村所在的精武镇分属于天津市五区、静海县所辖。

1956 年 8 月，静海县进行区划调整，吴庄子等村隶属于静海县的二区，又称砖垛区。

1954 年 5 月，静海县划乡结束，吴庄子村属于静海县二区的牛坨子乡所辖。

1956 年，静海县实行撤区并乡，设立大南河乡、闫庄子乡两个乡，吴庄子村属于闫庄子乡所辖。

1957 年，静海县特区设 29 个乡镇，吴庄子村所在的闫庄子乡并入大南河乡。

1958 年 8 月，静海县团泊洼人民公社设立管理区，大南河乡改成大南河管理区，11 月大南河管理区划入闫庄子管理区，吴庄子村属其所辖。

1960 年 10 月，闫庄子管理区划入天津市和平区卫南公社。翌年 3 月，卫南公社划分为 4 个公社，吴庄子等 30 个村属于郭村公社所辖。

1962 年 2 月，天津市恢复郊区行政建置，和平区郭村公社及其所辖的大队包括吴庄子村划归天津市西郊区郭村公社所辖。

1963 年 1 月，郭村公社划分成 5 个公社，吴庄子村属于南闫庄子公社所辖。

1964 年 12 月，闫庄子公社与青凝侯公社合并更名为小卞庄公社，吴庄子村随由小卞庄公社所辖。

1967 年，小卞庄公社更名为红卫人民公社，吴庄子村属其所辖。

1969 年，小卞庄公社与傅村公社合并称为傅村公社，吴庄子村属其所辖。

1983 年 6 月 26 日，改公社为乡，吴庄子村属傅村乡所辖。

1984 年 7 月，傅村乡更名为永红乡，吴庄子村属永红乡所辖。

1986 年 1 月，撤销永红乡设立南河镇，吴庄子村属南河镇所辖。

2009 年，撤销南河镇设立精武镇，吴庄子村属精武镇所辖。

至 2017 年，村隶属关系未变。

第二节　自然环境

一、地质地貌

（一）地质

村域随着整个华北地区“沧海桑田”的变化，经过漫长历史时期的海退陆进而逐渐形成的。

村域属元古界，是元古代8亿年前，华北古海洋中沉积的海相地层。主要岩性是碳酸盐类的石灰岩、白云岩、燧石白云岩、含粉砂微晶白云岩、沥青质白云岩、黏土岩类的泥岩、页岩及碎屑岩类的砂岩、粉砂质岩等。域内地下最古老的地质基础是由太古界变质盐系构成的结晶基底。在距今18亿年至8亿年前的中上元古代时期，域内与华北广大地区沦为浅海。海洋侵占长达10亿年之久。在比较稳定的海洋环境中，沉积滨海湖的砂岩、泥岩和页岩，浅海湖相的石灰岩、白云岩、硅质岩地层。距今8亿年时，村域与华北浅海一起上升隆起，海退成陆。

其陆地结构属新华夏构造体系，位于华北沉降带中、沧县隆起的北端。属新华夏系的压扭性断裂带。

（二）地貌

村域位于华北平原东北部、滨海冲积平原上，地势低洼，海拔在2.5～3.5米。村境为全新世堆积和河湖相沉积物夹数层海相淤泥地层，形成华北古陆，域内作为华北古陆的一部分，保持一亿多年的陆地地形环境。村域地貌基本平坦，地势大体上为西北略高、东南稍低。

二、气候

（一）气候特征

吴庄子村属暖温带大陆性季风气候，具有四季分明、冬季寒冷干燥、夏季炎热多雨的气候特点。一般 4 月上旬进入春季，6 月中旬进入夏季，9 月上旬开始秋季，10 月底进入漫长的冬季。春季降水稀少，经常是偏南风为主的干热风。气温回升迅速，高温干燥日比较多，经常出现春旱。因此，春季主要气候特征是干旱多风。夏季是全年温度最高季节，降水量增大，多暴雨，强度大，历时长，有冰雹和短时雷雨大风等灾害性天气。秋季气温明显下降，降水量比春、冬两季多，比夏季少，日照比较充足，形成秋高气爽的气候特征。冬季受蒙古高压控制和西伯利亚冷空气的影响，盛行偏北风，空气寒冷干燥，风多雪少。

（二）气温

吴庄子村位于暖温带，受海洋影响小，气候的大陆性特征显著。具有冬冷夏热，春秋温和，气温年较差大的特征。冬季在西伯利亚干冷空气的影响下，气温较低，最低气温出现在 1 月，平均气温达-4℃，极端最低气温为-24℃。夏季在副热带高压影响下，气温比较高，最高气温出现在 7 月，平均气温达 26. 5℃，极端最高气温为 40. 6℃，全年气温年较差高达 30. 5℃。春季和秋季，冷暖空气势力都比较弱，因而气温既不太高又不太低，比较适中。

（三）日照

吴庄子村处于中纬度地区，除冬季日照稍短、太阳高度角小、太阳辐射稍弱外，春、夏、秋三季均昼长夜短，太阳高度角度大，地面获得太阳辐射能量多，热量丰富。全年日照总时数 2697 小时，无霜期 200 多天。全年平均太阳辐射能在 130 千卡/平方厘米以上，对农业生产极为有利。

（四）降水　蒸发

吴庄子村多年下半年降水量为 557 毫米左右，降水以降雨为主。全年各月平均都有降水，但多集中在夏季，其他季节降水较少。每年的 6—9 月，降水量平均 448 毫米，占全年降水量的 86%，而其他 8 个月的降水量只占全年降水量的 14%。不同的年份降水量的变化很大，有的年份多，有的年份少。

村地处中纬度地带，日照充足，晴天多，蒸发量较大，蒸发量随季节变化又有明显的不同。

（五）风

吴庄子村处于暖温带季风区内，风多且风向随季节变化明显。冬季，受西伯利亚干冷空气的影响，多干燥寒冷的西北风，风势较强。夏季，受太平洋暖湿气流的影响，多东南风和偏南风。春秋两季，由于受冬季风和夏季风的交替控制，风向多变，但以西南风最多。同时，由于天津城区位于村东北方，其热岛效应也使吴庄子村西南风频率更大，势力更强。影响吴庄子村的大风多出现在冬春两季，每年 7 ~ 8 级以上的大风天有 50 天左右。

三、物候　节气

（一）物候

域内气候对物候反映十分敏感。冬小麦返青一般在 3 月中旬，最早为 3 月 18 日，最晚为 3 月 25 日；桃树茂花一般为 4 月中旬，最早为 4 月 16 日，最晚为 4 月 26 日；杏树盛花一般为 4 月中旬，最早为 4 月 4 日，最晚为 4 月 20 日；榆树结钱一般为 4 月中旬以后，最早 3 月 24 日，最晚 4 月 24 日；柳树发芽一般为 4 月初，最早为 3 月 24 日，最晚为 4 月 11 日；蝴蝶始见日一般为清明节前后一两天，最早 4 月 1 日，最晚 4 月 25 日；家燕始见日一般为 4 月初，最早 3 月 19 日，最晚 4 月 14 日；蝉始鸣一般为 6 月 4—5 日，最晚为 6 月 13 日；冻土层平均解冻日期为 2 月 28 日，最早 1 月 21 日，最晚 3 月 23 日。

每年这些物候反映出现的迟早，随气候的变化而有所差异。

（二）节气

立春（2 月 4—5 日）气温明显回升，天气逐渐变暖，白昼渐长，土地逐渐解冻。

雨水（2 月 19—20 日）严寒基本解除，土地逐渐反墒，蒸发量增大。柳枝泛绿，始有大雁回归，可播种春小麦和大麦。农谚曰："七九河开河不开，八九雁来雁必来。"

惊蛰（3 月 5—6 日）土壤开化加快，河流解冻。冬眠中的虫、蛇开始复苏，即所谓："二月二，龙抬头。"

春分（3 月 21—22 日）昼夜等长。其后，白昼渐长。蒸发量增大，土壤失墒加快。芦苇等萌发，柳叶展绿，家燕、蛇等时可见。

清明（4 月 5—6 日）气温回暖，田野泛绿，生长季节开始，可播种春玉米和高粱。

谷雨（4 月 20—21 日）温度升高，降水量增加，偏南风较多，春播全面展开，谚云："谷雨前后，种瓜点豆。"

立夏（5 月 5—6 日）气温迅速升高，干旱少雨，时有雷雨冰雹，小麦已拔节孕穗。

小满（5 月 21—22 日）气温回升减慢，降雨量明显增多，亦有冰雹。

芒种（6 月 5—6 日）麦类作物进入灌浆成熟阶段。气温升高，降水增加，且多雷雨、冰雹。

夏至（6 月 21—22 日）日照时间最长的一天，气温高，为麦收抢种高峰时期，有“夏至十天麦场空”的农谚。

小暑（7 月 7—8 日）气温高，湿度大，风小，天气闷热，降雨明显增多，进入汛期，多暴雨或阴雨连绵天。

大暑（7 月 23—24 日）进入伏天，是一年气温最高时期，湿度大，降水量大，开始种菜，农谚曰：“头伏萝卜二伏菜。”

立秋（8 月 7—8 日）天气炎热高峰已过，气温有所下降，早晚凉爽，伏天终止。谚云：“立秋寸草结籽。”

处暑（8 月 23—24 日）暑气渐弱且逐渐消失，气温下降加快，降水减少，春播玉米、高粱近于成熟。

白露（9 月 8—9 日）日暖夜凉，天气渐凉，秋高气爽，始种冬小麦。

秋分（9 月 23—24 日）昼夜等长，其后白昼日短。气温明显下降，冷空气活动加强，为播种冬小麦时节。谚云：“白露早，寒露迟，秋分种麦正当时。”

寒露（10 月 8—9 日）气温继续降低，晚稻成熟收割，大雁南飞。

霜降（10 月 23—24 日）天气渐冷，气温继续下降，植物生长期结束。时有冰冻降雪现象，始收秋菜。谚云：“冬至见凌碴儿。”

立冬（11 月 7—8 日）冬季开始，气温明显下降，土壤日融夜冻，降水由雨变雪或雨夹雪，柳叶落尽，地面植物进入休眠期。农谚曰：“立冬出白菜，别让寒冻害。”

小雪（11 月 22—23 日）多偏北风，风速加大，天气很冷。农谚有“小雪封地”之说。土壤稳定结冻，河水结冰。

大雪（12 月 7—8 日）农谚曰：“大雪封河。”河水结冰加厚，冻土加深。

冬至（12 月 22—23 日）白昼时间最短，数九开始，多北风，天气寒冷。

小寒（1 月 5—6 日）严寒季节已到，气温下降趋缓，降水甚少。

大寒（1 月 20—21 日）北风多，风速大，滴水成冰，进入“三九”，是全年最冷时期。

四、自然灾害

吴庄子村属于暖温带季风气候区，受季风影响，降水年内季节分配及年际分配很不均匀，降水高度集中夏季，且多暴雨或大暴雨，因此，干旱和雨涝灾害频仍，是村域的最主要灾害。据《天津市近500年旱涝气象气候分析》记载，在明成化六年（1470）至1985年的516年中，吴庄子村一带陷入雨涝年有181年，占35.1%；旱年有133年，占25.8%；正常年202年，占39.1%，旱涝年的总和多于正常年。旱、涝和正常年的发生还有明显的连续性，最长连涝11年（1881—1891），最长连旱7年（1636—1642），正常年最长连续6年（1495—1500、1824—1829、1914—1919）。其他如地震、雪冰风雹等灾害属偶尔发生，也危害到村中的农业生产和村民生活。

玉米受风灾（2005年摄）

（一）旱灾

据气象部门统计，从明成化六年（1470）至1995年，吴庄子村一带有150个旱年，平均五年左右一次，发生季节一般为3—5月份。具体记载的旱年有：

明崇祯十三年至崇祯十四年（1640—1641）连旱，“春旱，人相食，尸骸遍野”。

1941—1942年，连年春旱，农作物无法播种。

1972年春，大旱罕见，河水干涸，稻身可燃，河中挖河，井里掘井，收成大减。

1989年，大旱，全年降水量不足300毫米。

1992年，大旱。降水量少于大旱的1972年。

1993年，村域遭遇新中国成立后特大干旱，降雨比大旱的1972年减少35%。

1997年春，持续干旱少雨，给农业生产造成极大困难。

2000年，因严重干旱，造成农作物大幅减产。

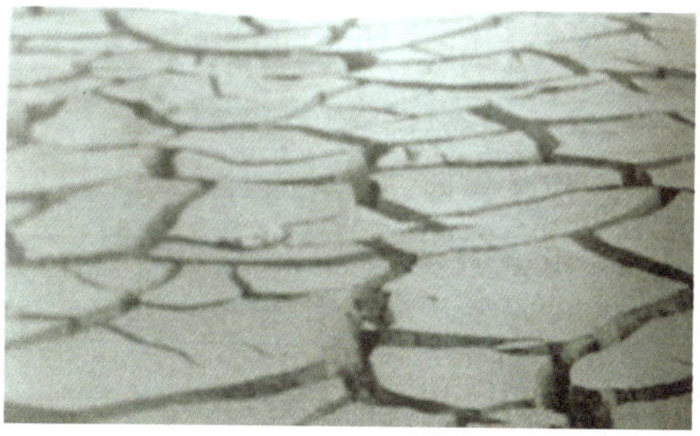

1972年大旱干裂

2002年，春旱，村农作物失墒普遍。

2002 年后，村域未再发生明显旱情。

另据西青区气象站 1958—1980 年 23 年的统计资料，村域一带出现 7 个旱年，旱年频率 30.4%；春夏连旱频率 39.1%，夏秋连旱频率 8.7%。

（二）水灾

据气象部门统计，明永乐二年（1404）至 1995 年，村域附近有记载的水灾共发生 75 次，一般发生在 7 月下旬至 8 月中旬。具体记载的有：

明万历二十年（1592），南运河决堤，境内皆为洪流，平地成川，农田化为湖泊。

万历三十二年（1604），连续两个月降水不止，平地积水深 3 米，有村民饿死。

清顺治十年至十一年（1653—1654），大水，农田行舟，积水深达 2 米以上。

雍正三年（1725），积水深 1 米以上，“薪尽苫为炊”。

乾隆元年（1736），降雨持续 40 余日，积水深 3 米，村落、农田均被淹，汪洋一片。

道光二十七年（1847），大雨数日，田野水溢，田园皆被淹。

1927 年，农田被淹。

1928 年，受灾严重，8 月来水，水深 3 米，齐村土台，积水达半年之久。

1939 年 7 月，由于连降暴雨，降雨量 1237.2 毫米，大清河、子牙河、南运河水势汹涌。日伪军队为破坏敌后抗日民主政权，将大清河、子牙河、滹沱河堤扒开，决口 182 处。村庄全部沦入汪洋，村内房屋大部倒塌，灾民四处逃难。

1949 年，大雨连绵，河水暴涨，农田遭淹，房屋倒塌时有发生。

1977 年，暴雨连降数日，农田减产三成左右。

1990 年 6 月 21 日，村遭受冰雹袭击。

1990 年 7 月，狂风暴雨袭击境内，村内受损严重。

2003 年 10 月 10—11 日，村域一带遭遇一场 50 年未遇的大雨，村域内连续三天降雨不停，降雨量达 164.5 毫米，部分农作物受灾严重，村内街区积水。

2005 年 7 月，村域一带连下两场大雨，村街低洼处道路积水深达 50 厘米，给村民出行及车辆通行造成很大困难。

另据西青区气象站“1958—1980 年统计资料”，村域一带 32 年间出现 5 个涝年，涝年频率 21.7%；11 个正常年，正常年频率为 47.8%，夏秋连涝频率 4.3%。

（三）地震

西晋元康四年（294）至 1996 年，村域一带发生 5 级以上地震 18 次，3 ~ 5 级地震 89 次，震中均较远，村中有震感或受轻微波及。清光绪二十六年（1900）前，6 级以上地震 6 次，其中 7.5 级以上 2 次。其中，以康熙十八年（1679）9 月 2 日三河、平谷大地震对村影响最大。

1969 年 7 月 18 日，渤海湾发生 7.4 级地震，村内有震感。

1976 年 7 月 28 日，唐山、丰南地区发生 7.8 级强烈地震，村庄受到波及，房屋受损，无村民受伤。

1976 年 11 月 15 日，宁河县发生 6.9 级地震波及吴庄子村，部分房屋损坏，有村民受轻伤。

第三节　自然资源

一、水资源

（一）地下水

域内地下水文地质属于海系冲积平原，有碱水体分布区。水资源比较丰富，而且大部分地区为潜水层，开采利用较为方便。

地下水资源主要来源于境内大气降水补给，其次是河渠渗透水。由于村域农用土地均被城市扩张所占，吴庄子村逐渐融入都市中，生活及企业用水均来源于市政供水系统。

1970—1980 年，村相继打出多口生活和菜田浇灌用机井，解决饮水和生产用水不足，随着引滦入津工程完成和地下水位下降，机井相继停用。

80 年代至村农业消失，村一直延用机井抽取地下水浇灌农田。

（二）地表水

地表水来源主要靠大气降水和城市污水补给。村内降水并不丰富，而且季节分配不均，除夏季外，其他三个季节地表水比较短缺，尤其是春季更为严重。

降水　据西青区气象部门统计，村域历年最大降水量 1093.3 毫米，折合降水总量为 98 万立方米，历年最小降水量为 270.4 毫米，折合降水总量为 24 万立方米。

域内年平均径流深为91毫米，特丰水年份径流深230毫米。村域大气降水是最基本的水分资源。多年平均降水量为566.4毫米。降水高度集中于夏季，降水量417.4毫米，占全年降水量的73.69%。雨季一般开始于6月27日，结束于8月23日，持续期两个月左右，雨季降水量平均在400～500毫米左右，占全年降水量的70%以上，而其他季节降雨较少。村内降水量按年份极不稳定，经常出现春旱夏涝。

城市污水　亦为村内地表水的主要来源之一。

（三）河流

南河　原为大运河支流，镇内长度5千米，经过大卷子、小卷子、傅村向南流入大小南河之间。

宽河　是独流减河的分支，长度8千米，自静海县境内流入宽河村。

运粮河　为南运河支流，于静海良王庄与南运河分流，向东进入西郊（西青），一路缓流，经边村、杨楼至王兰庄，又一分支经纪庄子向北入卫津河。其主干则往南经大倪庄、吴庄子村转向东后往南进入津南区后入海河。运粮河西联南运河，北入卫津河，与天津城中心相连，南与赤龙河相接，辗转东南汇于海河。精武镇段运粮河全长5千米，宽30米，从南河镇大卷子村，沿着小卷子村、马家寺村南自傅村北折向东南，经过小南河村出境，在清乾隆四年（1739）废止。1949年后，南运河水源不足，运粮河日渐干涸。

独流减河　1942年，日伪统治者为保护其在华在津利益，命令伪建设局、天津工程局操办开挖减河，1944年春因劳力、资金困难被迫下马，半途而废。新中国成立以后，为减轻天津以南洪水对其的压力，1951年秋，独流减河工程再次动工。1953年7月10日全线竣工，从静海县独流镇起至万家码头，与马厂减河平交后经北大港的马棚口闸入海，全长43.5千米。1966—1970年对独流减河进行扩建，扩建后的河道由万家码头向东延长，河道增到67千米，设计流量提高到3200立方米/秒。同时，扩建进洪闸，入海口修建“工农兵防潮闸”。它主要担负着大清河洪水和沥水入海的任务，以确保天津及津浦铁路的安全，汛后蓄水用于工业及农田灌溉。西青区境内全长4387米，宽400～1027米。

陈台子排污河　开发于1972年春，1974年5月竣工。

程村排污河　1965年开发，从小南河入境西至大卷子出境，全长7600米。

西大洼排污河　1956年完成北段，1966年完成南段，全长8.8千米。

丰产河　是排灌两用的人工河。因对两岸农田起旱涝保收作用，故名。西起杨柳青镇前桑园村南运河右岸，向东至吴庄子村北部与卫津河相汇。1950年开挖，

1955 年竣工，1971 年改道。长 14 千米，上口宽 25 ~ 30 米，底宽 7 米，流量 10 立方米/秒。

（四）坑塘水井

1949 年前后，村域坑塘众多，另有大小坑数十个。后随着村庄改建和气象原因，坑塘逐渐减少。改革开放后，村内坑塘多改为养鱼池。

历史上村民吃水为河水。1956 年，集体在村四周挖掘 2 眼深 3 米土井，为吃水井。后在村西南角修建土砖井，盖水楼，为吃水井。70 年代打机井数眼，用于抗旱、企业和养殖用水。

（五）地热田

村域属王兰庄地热田核心地带。王兰庄地热田于 1988 年探明，时为全国最大的中低温大型地热田。顶板埋深为 1 千米，水温 70℃ ~ 88℃，为中高温热水。面积 1002 平方千米，水温最高为 88℃，地热总储量 9 万多亿千卡，年可采地热水 2400 万立方米，热量相当于标准煤 13 亿吨。域内地热资源丰富、潜力大，开发利用前景广阔。

二、土地资源

相传明洪武年间，燕王朱棣册封有功之臣，在津京地区强迫农人垦荒后“指地为边”“跑马占地”，吴庄子村有土地 266. 67 公顷。

1949 年前后，村域总土地面积 253. 33 公顷，其中耕地 63. 33 公顷，苇地 40 公顷，村台 6 公顷，其余 144 公顷为荒滩洼地。

新中国成立初期，村域水域面积不甚固定。因地势低洼，多数年份积水减少后种植水稻。后随着水利设施改善，水稻成为村占地最多农作物。

1995 年，耕地面积 133. 33 公顷。其中，园田果园 13. 33 公顷。有水产养殖面积 66. 67 公顷。2015 年，全村集体土地 138. 67 公顷，其中老村占地 126. 67 公顷，国兴佳园小区占地 12 公顷。

2017 年，全村有土地 74. 67 公顷。

三、动植物

60 年代前，村域内地势低洼，适宜生长多种野生植物，以一年生和多年生草本植物为主，多数可作为禽畜饲料或中草药。坑塘、洼地、沟渠尤以芦苇、蒲草、水稗草为盛。因地处平原内地，故无毒蛇猛兽，常见的野生动物主要分为哺乳类、爬行类、两栖类、鸟类、鱼虾类、虫豸类。70 年代后，随着环境条件改变，村中动植物大量减少，一些动物已绝迹，植物随着土地和村域面积的减少，传统植物大为减少，甚至灭绝。村域曾广泛存在过的生物有：

（一）动物

哺乳类　黄鼬（黄鼠狼），食肉动物，是鼠类蛙类的天敌。夏秋季节多活动于田间，冬春季节多活动于村落，以鸡、兔为食。其毛皮经济价值很高，其尾是上好的毛笔原料；刺猬，杂食性动物，粮食、瓜果、小动物均为其食用。多散居于村柴草垛之中；野兔、家兔，多食草、菜、豆类植物等，其肉可食，毛皮经过加工可成为防寒裘皮；家鼠、田鼠，均以盗食粮食为主，兼食各种蔬菜瓜果。家鼠多居于房屋、宅院，田鼠穴居于田间或堤埝。至 21 世纪仍为重点捕杀对象之一。狐狸，活动于河堤、荒草野洼地带，食各种较小动物，其皮毛是上等御寒裘料，五六十年代基本绝迹；獾，其貌似狗，多穴居于荒草野洼及较大坟茔地带。其肉可食，其皮毛可制成裘皮，獾油是上好的医疗烫伤药物，六七十年代已不多见；蝙蝠，栖居于房檐、门窗缝隙内，夜间活动，以飞行的小昆虫为食。70 年代后数量渐少。

鸟类　域内四季常见的留鸟主要有喜鹊，其色黑白相间，旧时以此鸟为吉祥鸟，有“喜鹊喳喳叫，喜事就来到”之说；猫头鹰，多活动于夜间，捕食鼠类。旧时视其为不祥之鸟，有“夜猫子进宅，无事不来”的偏见；麻雀（俗称“家雀儿”），以粮食和各种昆虫为食，1958 年曾作为“四害”之一大量捕杀，数量随之减少，后又繁殖复苏；啄木鸟，以树虫为食，有“森林卫士”之称。

域内常见鸟类还有雁、燕子、猎隼、雀鹰、乌鸦、大杜鹃、黄鹂、黑卷尾、黑尾腊嘴、金翅、朱雀、黄雀、绣眼、乌鸦、翠鸟、百灵、芦莺、柳莺、白脸山雀、苍鹭、白鹭、鹈鹕、白鹳、乌鹳、鸳鸯、绿头鸭、斑嘴鸭、花脸鸭、红嘴鸥、灰背鸥、游隼、白头鹞、鹊鹞、鹌鹑、野鸡。

还有鸡、鸭、鹅等家禽。

爬行类　壁虎，灰褐色，多活动于房屋墙壁上，以蚊蝇及各种小昆虫为食。是居室益虫，也是一种中药资源；蛇，春夏秋季多活动于河堤渠埝草坡和农田及农村宅院之中。一般为无毒蛇，肤色各异，绿斑、黑褐色的为多，白色较少见。多以鼠类、蛙类、虫类、鸟类为食，其所脱外壳名“蛇蜕”，可入药，有少数人食用其肉；蜥蜴，属于冷血爬虫类，形似壁虎，穴居于河堤、渠埝中，多活动在河堤草坡、树林和干旱沙壤土区，以小昆虫为食，也是一种中药资源。

两栖类　蟾蜍，俗称“癞蛤蟆”“疥蛤蟆”。多以昆虫和蝇蛆为食。系中药蟾酥的产源；青蛙，俗称“蛤蟆”。其肤色多为黄绿、暗绿、黑白相间诸色，多活动于低洼草丛和水中。以昆虫为食，是农田除虫能手，有“庄稼卫士”之美誉。

鱼类　70 年代前，域内因河流、坑塘众多，鱼虾颇为丰富。80 年代后，村内开发鱼坑，进行人工养殖。曾普遍存在的鱼种类主要有甲鱼、草鱼、鲢鱼、鲤鱼、鲫鱼、白鲳、泥鳅、乌鱼（俗称黑鱼）、嘎鱼、鲶鱼、梭鱼、麦穗、刀鱼、银鱼、青虾、白虾、黄鳝、河蟹、黄花鱼、河蚌、田螺、圆尾斗鱼等。

虫豸类　域内各种虫豸类繁多，有蝎子、蜈蚣、蜗牛、蚂蟥、水蝎子、马蜂、蝉（俗称“知了”）。较常见的虫豸类有蚯蚓、蜘蛛、蜻蜓、蚊子、蟑螂、瓢虫蝴蝶、螳螂（俗称刀螂）、蝈蝈、萤火虫、蟋蟀、蜜蜂、苍蝇、蚂蚁、灯蛾、蝼蛄（俗称“拉拉蛄”）、磕头虫、七星瓢虫、菜青虫、玉米钻心虫、蝗虫、湖虫、跳蚤、蚜虫等。

（二）植物

除粮食、豆类、油料、瓜果、花卉、树木和其他人工种植的经济作物外，村域内曾广泛生长多种野生植物，主要有：

芦苇　禾本科多年生草本植物，曾是域内野生草类一大特产。多生长于坑塘、洼地和沟渠中。其用途广泛，经济价值高。嫩芦苇是上好的牲畜饲料，成熟收割后可用于编织苇席、打箔，或做建筑材料、造纸原料等，其芦根是清热的良药。

蒲草　为菖蒲科多年生草本植物，多生长于坑塘、洼地和沟渠中。叶片晾干后可编蒲垫、蒲包，打蒲帘；花粉称蒲黄可入药；果实（蒲绒）可做褥、枕等床上用品的填充料，御凉防寒；其地下根部晒干后可碾成粉，旧时村人曾作为“代食品”聊以充饥，也可作为酿酒的原料。

水稗草　一年生草本植物，多生于坑塘、沟渠水边和沼泽地带，耕地中亦有生长。是大牲畜和羊的适口饲料，成熟晒干后也可作为打帘的原料。

白茅草　多年生草本植物，生长力极强，容易使耕地变成荒地。幼苗可作为牲畜饲料，其根可入药。

常见的野生植物还有：独针菜（俗称“芝麻盐”）、苜蓿、大麻子、野菊、蒺藜（俗称“蒺藜狗子”）、苣菜（俗称“曲儿菜”）、苍子、马齿苋（俗称“长寿菜”）、秃喇叭花、喇喇蔓子、画眉草（俗称“星星草”）、鸡爪子草、碱蓬（俗称“黄蓿”）、酸模（俗称“酸溜溜”）、马绊草、马蔺（俗称“马莲”）、死不了、荭草（俗称水蓬棵）、野生菜、眼子菜（俗称“水上瀑”）、地梨草、羊苗根等。

四、光能 风力

（一）光能资源

村所在地理纬度决定域内的天文日照时数从冬至的 9 小时 25 分，增加到夏至的 14 小时 56 分。由于受阴雨、云雾等天气变化的影响，区气象站观测实际日照时数为 2810.4 小时，太阳高度角在夏至时可达 75°22′，冬至时也有 27°28′。较大的太阳高度角和较长的日照时数，使域内的太阳总辐射值达 127.4 千卡/平方厘米·年，作物生长期的光合有效辐射值达 62.4 千卡/平方厘米·年。据气象资料记载，多年平均日照时数为 2749.3 小时，平均日照百分率为 62%。日平均气温稳定≥0℃期间，日照总量 2179.3 小时，占年总量的 78%；日平均气温稳定≥10℃，期间日照总量为 1672.8 小时，占年总量的 60%。日照时数各月各季均不相同，分布不均。11—2 月各月日照总量<204 小时，平均每日 6.0～7.1 小时。3—10 月各月日照总量>230 小时，平均每日 7.4～9.8 小时，其中 4—6 月份日照最多，平均每天 8.3～9.8 小时。7—8 月份日照仅次于 4—6 月份，平均每天 7.5～7.8 小时。9—10 月份平均每天 7.9～8.3 小时，日照增多。全年太阳总辐射量为 127.24 千卡/平方厘米·年。日平均气温稳定通过 0℃期间太阳总辐射量 107.5 千卡/平方厘米，占年总辐射量的 83.9%；日平均气温稳定通过 10℃期间的太阳总辐射量 85.3 千卡/平方厘米，占年总辐射量的 66.6%。其中 4—6 月份，光照最强，月总太阳辐射量 13.6 千卡/平方厘米；7—9 月份，月总太阳辐射量 12.27 千卡/平方厘米至 11.2 千卡/平方厘米。全年以 5 月份太阳辐射最强为 16.5 千卡/平方厘米，以 12 月份太阳辐射最弱为 5.7 千卡/平方厘米。全年生理辐射总量为 62.8 千卡/平方厘米·年。生理辐射也叫光合有效辐射，是直接被植物吸收利用的太阳辐射能。域内年太阳生理辐射只占全年太阳总辐射的 49.9%。光能是取之不尽，用之不竭的自然资源，也是洁净无污染的新能源，推广和开发利用太阳能前景广阔。

（二）风力资源

村域属于季节性风能利用区，冬春两季风力较大，夏秋两季风力较小，风能密度在 50～100 瓦/平方米，≥3 米/秒的风速为 3000～4000 小时。

第二章　人　口

建村至新中国成立前，吴庄子人口由几户十几人发展到清代数百人。新中国成立后，生存环境的改善和村民生活水平提高，至60年代初人口数量增加近一倍，生育高峰逐渐形成。新中国成立初期，村男性多于女性。至2017年，女性明显多于男性。人们的寿命由新中国成立初平均50多岁增加到70.66岁，文化程度显著提高。90年代后，随着耕地大面积减少，村民从事农业人口大幅减少，从事工商业人口居多。

第一节　人口状况

一、数量　密度

（一）户籍人口

自建村至清中期，村人口无从查考。

清末，村有41户、189人。

1949年，全村有75户，约300人。

1958—1961年，村内人口出现负增长。1962—1964年，人口迅速回升，1964年第二次人口普查时，全村有90户、340人。1974年后，由于实行计划生育，人口向低增长转变。1982年，全村有152户，664人。1990年，全村有175户，705人。1995年，全村有186户，780人。2015年，全村有336户，村民925人。2017年，全村总人口995人。

（二）流动人口

立村后，人口多有迁徙。一些原居民迁流外地谋生，更多外地人移民于此。

1949 年前后，人口相对稳定。

60 年代后期，由于政策原因，出现两次人口变动高峰，为城市人口疏散、知识青年下乡和落实政策返城、安排工作转非农业所致。

1968—1977 年，知识青年下乡落户 20 人，1979 年后选调返城 20 人。

1979 年改革开放后，随着村经济的发展，大量外来务工人员居住村内，使村庄流动人口大增，租住在村里的外来人口最多达 300 多人（不包括住在企业的外来人口）。

（三）密度

1982 年，村人口密度为每平方公里 425 人。

1990 年，村人口密度为每平方公里 462.8 人。吴庄子村超过 500 人，在西青区属中等村。

二、人口结构

（一）性别结构

从新中国成立至 90 年代，村人口性别比例男高于女，村中多有男性无配偶。

1982 年，全村有 152 户、664 人口，其中男 337 人，占总人口的 50.75%；女 327 人，占总人口的 49.25%；男女性别比为 103.06∶100。

1990 年，全村 705 人中，男 350 人，占总人口的 49%；女 355 人，占总人口的 51%；男女性别比为 98.59∶100。

20 世纪中后期，人口性别比例基本平衡。

21 世纪初，村男女比例为女性略多于男性，长寿者多为女性。

（二）年龄结构

1949 年前，村人口年龄平均在 50 岁以下。

21 世纪初，村少年儿童人口数较 20 世纪中期有所降低，老年人口数较以前有所增加，村人口类型已由 60 年代的年轻型转变为 90 年代的成年型，而后又转变为 21 世纪的老年型。

2017 年，全村总人口中，0～14 岁 201 人，占全村总人口 20.2 %；15～29 岁 164 人，占全村总人口 16.48 %；30～59 岁 436 人，占全村总人口 43.82%；60～69 岁以上 114 人，占总人口 11.46 %；70～79 岁 59 人，占全村总人口 5.93 %；80 岁以上 22 人，占总人口的 2.21 %；最大年龄 94 岁，1 人。

附：百岁老人陈玉珍，女，1912 年生人，2014 年辞世，享年 102 岁。

（三）文化结构

解放前，境内文化教育落后，妇女识字者仅占 3%，男子识字者占 15%。1949

年前，村文盲半文盲人口占总人口 80% 以上，初小文化程度者居多。

1953 年，村办夜校扫盲，50 岁以下的劳动力都参加扫盲班，上夜校学习速成识字。1956 年，村普及小学。1965 年，18 岁以下青年普及初中。七八十年代后，逐渐普及高中。进入 21 世纪，多有青年达到大专文化程度。

2017 年，村内大专以上文化程度 84 人，占总人口的 8. 44 %；中专文化程度 59 人，占总人口的 5. 92%；高中文化程度 65 人，占总人口的 6. 53%；初中文化程度 350 人，占总人口的 35. 18%；小学文化程度 337 人，占总人口 33. 87%；12 岁以上文盲、半文盲 5 人，占总人口的 0. 5%；12 岁以下 172 人，占总人口的 17. 29%。

（四）就业结构

1949 年前，村民以农为本，从事其他职业者甚少。50 年代末实行农业合作化后，农、林、牧、副、渔全面发展。

70 年代前，村内就业人口多从事农业、渔业，极少人从事工商业。改革开放后，就业结构发生显著变化，从事农业外行业人员逐渐增多。

1982 年，落实承包责任制后，农村从单一的农业走向农商渔业、牧业林综合发展，村民从事职业由单一的农业走向农、工、商、渔、林综合发展。行业分布日渐繁多，各种职业均有。

进入 21 世纪，村民职业以工、商业为多。

2017 年，全村就业人口 451 人，其中从事服务业 59 人，占就业总人口 13. 08%；从事其他各业及后勤服务 392 人，占就业人口 86. 92%。

（五）民族结构

建村至 1979 年，村人口均为汉族。改革开放后，由于婚姻迁入满族、朝鲜族等少数民族人口。2017 年，村有少数民族人口 13 人，占全村人口的 1. 31%。

（六）姓氏

村民各姓先祖多是明“燕王扫北”时由江苏、山东、河南、山西等地迁徙而来。以吴姓村民到此最早，后他姓陆续迁入，村中姓氏增多。据王姓家谱载：王氏系山西省太原府洪洞县大王庄人，明永乐二年（1404）迁至河间府静海县城东北吴家庄（吴庄子村）。

至 2017 年，村内姓氏有 93 个，其中，8 人以上姓氏 17 个，全村姓氏明细如下表。

2017 年吴庄子村姓氏人数统计表

表 1

序号	姓氏	人数	序号	姓氏	人数	序号	姓氏	人数
1	张	220	32	郜	3	63	花	1
2	吕	157	33	康	3	64	何	1
3	刘	90	34	于	2	65	佟	1
4	王	73	35	尹	2	66	武	1
5	李	61	36	田	2	67	范	1
6	梁	45	37	冯	2	68	庞	1
7	韩	35	38	任	2	69	房	1
8	杨	30	39	庄	2	70	孟	1
9	秦	28	40	杜	2	71	经	1
10	陈	22	41	宋	2	72	荣	1
11	孙	19	42	郎	2	73	施	1
12	徐	16	43	宫	2	74	恽	1
13	吴	13	44	姚	2	75	祝	1
14	赵	13	45	鲁	2	76	贺	1
15	高	11	46	樊	2	77	袁	1
16	董	11	47	魏	2	78	耿	1
17	周	9	48	门	1	79	聂	1
18	左	6	49	支	1	80	钱	1
19	齐	6	50	车	1	81	凌	1
20	程	6	51	贝	1	82	黄	1
21	马	5	52	方	1	83	崔	1
22	安	5	53	艾	1	84	符	1
23	胡	5	54	卢	1	85	彭	1
24	郭	5	55	史	1	86	谢	1
25	牛	4	56	兰	1	87	鲍	1
26	肖	4	57	司	1	88	蔡	1
27	郑	4	58	边	1	89	蔺	1
28	付	3	59	邢	1	90	阚	1
29	毕	3	60	闫	1	91	颜	1
30	朱	3	61	许	1	92	潘	1
31	沈	3	62	纪	1	93	薛	1
小计	—	915	—	—	49	—	—	31
总计								995

三、人口控制

（一）计划生育宣传

新中国成立初期，鼓励生育，村中出现生育的高峰，至50年代，人口增加一倍多。60年代初，开始宣传计划生育，号召节制生育，村内生育峰线开始回落。1978年，国家将计划生育作为一项基本国策后，提倡“一对夫妻一个娃”，村中开展计划生育宣传，提高人们对少生优生利国利家的认识。1982年，成立由党支部书记牵头的计划生育领导小组，加大宣传和管理力度，使村民对计划生育认识普遍提高。

计划生育宣传栏（1995年摄）

90年代后，村中利用黑板及墙壁和宣传栏，采取广播与标语的形式，长期开展计划生育的必要性、紧迫性宣传，介绍晚婚晚育和少生优育的益处，走门串户传播避孕知识，消除人们“多子多福”和重男轻女的老思想、旧观念，树立生育有计划的新风尚，使人们传统生育观念得到根本性改变，提高对计划生育的自觉性。

进入21世纪，计划生育宣传维持常态化。2015年，国家放开二胎生育政策，村中计划生育宣传停止。

（二）措施成效

1963年，村中开始提倡节制生育，适当控制人口增长。翌年，始有接受节育手术者。

70 年代，村内计划生育进入高潮。村党政组织配合上级有关部门，提倡晚婚晚育。

1980 年，加强计划生育工作领导，建立领导小组，通过各种渠道宣传计划生育，提倡一对夫妇只生一胎，号召只生一个孩子的夫妇领取独生子女证，对领取独生子女证的，每月发放保健费 5 元，至孩子满 14 周岁。1983 年，村与乡签订计划生育合同书。村委会根据乡政府相关规定对育龄妇女做结扎手术，一胎生育领取独生子女证。适龄妇女节育率 88%，长效率 93%。1984 年，村计划生育率达 95%，独生子女率 100%，节育率 88%，长效节育率 93%。1987 年，全村做节育手术 18 人，符合节育手术的全部得到落实。1988 年 12 月，村建立计划生育协会。1989 年，完成计划生育布置的各项任务，坚持例会学习，每个月给育龄妇女普查一次，对普查中发现问题的育龄妇女及时到医院检查，采取补救措施。全年没有出现怀孕大月份流产、引产情况，达到计划生育“三无村”的标准。

1991 年，每月给育龄妇女进行一次检查。1993 年，成立村计划生育协调和工作小组，利用广播标语、走村串户宣传控制生育的规定，每月不少于一次。专职干部辅导员每季度上一次关于计划生育方面的教育课，每次上课人数不少于 30 人次参加。1996 年，计划生育率达百分之百。

进入 21 世纪，把计划生育纳入精神文明建设主要内容，融入“新农村新家庭”建设，围绕“婚育新风进万家”等主题活动，深入开展人口与计划生育宣传教育活动，做到“广播里有声音、电视里有图像、板报上有文章”。逐步建立新型生育文化，人们生育观发生显著变化，已无超生现象，村计划生育工作进入平稳期。

2004 年，吴庄子村被镇党委、镇政府评为 2004 年度人口与计划生育达标单位。2006 年，村支部书记杨文起被区委、区政府评为西青区“2006 年度计划生育工作先进工作者”。2010 年，吴庄子村被镇党委、镇政府评为“2010 年度人口计生工作优秀单位”。

2015 年，天津市实施放开二胎生育政策后，部分育龄夫妇计划生育二胎。村中计划生育政策做出相应调整。

2017 年 10 月，村发放农业户口独生子女父母奖励金，独生子女父母与村委会签订承诺书后，每人可获得一万元奖励金。

第二节　婚姻　家庭

一、婚姻

（一）旧式婚姻

封建社会的婚姻习俗，一直延续至1949年。此前，男女婚姻无自主权，要遵从父母之命、媒妁之言，男女双方素不相识者多，且婚前不能见面。讲究门当户对，根据双方生辰八字决定嫁娶，婚后女方须遵守“三从四德”（未嫁从父、出嫁从夫、夫死从子及妇德、妇言、妇容、妇功），“嫁鸡随鸡，嫁狗随狗”。离婚被视为羞耻，改嫁被视为不守妇道，会遭到非议责难。一夫多妻，先娶者为大，称“正室”，俗称“大婆”，后娶者为小，称“侧室”或“偏房”，俗称“小婆”。早婚现象严重，有的十三四岁就结婚，以富家子弟为多。婚后女婿对岳丈家要视具体情况承担一定的经济或劳作义务。

换亲　贫寒之家无力给子女成婚，两家（或三四家）互换女儿做儿媳。

亲上亲　姑舅表兄妹（或姐弟）、姨表兄妹（或姐弟）结婚。

童养媳　贫苦之家因生计所迫，将未成年之女孩提前许配男方，随后即送婆家收养，以求温饱，称夫为兄，待女孩成年始择吉日举行简单婚礼，谓之“圆房”，改称夫。

拾买亲　贫苦人家无力为儿子娶妻，遇荒年岁月，有过路难民、乞丐无家可归，愿将女儿送人，便可抱过来或用微薄财物、粮食将女孩买下，长大后与儿子为妻。

娃娃亲　两家出于友情或亲情，为年幼的儿女订下婚约，待长大后完婚。通常情况下，有一方发生伤残类意外也不能毁约。

结阴亲　已死而未曾婚配的男女不准埋入祖宗茔地，须由各自的亲属四处张罗婚事，为死者举行“结婚”仪式，将男女骨骼各入新棺，奏乐鸣鞭，盖如生者，然后葬入男家茔地为阴曹夫妻，谓之结阴亲。

倒插门　有女无儿者，除采取“过继”入嗣外，尚有招婿上门养老送终者，即婚后男方到女方家入赘，俗称“倒插门”，女家则称“招女婿”。贫穷多子之家方肯将子入赘，女方常因无兄弟为延宗祧不得已而为之。被招婿者须立字更名改姓，所生子女皆从女家姓。

（二）新式婚姻

1951 年，《中华人民共和国婚姻法》颁布后，村中强迫包办侵害妇女权益的婚姻制度被废除，实行男女平等，婚姻自主，恋爱自由，一夫一妻制度。村青年男女多为经人介绍对象，男女互相了解后，如若中意，就继续往来，若不中意，可随时转告介绍人终止关系。有的男女先行自己恋爱后，征求家长意见，再请介绍人协议定亲。旧的婚嫁习俗逐渐被革除，形成新的婚嫁礼俗。

进入 21 世纪，村域内青年男女择偶多为自己选择对象，经过相互了解中意后，与双方家长见面，议定婚姻，再举行婚礼。

（三）婚姻圈

新中国成立前，议婚订婚讲究门当户对，名门望族与富家乡绅即使相隔甚远，也多有结合。贫家子女则攀高不及，只有求近而姻，贫与苦双双结缘，婚姻圈逐渐缩小。

70 年代以后，村域与天津市区越来越近，受地缘优势的影响，加之村域经济的快速发展，一些男青年大学毕业后多选择外地女青年完婚，其余青年男女择偶婚嫁多不愿意远离家乡，甚至不愿意出村。村平房改造后，青年男女于本镇结偶更为普遍。

二、家庭

（一）结构

1949 年之前，村域大家庭多为富户。家庭结构依父系血缘，由以年高辈尊的男人当家，居支配地位，其他成员处于依附地位。家长亡故后，一般由长子继承。父母在世，兄弟婚后仍在一起生活，父母去世后且兄弟皆已完婚，方能分家另过，自立门户，故四世同堂者居多。有的男子十五六岁结婚得子，家庭达到五世同堂，家庭人口多者达二三十人。大多数贫穷户为生计婚后即与父母分居，自谋生路。50 年代，三代同堂以及数代同堂户占总户数的 86.5%。60 年代，三代同堂以及数代同堂户占总数的 72.1%。70 年代，三代同堂以及数代同堂户占总数的 65%。80 年代，三代同堂以及数代同堂户占总数的 60%。90 年代，三代同堂以及数代同堂户占总数

村民周世文大家庭（2017 年摄）

的 26%，夫妻户和两代户占总数的 74%。

21 世纪初，三代同堂及数代同堂户占总数的 10% 左右，一代和二代同堂户占总数的 90% 以上。一般为青年父母与独生子女组成一个家庭，上代另为一个家庭。

（二）称谓

古来村内家庭称谓变化不大，主要称谓有：

太祖父（太爷）

太祖母（太奶、太太）

祖父（爷爷）

祖母（奶奶）

父亲（爹、爸爸）

母亲（娘、妈妈）

儿子：夫妻间男性的第一子代

女儿：夫妻间女性的第一子代

孙：夫妻间的第二子代，依性别又分孙子、孙女

爷爷的兄弟：大爷爷、二爷爷

爷爷的姐妹：姑奶奶。

父亲的哥哥：大爷（“爷”是轻声）、大伯，大爷之妻称大娘
父亲的弟弟：伯伯（bai），也称叔叔；伯伯之妻称婶
父亲的姊妹：称姑、姑姑；姑姑的丈夫称姑父
丈夫：称名字或孩子他爹，对外称当家的、老公
媳妇：称名字或孩子他妈，对外称老婆、媳妇、老伴儿
公公：丈夫的父亲，也直称爸爸
婆婆：丈夫的母亲，也直称妈妈
嫂子：对兄长妻子的称呼
弟妹、弟媳：对弟弟妻子的称呼，或直称名字
妯娌：兄弟的妻子间互相间的称谓或合称
大姑子：对丈夫的姐姐的称呼，或称姐姐
小姑子：对丈夫妹妹的称呼，或称名字

第三章　交通水电

古来村域道路均为土路，交通不便。30 年代中期，因修津盐公路而有所改变。新中国成立后，村域周边修建多条交通干线，乡村道路网络密集，道路四通八达，交通运输快速便捷。60 年代初，村内安装电灯，后电力不断增加，除照明外，逐步用于农业和工业生产。输电线路经过多次升级、改造，能充分满足村民生产和生活需求。五六十年代，村民主要饮用井水及河水，排水则完全依赖自然。70 年代村内首建深水井，80 年代初自来水进村入户。其间，污水排放治理设施不断完善，从原自然流放进入专门管道排放。2006 年，村内排水设施与市政管网接通，设施和排放水平与市区无异。

第一节　交　通

一、公路

（一）古道

津盐公路　原系天津通往河北省盐山县旧官道，也是南郊（津南）连接河北省、山东省的重要通道。因系平垫而成，夏季雨水积滞，交通时常中断。1935 年，国民党 29 军军长宋哲元主持修建津盐公路，北起八里台，往南经李七庄、吴庄子村等 28 个村庄至河北省盐山县。全长 161 千米，培高路基 0.5 ~ 1 米，拓宽路面 6 ~ 7 米，1936 年竣工通车。

史上，津盐古道曾是兵家必争之要道。清光绪二十六年（1900）3 月 7 日，义和团由八里台建国门沿津盐公路南下与清军在李七庄、纪庄子一带激战获胜；抗日战争时期，日伪军在津盐公路设据点；解放战争期间国民革命军在津盐公路设卡，建立城防；1949 年 1 月 14 日，解放军沿津盐公路北上，取得天津战役的胜利。

（二）村周围省级公路

津汕高速　位于村南侧。荣乌高速公路（津汕高速公路）天津段起自天津市津淄公路与外环线交口，与吴庄子花卉市场毗邻，于 2011 年 9 月 30 日建成通车，是国家重点公路建设中纵向主干线高速公路荣乌高速（荣成—乌海）的一部分。津汕高速公路系链接天津市和广东省的高速公路，天津市公路网发展规划确定的十条中心城市及滨海新区放射线之一，2007 年 11 月 16 日建成通车。

津淄公路　位于吴庄子村东。清代末年已有此道，抗日战争时期宋哲元主持大修境内路段，并对线路进行调整。1965 年重建，为灰土路面。起自天津市红桥区勤俭桥，经西青区、大港区、静海县、沧州至山东省淄博，全长 380 千米。1966 年改建为沥青路面，为市（省）级路。域内路段北起李七庄，南至吴庄子村，全长 4 千米，路面宽 9～20.5 米，沿途有乡村公路通达，系南北向的主干线。

外环线　1986 年动工修建，1987 年 1 月建成通车。全长 71.3 千米，系环绕天津城区外围，穿越东丽、津南、西青、北辰 4 个区的主要公路。西青段北起杨柳青农场，经怡和村、西姜井村、吴庄子村，东至大任庄村东侧卫津河，长 25.8 千米。外环线，长 4 千米。路宽 50 米，横断面为各 36 米两块板断面，中间隔离带 6 米，路两侧各有绿化带 8 米，内外河沟外侧各有 4 米宽堤埝。

津涞公路　起于外环线津涞公路立交桥西（K11+900），止于赛达大道（K18+500），全长 6.6 公路。横断面维持现状：2 米（人行道）+20 米（行车道）+3～10 米（中央分隔带）+20 米（行车道）+2 米（人行道）。道路等级为一级公路。

（三）村周围乡村公路

1983 年前，村域周围乡间道路主要为土质路面，在路面铺上炉灰即是优质路。1983 年始，镇村两级组织加紧公路建设。各村本着民办公助自修自养的原则修筑乡村公路，到 1987 年实现村村通公路。

（四）村街道

解放前，村内街道为土路，雨季泥泞难行。解放后，街道建设逐步走向规范化。随着通通村工程的开展，八九十年代大部分村内街道得到改善。

1986 年，村修筑街道 208 米、宽 4 米，总投资 6.192 万元，有 12 条胡同。1990

年，全村有硬化街道308米，宽5米。21世纪初迁入居民小区后，村域全部路面均为水泥路面。

二、桥梁渡口

（一）桥梁涵洞

新中国成立前，没有桥梁设施。50年代初，村域始修建桥梁。

至21世纪，村域及周围有多座桥梁，其中津淄公路立交桥、津淄桥、外环线15号桥为市政工程，吴庄子桥、老村外环线出口桥、村东出口桥、国兴佳园小区桥为村庄自建。近年主要桥梁有小卞庄大桥、高村桥、小南河大桥。

吴庄子桥位于村东侧排水河上，1973年建。全长18米，宽13.5米，其中车行道12米，两侧人行道各宽0.75米。3孔，跨径均为10米。系钢筋混凝土公路桥，上部为板梁，下部为灌注桩。载荷汽20吨，拖150吨。是连接津淄公路的桥梁之一，90年代初曾进行改造整修。

1971年，在吴庄子村洼建两个涵洞。

1972年，在吴庄子村洼又建两个涵洞。

（二）渡口

解放前，因村附近无大的河流，故无渡口。1953年独流减河的开挖成为村附近最大的河流，每当洪水暴发，公路交通就要断绝，静海县政府在小卞庄村设渡口一个。

三、交通工具

（一）人力工具

拖船通　拖船通是早年村民冰上运输工具，为木质结构，船形木帮，底部两侧有铁条嵌入。主要靠铁条与冰层摩擦行驶。站在拖床之上，手持弯枪，戳冰滑行前进，为冬季最好的冰上运输工具，多用于收割芦苇、赶集串亲，其特点是制作简单速度快，载重量大。

木轮车　出现较早，是农户主要运输工具。分为独轮车和畜力车。独轮车结构为一轮、一平板、两手柄，可载重50公斤。后改为铁轴、贴辐条、铁轮，二支撑立柱。后又改为充气胶轮，按球轴承，轻巧省力，负荷增加1～2倍。1970年以前应用普遍，后被地排车取代。随着生产工具的改进，被胶皮轮和橡胶轮胎车所取代，但独轮车一般用于小型生产运输和串村经营的小商小贩。解放后，在兴修水利时发挥重要作用。随着机械化程度的提高和发展，独轮车已逐步被淘汰。

自行车　三四十年代传入境内，逐渐用于交通运输，可载重150公斤，70年代以后，成为主要代步工具。

三轮车　人力驱动、机械传动两种。前为一轮，后为两轮，用于载客载货，可承重500公斤，进入80年代后，广为使用。

（二）畜力车

铁轴大车　车上盘和车轮一般为木制，车轮的中心有一圆孔，可穿插车轴，将两轮相连。车轴为铁质，车轮上嵌有铁瓦以保护轮木。载重量为1～1.5吨，农民用于田间运送肥料、庄稼或蔬菜。60年代，铁轴大车被淘汰。

胶轮大车　俗称“钢丝轮”或“死胶皮”。车轴、轮毂为铁质，轮辐皆为钢丝条，车轮外缘有一圈厚厚的硬胶皮。轮毂与车轴接触处为轴承，可经常加注或更换润滑油，因此较轻快。后车轮钢丝辐条改用弧拱形铁板，外缘“死胶皮”以内胎、外胎代之，内胎可以充气，车上盘也由木质改为钢制。轮毂轴承较“钢丝轮”更先进，牵引力小，运行更轻快，载重量2～3吨。

小拉车　60年代始现双轮地排车，俗称“小拉车”。构造及原理同胶轮畜力大车，只是辐条为钢丝条，轮毂内为滚珠轴承，内外胎小巧，载重量为500公斤，且可人畜两用，以农用为主，运送庄稼粮食、蔬菜及家庭生活用品，农户家庭几乎尽有，很受农民欢迎。

（三）机动车

机动三轮车　1978年始，有的农户购置机动三轮车，此车动力不大，耗油量不多，既可乘人，又可载物。

二轮摩托车　车速快，每小时行程一般为60千米，出差、办公、联系业务极为适用。70年代末始有。

手扶拖拉机、汽车　60年代末，乡拖拉机站迁至吴庄子村铁厂，村及生产队陆续购置手扶拖拉机和铁牛牌四轮拖拉机。装上农具可耕地、播种收割、打场、脱粒、抽水等。卸下农具，牵引车斗（挂车）即可搞短途、长途运输。八九十年代，一些家庭购买卡车搞运输。进入21世纪后，小汽车逐渐进入寻常百姓家。2017年，家庭汽车得到普及，全村80%以上的家庭都有一辆。

第二节　电力　给排水

一、电力

（一）输电供应

50 年代前，村内未供电，农业灌溉主要用人力水车，农户照明用煤油灯。

1961 年 7 月 1 日，郭村人民公社吴庄子等 18 个村通电。通电后，村安装电动机、抽水机、电磨，村民的生活用电得到解决。

1960 年，家家户户都按上电灯，安上可以收听西郊区广播的“电喇叭”。此后，电气化迅速发展，稻田最先实现电力灌溉。时吴庄子村所辖 6 个村有电动脱力机 22 台、36 马力粮食加工机械 5 台。

1966 年，引出 591 号线路，供应吴庄子村等 8 个大队用电。

1990 年，建设吴庄子村变电站（坐落在在吴庄子村东南），为华北电网 220 千伏联网站，该站于 1995 年扩建为 500 千伏电站。建成后，吴庄子村一带电力应用得到满足。

至 2016 年，村内电力供应充足，能满足全部用电需求。

（二）发电机

80 年代乡镇企业异军突起，用电量不断增加。为保证正常生产，村办工厂购置发电机，解决临时停电问题。

村第一台变压器（1961 年摄）

（三）路灯

吴庄子村 1986 年开始安装路灯，当年安装 23 盏，均为普通灯泡，40 瓦至 100 瓦。随着经济条件的改善，部分路面开始使用水银灯、白炽灯、外振灯，使夜间照明得到改善。

2005年村工业园区安装路灯90盏。

二、给水 排水

（一）给水

历史上，村域地表水盐碱程度严重，不能作为生产生活用水。村民主要靠饮用井水、河水。井水盐碱度高，吃水不方便，不卫生。逢枯水期，水位下降，造成取水困难。

1956年前，居民饮水很困难，主要依靠土井水。1969年4月，吴庄子村在村南打出第一眼机井，井深450米，在村内固定设点供水。

从1986年始，铺设管道5000米。逐步实行自来水入户。年内，村自来水入户率达百分之百。

（二）排水

历史上，生活污水和雨水均为自然排泄。雨天泥泞污水横溢，行路困难，环境卫生恶劣。

1969年，南河镇区铺设直径三百米的缸瓦管共4500米，作为下水合流管道。1983年增设污水井池，虽不能满足需要，域内排水困难得到缓解。

1986年，吴庄子村有排水明沟516米。

2014年，全村居民搬进国兴佳园住宅小区，小区内排水设施逐步与市政管网接通。

第四章　农　业

吴庄子村处天津市区西南部，农业生产历史悠久。宋元时，即有先人在此开发土地，农耕渔猎。明初，人口大量迁入，土地开发面积骤增，但大部土地被官僚、富家霸占，村民多沦为佃户。生产条件低下，灾害频仍，农作物产量很低，百姓生活困苦。天津解放后，在党的领导下，废除封建土地所有制，先后进行土地改革、合作化、人民公社化、专业承包联产计酬责任制等多次农村经济体制的变革，使农业生产在波折中逐步发展，粮食亩产由过去的百十来斤达到1974年的300公斤。改革开放后，实行专业承包联产计酬责任制，极大地解放了生产力，粮食产量大幅增加，农业科技水平不断提高，多种种植、养殖兴旺，农业集体经济健康有序发展。后随着城市扩张和土地开发，村农业退出。

第一节 生产关系

一、封建土地制度

（一）土地私有

明朝初年，屯田的发展使域内土地大面积被开发，人烟逐渐增多。除按照规定分配可耕地外，在京津地区“跑马占地”，村绝大部分土地被少数官僚、富家霸占，农民只得沦为佃户或耕种一些“盐碱不毛之地”，不少人被迫“流离转徙”。清代中叶（1750年前后），吴庄子村有土地200公顷，全部被土城刘家占有，村人多为刘家的佃户。清咸丰年间（1851—1861），村域内土地卖给葛沽苏家。光绪年间（1875—1908），又卖给静海县小寨（静海县杨成庄乡前寨村）张家，80%农户又成为张家的佃户，依靠租种地主土地维持生活。

（二）土地使用权

清代，村域土地有三种租种方式：一是庄头掌管下的土地租佃。由地主派庄头收租，由庄头统一管理租种事宜，全村租种土地交租额有庄头（二地主）决定，佃户受双重剥削，使用权掌握在庄头手中，所在村庄续租、停租土地都要取得庄头的同意。吴庄子等村佃户住房皆为地主所有，每年交租高达全年收入的百分之七八十。农民租佃无土地使用权和管理权，甚至土地种植计划都有庄头制定。二是地主直接向农民租佃户。这种租赁方法，农民具有土地使用权。租前议定每年每亩交小米的数量，灾年减半或者免租，吴庄子村中等地主“凤凰张”以这种办法租给佃户。三是因借贷欠债将土地抵押。抵押者在规定年限内以交租方式种植，农民有土地使用权。

（三）租佃方式

地租　分为实物地租和货币地租两种。实物地租，是指农民租种土地后，以土地上的实物收成为地租。根据土地的好坏收取不同的地租。上等土地为“五五”分成；中等土地“四六”分成，下等土地“三七”分成。清咸丰年间（1851—1861），吴庄子村200公顷土地被土城村刘姓地主霸占，由于土地质量很差，亩产粮食50公斤左右，佃户每租种地主一亩土地需缴粮食五斗，五斗粮食重量为34.5公斤，这样农民每租种地主一亩土地，自己只剩下15.5公斤，贫苦农民辛勤劳作一年所剩无几。货币地租，由于旱涝频仍，收成极不稳定，地主感到“实物分成制”地租不可靠，加上受到城市商品货币经济发展的影响，索性采取货币地租，每年固定租额，春秋两季交纳，不管旱涝，分文不得短少。

雇工　地主、富农雇用的农民有长工、短工之分，长工以年计，又分为整工和半工。一般长工都是家庭内占有土地很少、体格强壮的贫苦农民，他们提篓下种，耕种锄刨，推磨撑船，样样精通，年工钱在250～300公斤玉米之间。半工则为地主放牲口、打草，农忙时锄地、拔麦子，地主只管吃饭，没有工钱。短工系临时工，在农忙季节临时给地主打工，每天挣3公斤左右玉米。此外，还有青苗预定工，贫苦农民在春天青黄不接之际借地主粮食后，以契约的形式在秋收、麦收季节给地主干活儿，以1天3公斤玉米顶工顶账。此外，还有带地扛活，即将自己的土地带到地主家中，利用地主的畜力、种子耕种，一般年工钱只能挣到75～150公斤玉米，自家的土地所收获的粮食归自己所有，这种长工一般家里有土地0.067～0.33公顷，全年粮食收入在500～600公斤。通常不管长工、短工，辛苦所得不能养家。

高利贷　俗称“利滚利”或“驴打滚”，是地主剥削农民的另一种形式。农民为生存有时不得不向地主或高利贷者借贷，利息三分至五分，甚至三个月内本利相平。农民借贷必须有红契，用园田抵押。到期不还本利一起滚，农民还不起时，便沦为佃户，园田就被迫归地主或高利贷者所有（俗称“利滚利”或“驴打滚”）。高利贷还有借粮食的，春借一斗，秋还一斗半或二斗。有的春借一斗高粱，秋还一斗半小麦，甚至春借豆饼秋还小麦。

（四）减租减息

1942 年 1 月，中共中央颁布《关于抗日根据地土地政策的决定》，规定不论何种形式的地租，其租额一般照抗战前减低 25%，即“二五减租”；凡抗战前建立的借贷关系，应以一分半为计息标准，即“分半减息”；抗战后的息额，则应以当地社会经济关系所许可的范围为限，听任民间自行处理。

抗日战争期间，党和民主政府为减轻贫苦农民所受的经济剥削，改善基本群众生活，调动农民抗日积极性，团结各阶层一致抗战，1945 年 7 月，中共晋察冀边区发布《晋察冀边区目前施政纲领》，静海县政府组织干部开展减租减息斗争。将佃户的四六分成减到三七分成，这年麦秋，对吴庄子等村的佃户推行收十留七的分成政策，1946 年，再次开展减租减息运动，通过发动群众，向地主富农算细账，进行说理斗争，使农村雇工的年工资有所提高（一般以粮食作为工资），佃户向地主交纳地租减少原租额 25%（称“二五减租”），5 年内（有的规定 2 年内）地主不得收回土地。借贷利率降至月息 1 分 5 厘；旧债超过原本一倍的，停利还本；超过两倍的，本息全部废除。

二、土地改革

1949 年，吴庄子村地主、富农占有全村主要耕地，人均 2. 4433 公顷。中农有耕地 345. 13 公顷，人均 0. 31 公顷。贫农有耕地 10 公顷，人均 0. 018 公顷。雇农 15 户 20 人，无土地。

（一）“四十天运动”

1949 年 3 月 15 日，中共天津县委做出《关于四十天农村工作的决定》，要求“没收 13. 33 公顷以上大地主之土地和生产资料，废除地主富农出租土地的所有权，取消‘二地主’的中间剥削，为有准备地彻底消灭封建土地制度做准备”，称为“四十天运动”。设在吴庄子的天津县第五区政府，领导吴庄子及附近各村的农会没收大地主土地 33. 33 公顷、粮食 100 多担、大牲畜 5 头，全部分给无地少地、生活困难的贫雇农。

（二）新中国成立后的土地改革

1950 年 6 月，《中华人民共和国土地改革法》颁布。1951 年 9 月，天津市委和天津县委举办土改培训班，吴庄子村派人参加。1951 年秋，开始贯彻《中华人民共和国土地改革法大纲》，村开展土地改革运动，村农民协会推选出土改委员会，成立农会，组成贫农团。农会首要任务是划分阶级成分。中农和贫农采取自报公议的办法，经土改委员会批准确定。地主、富农成分由农会根据剥削量确定。地主的财产除留下与农民等量的土地及生产资料外，其余全部没收归农会进行分配。1952 年 3 月 1 日颁发土地证书。吴庄子村贫下中农分得部分土地、房子、粮食和大牲畜。但此次土改并没有从政治经济上彻底摧垮地主阶级的封建统治，同时还出现漏斗、错斗地主问题。

（三）“土改补课”

在土地验收中，发现部分偏离土改政策的现象，计算剥削量的时候，缺乏连续性。1953 年，天津县委派出 40 人的工作队开展土改补课运动，通过土改补课，重新清理阶级划分，解决一些遗留问题。土改补课完成后，村中贫农、雇农分得更多土地，不少农民购买新农具，春节期间，农民纷纷贴对联称赞土地改革。

三、合作化

（一）互助组

经过土地改革，贫苦农民分得土地和农具，生产积极性空前高涨。但是，多数农民尤其是贫雇农生产工具不足，资金短缺。初期，多数农民自发地在亲朋好友之间采取“变工”，农忙季节合伙生产，以弥补各户在人力畜力农具的不足。

1952 年 5 月，村按分到土地的连片灌溉面积大小，成立 7 个互助组。中农以下的农民都加入生产互助组织。各组民主推选组长一名。

是年，秋收发生蝗虫灾害，互助组的土地因为提前挖有界沟，受灾程度较低；单干户因为缺乏劳力，捕杀蝗虫不利，没有挖掘地沟，受灾较为严重。

1952 年年底，村内除地主富农外，绝大多数参加互助组。

1954 年，吴庄村子有互助组 7 个，当年农业收入比一般单干户的多一倍多。这时长期合作、工分清记的互助组以贫下中农为基础，多由党员牵头组织。

（二）初级社

1953 年 12 月 16 日，中共中央发出《关于发展农业生产合作社的决定》后，各地建初级社掀起高潮。1954 年，吴庄子村成立红星社。制定基本管理制度和收益分配办法：土地入股，根据土地好坏、远近、水利设施等条件评出标准亩，以标准亩为入股单位；牲畜、农具由社雇佣或租用，工钱按市价折实至分红期付给。土地打破户界统一耕作，社员参加劳动评工记分。每年终从总收入中提取 5% 作为公积金，1% 作为公益金，在总收入中扣除成本和农业税、公积金、公益金后按劳动力、土地分红。

红星社有户数 62 户、364 口人，有土地 66.67 公顷。在成立的第一年，基本上按照“劳六地四”的分配原则进行分配，入社的社员大部分是积极要求走社会主义道路的贫苦翻身农民。1955 年开始，实行土地归合作社所有，所有牲畜按股取酬。

1955 年，村内组成联合、联兴两个初级合作社。

（三）高级社

1956 年 1 月，吴庄子村联兴高级农业生产合作社成立，由联合、联兴两个初级社合并而成，全社有社员 80 户、400 人，有男女劳动力 150 人，有土地 66.67 余公顷、牲畜 72 头、水车 6 台。当年，年产粮食 8 万公斤，其中小麦 2.5 万公斤，社员工分日值 0.50 元。

联兴高级社经社务委员会选举社长、副社长，有委员 21 名，由几个大股的几名委员兼任股长。设计划预算股负责调整土地、划分劳动力、建立生产队及分配农机具等；财务股负责丈量土地，清理财产及小社转来的财务登记造册等；生产股负责全社生产计划安排。

高级社起初下设生产队，社委员兼任队长。社委会组织各生产队生产，统一领导，分工负责。各生产队负责评工计分，指挥安排劳动力，实行按劳分配，多劳多得，完全取消初级社地劳分红的分配方式，使生产力迅速发展。

高级社取消土地入股分红，实行“按劳分配”，社员凭参加集体劳动参加分配。实行民主理财、小段包工、定额超额有奖、包工定产等农业生产责任制，使生产力迅速发展。

四、人民公社

1958 年 8 月 31 日，静海县 402 个高级社全部合并为 8 个人民公社。吴庄子在内的 14 个村属团泊洼人民公社，村民皆为社员，发给社员证。11 月 24 日，团泊洼人民公社在阎庄子设管理区，下辖 14 个大队 45 个生产队。吴庄子生产大队属于该管理区。

按照分级管理原则，吴庄子生产大队设大队长 1 人，副大队长 3 人，会计、统计、保管若干人。在分配制度方面，逐步采取半供给制加基本工资制分配方法，为实现“各尽所能、各取所需”分配制度创造条件。对公社社员根据国家粮食政策每月提供不超过 6 元的伙食补助，用于公共食堂伙食标准。实行评定工资标准，对能够常年参加公社劳动的社员不论男女，根据其思想觉悟、劳动态度、体力强弱、技术高低，由社员评定基本工资，每月最低为 2 元，最高为 6 元。

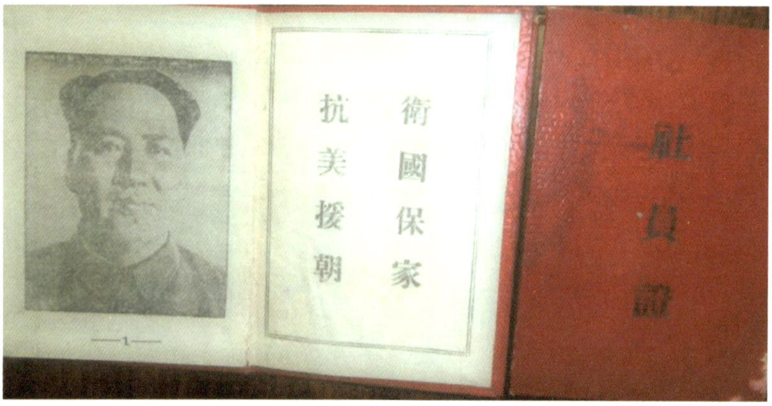

社员证（1951 年摄）

1958 年 10 月，吴庄子大队成立集体食堂，建立托儿所。集体大食堂的供给制，造成无节制的挥霍浪费，几乎将逐步建立起来的公共积累消耗殆尽。三年自然灾害（1959—1961）时期，公社出现“瓜菜代”，人均吃粮每日定量 400 克，只能添加替代食品。

1960 年，吴庄子大队调整为 2 个生产队。大队将农业生产计划、管理、分配全部落实到生产队。各生产队在大队的直接领导下进行生产，实行包工包产，自负盈亏。给予生产队一定自主权，完成生产任务的超产部分由生产队自行处理；小农具归社员保管使用，大中型农机具由集体统一管理和安排使用；在分配方面认真贯彻按劳分配原则，按照劳动数量和质量，每月给社员预发工资，该奖励的年底给予奖励；管理上，继续采取“四固定三包一奖”办法；落实评工记分制度，明确生产队职权范围，解决平均主义弊病，调动社员生产积极性；大队集体办工厂由各生产队按比例抽调劳动力，其工资盈利带回原生产队参加社员年终分配。

1961 年，集体食堂解散。村扩大农田，开荒种稻，超额完成年度蔬菜生产计划，粮食产量超过以往任何一年。经过一系列调整，吴庄子村进入稳定发展时期。

1962 年，落实“三包一奖四固定”的按劳分配政策，缩小生产队的规模。

1964—1965 年，吴庄子村相继开展“粗线条四清”和“细线条四清”。

1966 年“文化大革命”开始，村干部全部靠边站，生产队人心涣散，生产徘徊不前。

1968 年 1 月，生产队推行大寨式评工记分制度，在生产上强调“以粮为纲”“以菜为纲”，提出“人心向农，劳力归田”，限制多种经营，停滞和削弱工副业和林牧渔业的发展，村粮食产量创历史新高。

1970 年，以大寨为榜样，摆正农业与工副业关系，整顿工副业，压缩运输业，工副业占用劳动力的比重限制在 60% 左右。并将工副业收入用于公共积累，集体积累迅速壮大，个人收入基本保持原有水平。

1978 年，吴庄子村有 4 个生产队。

五、生产责任制

1981 年，吴庄子村在全公社第一个实行联产承包责任制。经过全村群众反复讨论，决定因地制宜实行多种形式生产责任制，改进劳动计酬方法，落实农业生产责任制。

在下放口粮田人均 0.046 公顷至 0.067 公顷基础上，其余土地分三种形式，第一种方式以专业队形式承包，第二种方式以人均数额落实到户，第三种方式为专业户承包鱼坑、果树、菜地。按村委会制定承包规定，经社员进行讨论通过，按人抓阄。

1983 年，村党支部做出《关于分地的决定》，全体干部群众代表一致同意全村统一耕种，一、二等地部分秋天开稻地。

21 世纪初，村域耕地转为工业用地，村耕地所剩无几，由村集体统一管理使用、出租。

第二节 农业生产条件

一、农田水利设施

新中国成立后，公社组织民众兴修水利，老河清淤，开挖沟渠。1951 年，新开挖排水渠 1 条，对地势较高地块进行开荒、改造。

1954—1958 年，大南河乡洼改委员会对西大洼 4000 公顷盐碱低洼的土地进行改造，村民参加洼改，将村域稻田改造成为稳产高产麦田。

1979 年，完成吴庄子村洼改工程，动土 21.19 万立方米。至 1979 年，开挖干渠 13 条、支渠 33 条，总长 68.7 千米。总土方量 160 万立方米，将 253.33 公顷土地进行全面改造，达到旱涝保收的标准。

80 年代后，村无大的农田水利工程。

二、肥料 植保

（一）肥料（有机肥料）

村传统农业自然肥料有：

人粪尿　以氮素为主的速效肥料，含氮 0.5%～0.8%、磷 0.2%～0.4%、钾 0.2%～0.3%、水 80%。用垃圾混合，经堆闷、高温、发酵后用于底肥或追肥。

圈肥　指牛马猪羊，鸡鸭鹅等家畜家禽的粪尿连同垫圈的土、杂草混合而成的肥料。含有机质 25.6%、氮 0.55%、磷 0.3%、钾 0.55%、水 73%，适用于基肥，发酵后亦适追肥。

堆肥　用杂草、树叶和粉碎后的作物秸秆掺入人、畜、禽之粪尿，经混合发酵而成的有机肥料，作积肥。

污泥、污水　将淤积河底多年的污泥捞出来冻干用于园田底肥，含氮量高达 1.28%。引入城市生活污水用于灌溉园田、稻田，含速效氮 0.05%～0.10%，并有微量磷、钾元素。但污水中的工业废水含铅、砷、汞等有害物质。

绿肥　50 年代，引进紫穗槐做肥料。70 年代，推广种植田菁沤肥。

50 年代前，农民种地一直施用农家肥，即有机肥。合作化始，农民为多打粮食，开始到市区清理厕所，组织积肥队挖河清淤，将河泥做肥料，并“拉岗子”把城市垃圾与农家肥混合，给稻田施底肥。

化肥（无机肥）　新中国成立前，村民有买“红财神”化肥，作为种植白菜的追肥，每颗菜施 10～15 粒。1952 年，供销社推广化肥，俗称“肥田粉”，村民仅作为少量蔬菜的补充肥源。50 年代初，开始使用硫酸铵。1957 年后，水稻开始普遍使用化肥。60 年代后，引入硝酸铵、氨水、尿素、氯化铵等。70 年代，西郊区建化肥厂，生产气肥，用作追肥，底肥应以农家肥为主。逐渐推广使用硫酸钾、氯化钾。80 年代初，开始在小麦等部分农作物试用普钙、重过磷酸钙。1982 年联产承包责任制实行后，户养牲畜的数量减少，农家肥逐渐被淘汰，农田开始普遍使用化肥，底肥有二氨、一氨、混合肥等，追肥用尿素，虽产量提高，但是也造成土地板结、碱化、腐殖土逐渐减少。90年代，化肥品种除氮、磷、钾肥外，还有复合肥磷酸二氢钾、磷酸二铵，微量元素肥硫酸锌、硫酸锰、硫酸铜、硼砂、硼酸等，以及各种复合微肥。1995年后，农田化肥既使用氮肥，也使用磷肥、钾肥、复合肥。

（二）植保

农药　新中国成立前，村域发生病虫害后，人们普遍用撒草木灰、肥皂水等方法处置，但效果甚微。1952年发生蝗灾，河北省派飞机灭蝗，喷洒六六粉，效果甚佳，六六粉被农民认可，逐渐普及。1956年玉米钻心虫成灾，农民采用六六粉拌草木灰、麦糠在玉米秸秆上漫撒。1963年后，开始从山东省烟台市取经制作硫黄合剂，除治红蜘蛛等果树病虫害，由于造价低效益高，很快在村内普及。其他农药还有敌敌畏、滴滴涕、乐果等。1972年，村内黏虫成灾，开始用敌敌畏拌炉灰漫洒，除治高粱黏虫。1980年后，农药品种增加，如敌百虫、1605、福灭灵等。在70年代，还采取以虫治虫的天敌杀虫法，引进赤眼蜂除治螟蛉虫、白僵菌治疗黏虫的技术，得到明显效果。

病虫害　村域粮食作物的病虫害有：小麦有黑粉病、白粉病、锈病等，其中黑粉病解放初期较严重。80年代，开始采用粉锈宁、多灵菌等药物除治。水稻有白叶枯、稻瘟病等，采用杆岗霉素、三环唑药物治疗。十字花科蔬菜有霜霉病、软腐病等病毒性植物病，历年都有发生，一般用疫霜灵、甲霜灵除治；茄科蔬菜有灰霉病、叶霉病等，采用速克灵除治，效果较佳。瓜类有霜霉病、白粉病、细菌性伤斑病等，一年四季皆有发生，采用疫霜灵、百菌清等药物治疗，果树有苹果霉心病、斑点落叶病、黑心病、炭疽病、叶枯病、根癌病等，采用石硫合剂、波尔多液、甲基托布津、多氧霉素进行植保，果树虫害有红蜘蛛、桃心食心虫、枣小食心虫、桃蚜等，采用敌百虫、敌敌畏乳油、速灭杀丁乳油、乐果、马拉松乳剂等药物治疗。六七十年代，果树还有多生红蜘蛛、介壳虫、枣食心虫，生产队自制硫黄合剂喷治，成效较佳，而且没有残留农药污染。

植保工具　新中国成立前，散剂药物采用慢撒的方式，水合剂药物用刷子涂抹，技术比较落后，效率低下。1955年，从供销社采购新农具喷雾器、喷粉器，逐渐在村里使用。1973年，购置汽油机喷雾器，一小时可喷洒0.67公顷，1999年南河镇建植保站，开始推广农作物病虫害防治技术，出售较为先进的植保工具和效果较佳的农药。

三、农业科技化

（一）农机具改革

70 年代，畜力农具随着农业机械化的逐步实现和种植结构的调整渐被淘汰，实用的传统人力农具仍偶有使用。主要有：

耕种工具　传统耕作工具有耠子、铁犁、播种耧等，需用畜力牵引；另有耙、钉耙、划拉子、三齿、四齿、锄头、手锄等辅助工具。60 年代末，村中开始使用机械耕作，主要是手扶拖拉机等。

收割工具　主要用镰刀；脱粒用碌碡、脚蹬及畜力拉捋子；扬场用木锨，将有杂物的粮食逆风扬至空中，成弯月状，借风去除杂物。80 年代后，村中开始使用机械收割。

80 年代拖拉机耕作

提水工具　有水斗、人力龙骨水车、马拉木盘配套水车等。

运输工具　新中国成立前，多用扁担、麻绳、土篮等人背、肩扛、肩担或用木船运。新中国成立后，逐渐使用独轮车、木制胶轮大车（后被铁制胶轮大车取代）和铁皮车、马车、牛车等。1955 年，吴庄子村初级社购买两辆钢丝轮胎大车。60 年代，加重自行车（俗称“大铁驴”）成为农户家中主要运输工具，人力小拉车开始普及。80 年代后，改为机动车运输。

小麦收割装运（2004 年摄）

联合收割机收割小麦（2004 年摄）

加工工具　新中国成立前，碾米磨面均用石碾、石磨，由人力推动或用畜力拉动。新中国成立后，开始使用碾米机、电磨和磨面机。饲料加工使用铡刀（人工），后改为电力铡刀、电力铡草机、粉碎机等。

50 年代初，传统农具逐步改革，开始使用七步马拉犁、双轮双铧犁耕作，电碾、电磨用于对粮食加工。1957 年，电力水泵完全代替龙骨水车。在农具改革方面试制并推广使用插秧船、土豆培埂器、压畦机。50 年代末，村安装米面加工机械，1963 年仿制成功 2 台稻谷落扬机。1969 年，始有手扶拖拉机和铁牛牌四轮拖拉机，胶轮大车被淘汰。1975 年，始有 55 型拖拉机。1980 年始，汽车运输逐步取代拖拉机，传统的人工收割、脱粒方式逐步被稻麦两用割晒机、联合收割机、脱粒机等小、中、大型收获机械所取代。

（二）设施农业

50 年代中期，采用阳畦蔬菜育苗，试办暖窖，推广冬季苫韭菜的技术，蔬菜栽培品种从过去七八种普通品种发展到几十种，包括许多过去未曾种过的菜，1959 年试验成功陆床育秧（稻秧），1963 年试验并推广的水床育秧（稻秧），保证旱秧和抗寒抗冻的壮秧。1976 年始，农用薄膜主要用于蔬菜种植，包括地膜覆盖、育秧、塑料大棚。1981 年，地膜覆盖技术得到普遍推广，塑料大棚进一步发展。1984 年，新建暖棚 11 个，7500 平方米。1988 年，村统一规划，发展大棚蔬菜。

90 年代后，村设施农业向高效化发展。

第三节 农林牧渔

一、粮食作物

（一）规模

五六十年代，村域大部分荒洼之地得到开垦，粮食作物种植面积逐年增多，占耕地总面积85%。村域地势低洼，多盐碱。粮食亩产一般在一二百公斤。

1963年，吴庄子村粮食总产22万公斤，超产88%。

70年代，粮食作物种植面积占耕地总面积的比例无多大变化，粮食亩产不断提高，一般亩产二三百公斤，最高单产近500公斤。

1980年，全村粮食作物总产比上年增长3.2%，农业收入占全村总收入的18.9%。

1981年，村粮食亩产（两季）650公斤。

1989年，夏粮作物总产量达8.75万公斤。在比较干旱的情况下，秋粮作物产量5000公斤，秋粮作物浇水2～3次，夏粮作物浇水3次。新建鱼池33.33公顷，上交大队利润13万元。

1990年，坚持“稳定粮食生产，服务城市，富裕农民”方针，村集体经济组织做好农业生产服务，实行稻田统一管理，专人负责，战胜天旱少雨、风、雹等自然灾害，取得粮食丰收。

1993年年初，成立水利组，清理毛渠600米，负责看水口、堵水口，检修水泵线路。全年小麦浇水4次，玉米浇水2次，麦场期间给每户分期划分片。村委会出资金2万元，维修打麦机、拖拉机、旋耕机，基本做到收在一起，耕种及时。12月份，改建引水渠一条，做到浇水有来路、泄水有退路。全年粮食产量为460吨，其中夏粮170吨、秋粮180吨、大白菜70吨、鱼40吨。

1994年，村有农业服务组织2个，从业人员15人，服务项目有春秋两季机耕播种、农田水利建设、浇地等。农业工程投资1.5万元，动土3500立方米、出动劳动力560人次，受益农田82公顷，沟渠总长度900米。

1996年，村成立水利组、机耕组、整修泵站组。全年修渠道500米，清理渠道1500米，夏收秋收只用一个星期全部完毕。

1998年，依靠科学管理，实现农业产前产中产后系列化服务，投入25万元，新购置佳联小麦收割机2台和播种机、旋耕机，农机作业率达百分之百，实现农业机械化。全村60公顷旱田，小麦、玉米均获得大丰收，总产量900余吨，创历史最高纪录。

当年，村委会与南河镇乡村建设管理站签订《基本农田保护责任书》，确定吴庄子村基本农田保护目标。基本农田保护区面积6.056公顷，保护率97.2%，均为一级基本农田保护。

21世纪初，村尝试实施土地集中管理。2010年，随着村域城市经济发展，农业生产退出。

（二）主要品种

村域历史上地势低洼盐碱。早期农业生产条件差，农作物一年一季，十年九涝，广种薄收。60年代前，粮食作物品种主要以玉米、高粱为主，辅之以小麦，零星种植黄豆、绿豆、红小豆、黑豆、蚕豆、青豆等豆类。后水稻得到发展。集体经济时期，主要农作物播种在区、社两级计划区域内。专业承包联产计酬责任制实行后，农作物种植一般均由各生产队、生产小组、承包户做主。

玉米　1949年前，洼地种高粱，高地种玉米，延续到60年代中期为主要粮食作物，此后面积逐渐减少。传统品种有“灯笼红”“小八趟”“金皇后”“白马牙”“黄马牙”等，产量一般在50公斤左右。70年代开始引进杂交品种，产量逐年提高。80年代引进单交种“白单4”“鲁原单4号”“鲁原单8号”。90年代以后种植种植面积骤减，只在园田少有种植，品种有“津唐1号”“津玉103”“津鲜1号”。亩产400公斤左右。

高粱　是早期主要农作物之一，由于村域土地多水涝，适合高粱生长，因此长期被地主、耕农所种植。收获季节多雨水，高粱成熟后往往涉水收获，将一个用油灰抹过的大管箩拴上绳子系在腰间，手拿一把“找刀子”掐取高粱穗，等到秋后沥水退去再砍回高粱秆。本地高粱分为白高粱、红高粱和黏高粱三种，解放前种植品种主要是本地品种“大红散码”“大白散码”“瞎尾巴粘”等。1972年大旱，曾在稻田改种杂交品种“多穗高粱”，但颗粒未收。高粱曾是村域一带村民主食，贴饽饽、熬粥，也可用来制作淀粉。

水稻　村域主要粮食作物。始于明代后期江南水稻播种技术传入天津后，开始有人尝试用卫津河水种植水稻，稻米质量上乘，堪与“小站稻”媲美。三四十年代，侵华日军曾在域内圈地种植水稻。

优质水稻（1985 年摄）

1955 年春初级社成立后，在低洼地开辟稻地。1956 年，西郊区政府号召农民扩大水稻种植面积，村高级社带领社员大兴水利，将更多洼地开垦种稻，域内水稻种植面积始多。60 年代前，主要品种有“银坊”“水源 300 粒”“蚌珠”等。60 年代为适应高肥密植及抗病虫害引入“野地黄金”“农垦 39”“农垦 40”等新品种。80 年代，引进优良品种“津稻 1187”“津稻 1189”“中作 321”“中丹 2 号”等。90 年代始，调整农业产业结构，发展第二、三产业及国家征用土地，水稻种植面积逐渐减少，至 2005 年，村域停止水稻种植。

小麦　多为自食。大麦（春小麦）主要作为秋涝年景冬小麦播种误失农时的补救。冬小麦传统品种有“小红芒”“秃头麦”等。大麦品种主要是本地品种“米大麦”，产量不超过 50 公斤。1958 年始，逐步引进新品种。70 年代末引进“丰抗 8 号”“丰抗 15 号”，被当作主要品种。以适应性强、抗倒伏、产量高而见长，亩产

冬小麦（1985 年摄）

300～400 公斤。80 年代中期引进“837”小麦品种，亩产一般达 400～500 公斤，以分蘖多、抗倒伏、产量高而备受欢迎。

二、蔬菜种植

史上先民多在河边或园田种植少量白菜、萝卜以自给。清朝末年，曾普遍种植“荸荠扁”洋葱，并成为主要蔬菜品种。

50 年代前，域内蔬菜种植多以自食为主，品种主要有白菜、萝卜等高产粗菜。土地改革后，品种主要有韭菜、大白菜、茄子、辣椒、大葱等。1956 年，将小块园田规划改造成连片园田，由高级社统一管理，并学习新技术，改变种植方法，在适当地块夹风障打阳畦，做玻璃框子，提前播种育秧苗，增加黄瓜、西红柿、圆白菜、莴笋、茄子、辣椒等品种，大面积栽种。

60 年代初，天津市提出近郊区要“以菜为纲 ”，采取供给农民返销粮油及补贴等一系列政策，村民按所签合同计划种植蔬菜并将产品上交蔬菜公司，域内蔬菜种植始得发展。蔬菜生产成为农业收入组成部分，开始多品种蔬菜种植。菜类品种有大白菜、圆白菜、韭菜、大葱、旱萝卜、白萝卜、胡萝卜、西红柿等。

1972 年，地膜覆盖技术和塑料大棚种菜技术被引进，村中相继建起塑料大棚，主要种植西红柿和其他一些精细菜类。

1978 年，国家调整市场蔬菜价格，组织各级农业科技人员引进试种新品种，下乡传授农业科学技术，各种蔬菜新品种不断引种上市，增加芹菜、苋菜、油菜、莴笋、西兰花、紫菜头、茄子、辣椒、甜椒、黄瓜、苦瓜、匏瓜、佛手、蛇豆、菜豆、豆角、荷兰豆等数十个品种，蔬菜种植面积及产量大幅增加。

90 年代初，村不断引进蔬菜新品种，使蔬菜品种不断增加。叶菜类除大白菜外，还有芹菜、菠菜、茴香、香菜、圆白菜等；根菜类有青萝卜、胡萝卜、白萝卜、旱萝卜、水萝卜、土豆、莴笋、芥菜等；茄果类有茄子、辣椒、豆角、西红柿、冬瓜、南瓜、西葫、黄瓜等；引进品种有绿菜花、生菜、苋菜、空心菜、苦瓜、荷兰豆、盖菜、西芹、苔菜等。村实施菜篮子工程，推行塑料大棚技术。普遍推行农业有偿服务和有偿承包，增强蔬菜生产后劲。1995 年，农业公司有菜田 12 公顷，从业人员 380 人。

2000 年，蔬菜种植面积很少，每人仅 1 分多地，仅够自家食用，很少一小部分出售。

附：

吴庄子村特产——卫南洼菜瓜①

1970年，吴庄子村生产队在村二里地、十三亩地、垫地等地块种植菜瓜5.33公顷，种的菜瓜被称为卫南洼菜瓜，其特点为个大，色白，瓜皮带黄线，口感脆甜，离瓜地200米远都能闻到菜瓜的香味，远近闻名。当瓜成熟时，队长派村民用小拉车步行拉到市里去卖，市里人听说是吴庄子村来卖瓜的，争相购买，特别好卖。1982年家庭联产承包责任制之后，9成以上的村民都种，瓜快成熟的时候多数村民在自家瓜地前面搭建瓜棚，由家里的孩子在瓜棚看瓜，成熟后村民骑自行车俗称大铁驴，两边挂上两个大筐（每筐100～150公斤）驮到市里去卖，深受市民欢迎。1986年后由于多数村民去企业上班或是出去做小买卖，没有时间打理瓜地，逐渐不再种菜瓜，土地以种玉米和小麦为主。

三、渔业

历史上，由于地势低洼，每逢涝灾，村域一片汪洋，自然水面颇丰，部分百姓靠捕鱼养家糊口。逢旱年则河道淤塞，渔业生产随之消失，但是仍有小船打鱼摸虾补贴生活。渔业断续至今。1953年独流减河开挖竣工，1956年挖潜改造，1958年境内沟渠纵横交错，社员多于业余时间捕捞鱼虾。1965年陈台子挖排污河工程完工后，天津市污水入境，村域野生鱼虾绝迹。

（一）捕捞

1956年之前，渔业多为捕捞野生鱼，鱼种有鲫鱼、黑鱼、鲶鱼、泥鳅、嘎鱼、鲢鱼、草鱼、黄鳝、麦穗鱼等，此外还有河虾、河蟹等。捕捞方法主要有打捞下箔、篓子捕鱼、撒网捕鱼、砸冰捕鱼、淘鱼（竭泽而渔）等。捕捞设备主要是渔船和渔网。1953年有张网、结网，1956年用拉网、赶网。1985年后，以拉网为主。90年代后，大力发展精养鱼池，视鱼生长情况集中捕捞。

---

① 作者：陈子茹，原载2015年5月15日《天津日报》。

村捕捞队作业（1952 年摄）

（二）淡水养殖

1958 年，团泊洼公社推行花果区、鱼米区计划。闫庄子管理区 14 个生产大队定位为发展花果区，利用洼淀、坑塘养鱼，改善社员生活，基本实现河网化。吴庄子生产大队自然野生鱼资源非常丰富。管理区利用自然资源优势，倡导每个生产大队建养鱼池。1958 年，村有 2 公顷鱼池。

六七十年代，养鱼主要为自然放养，品种有白鲢、花鲢、草鱼、鲤鱼等。

80 年代，村养鱼为粗放型养殖。

中共十一届三中全会后，村按照市场经济规律发展养鱼，养鱼面积、品种、产量及经济效益迅速增长。

1982 年，傅村公社租用吴庄子村土地 33. 33 公顷开发鱼池，投放鱼苗。

村养鱼池（1982 年摄）

1984 年，吴庄子村响应市政府倡导水产养殖号召，以贷款贴息方式开发 2.67 公顷鱼池。当年，傅村公社发展孵化育苗，孵化鱼种池主要分布在吴庄子等村，1985 年，村增加鱼池 3 公顷。1986 年，村有鱼池 26.67 公顷，养殖技术由粗放转为精细饲养。鱼种向优种化发展，有草鱼、鲢鱼、鲤鱼、鲫鱼。1986 年以前，鱼饲料投放以玉米、粳米为主。

1986 年以后，鲢鱼、鲤鱼占 85%，利用鸡粪、人粪喂养，少数有合成饲料，天然饲料有浮游植物、绿藻、浮游动物、红虫子等。1987 年，村有鱼池 28 公顷。为加强绿化带鱼池管理，将新开挖鱼池分别承包给 2 个成鱼队和 1 个鱼苗队，由专业队再包租。实行分组定岗定产，联产计酬，超产提奖，规定单产达 400 公斤的小组，由专业队单独奖励每人 200 元。村购进饵料机和粉碎机各 3 台，增氧机 16 台，挂浆机 14 台，进行科学喂养。1988 年，村投资 26 万元，对绿化带鱼池构筑钢筋混凝土板护坡长度 6650 米，进行地面绿化，实行轮捕轮放，实现活鱼常年上市。1989 年，村有鱼池 23.33 公顷。

1992 年，全村有鱼池 20.67 公顷。

90 年代后，养鱼技术进入精养阶段，各养鱼专业户都自制饲料。按照国家水产局鱼饲料配方投放饲料原料，有玉米麸子、豆沫、魔芋、魔芋粉及固定成分的添加剂。

1993—1995 年，全村鱼池均为 20.67 公顷。

2001 年 11 月，村南五号坑以投标方式进行招标。标底为每亩 360 元，按其中最高标数为中标者，由村委会和中标者拟定条款，承包期限为 6 年。

2008 年 5 月，村委会将位于村内的鱼池 2.33 公顷租赁给村民，双方签订租赁协议，租期 30 年。

此后，村中鱼池均由个人承包经营。

（三）观赏垂钓

50 年代，天津市部分工人常用周末到村附近河道、坑塘钓鱼，直到 60 年代仍有钓鱼者。70 年代，由于污水较多，河道没有鱼虾，后随着鱼池面积扩大，可以为钓鱼者提供方便。21 世纪，村民承包鱼池开展有偿垂钓。

第五章　工商业

新中国成立前后，村以农业为主，有为数不多的工商业。50 年代初，始有合作社、磨坊、国营供销社等。村办企业起步于 60 年代，发展于七八十年代，90 年代进入发展快车道，村办企业数量持续增加，规模持续扩大，行业布局日渐完善，先后涌现出一批优秀企业。经过一系列改革和升级改造，全村工业产值由 1978 年的 33.4 万元发展到 2006 年 1.44 亿元。同时，村内商业和服务行业蓬勃发展，形成大型交易市场、酒店、餐饮、超市、加油站、运输、停车场等在内的多个种类。

第一节　副　业

一、手工

解放前，村没有工业，部分村户有红炉制造、木器制作和食品加工的小作坊。

新中国成立初期，为开展生产自救，在静海县五区、二区的组织下，村民搞起纺羊毛、纳鞋底、搓麻绳等家庭副业。

六七十年代，村中曾有纺线、纸盒加工、纳鞋底等来料加工副业项目。大多由政府牵头，与用货单位签订产销合同，产品直接交售给商贸部门。常有铁匠烘炉，木匠箍筲，竹货扎柳，补锅焗碗等工匠到村为社员加工修理小型农具及生活用具。

80 年代末，各类轻加工项目逐渐消失，随着工业化进程，村传统手工及加工业逐渐被工业化生产所取代。

二、劳务输出

历史上，村民多有从事搬运、装卸、土方等劳务，木匠、瓦匠承接小型建筑、房屋修补活计或乡间私人“零活儿”。互助组成立初，以由互助组为单位为国营粮库晾晒粮食，换取收入。集体经济产生后，村内劳务输出多由集体统一组织。随着村办企业的发展，村不再有劳务输出。

第二节 工商服务业

一、工业

吴庄子村工业生产起步较晚，发展较快，天津光华畜禽保健药厂生产的禽药被天津市评为优质产品，行销全国各省市。

村办企业萌生于60年代，村内建有8家橡塑工业企业，普遍规模小、设备简陋，发展缓慢。

80年代，吴庄子村有两个村办企业。其中光大化工厂占地面积5530平方米，厂房建筑面积1797平方米。1985年，有工人28人，产值177万元，销售收入182万元，税金2万元，利润5万元，年末固定原值9万元，流动占用40万元，主要生产硫酸铜；永红化工厂占地面积2560平方米，厂房面积1870平方米，人数38人，产值260万元，销售收入416万元，税金39.6万元，利润20万元，年末固定原值51万元，年末流动占用129万元，主要生产氢氧化铝。

1991年7月，村成立津西大发印刷厂。企业为集体企业，独立核算，主营印刷业，投资金额是15万元，从业人员25人，占地面积120平方米，其中生产车间60平方米，年产值预计250万元，利润20万元。

当年7月19日，村建立津西长虹装饰材料加工厂，企业独立核算，企业性质是集体企业，经营范围是主营装饰材料。投资金额20万元，从业人员30人，占地面积150平方米，其中生产车间100平方米，年产值预计120万元，销售额、利润预计15万元。

1992年8月8日，村建立津西永发水暖器材厂，企业性质为村办集体企业，经营范围是主营水暖件加工和镀锌，占地面积450平方米，企业负责人张洪树，企业人数60人。投资金额28万元（其中固定资金14万元、流动资金14万元）。9月底该厂正式投产。

1993年，天津光华畜禽保健药厂克服不利因素，完成产值304.8万元，销售收入170万元，实现利润42万元。永红化工厂实现产值180万元，实现销售收入40万元，利润20万元。村工业总产值670万元，人均产值12885元。

1994年，成立村股份合作制改革领导小组，对永兴化工厂、塑胶厂等进行增资改制，参股人数79人次。当年，村新建企业1个，实际投入31万元，开发新产品3个，投入资金43万元。年底全村有企业3个，从业人员41人，销售收入750万元。

1995年11月，成立天津市荣昌金属材料制品厂，投资48万元，从业人员46人，占地1500平方米。为集体企业，主营冲压、金属材料结构表面处理，坚硬电子电器、电源照明、蓄电池等。

吴庄子村工业园企业（2016年摄）

是年，全村有企业4个，村工业企业实现产值303万元，完成销售收入246万元，完成计划的20.5%，实现利润36万元。其中上交村委会利润2万元，全村人均创利润585.37元。村主要企业有：津西大发印刷厂，主要生产印刷品；顺发橡胶制品厂，主要生产球胆；永红化工厂，主要生产氢氧化铝；天津光华畜禽保健药厂，主要生产畜药；荣昌冲压件厂，主要产品是汽车反光屏。

协助园区企业办理环评手续（2017 年摄）

1996 年，村完成工业总产值 1008 元，销售收入 840 万元，利税 89 万元。

1998 年，推进企业改革，加速结构调整，企业发展加快。全村企业实现产值 2180 万元，利税 203 万元，增加值 362 万元。

2000 年，村农工商公司建有畜牧畜禽鱼骨粉厂、氢氧化铝化工厂和氧化再生胶橡胶厂 3 个村办企业。全年完成工业销售收入 498 万元，利税 49 万元，增加值 103 万元。完成工业销售额 498 万元、利税 49. 49 万元，增加值 103 万元。2003 年，村永红化工厂以租赁方式租赁给村民，租期从 2003 年 4 月 15 日起到 2006 年 4 月 15 日，租期为三年。2005 年 6 月 1 日，南河镇工业园管委会、吴庄子村委会与乙方天津市丰达制管厂签订土地使用租赁合同，租期限为 50 年。

2013 年，村集体纯收入 228 万元。

2015 年，向工业园企业发放镇安全办下发的《关于开展企业主要负责人、安全生产管理人员安全生产培训考核的通知》56 份。举办新安全生产法律、法规、应急管理、安全管理与技术、事故案例等培训，主要目的是提高企业安全防范意识、增强安全法律法规及安全技术提高。

二、商业

（一）商户

新中国成立前，村中只有私营商业性质的“小铺”，经营油盐酱醋等生活用品。

有以小商贩和服务性饮食摊点，多为临时性、流动性经营。有“货郎担子”“推车货郎”等流动商贩，往往走街串巷叫卖，间或多因农忙而时断时续。

新中国成立后，村个体商贩大多经营日用杂货。供销合作社成立后，村民都成为社员，此后个体商贩只起到辅助作用。1956 年国家对私营工商业实行社会主义改造，部分商铺转为供销社代销点或者并入供销社，有的商贩放弃经商改为务农。

改革开放后，村个体商业发展较快。农村实行联产承包责任制后，部分剩余劳动力步入个体商贩行列，开始从事个体商业活动，个体商业逐年增多。

80 年代中期，村两委会支持“两户一体”，发展个体工商户 8 个。

1995 年，村有商店经营 4 个，从业人员 67 人。创造产值 247 万元，销售收入 84.7 万元，利润 51.9 万元。1996 年，村支部引导第三产业，人员统一管理，加以扶持，全年完成第三产业产值 166.5 万元，利润 69.3 万元。1998 年，重点发展第三产业。当年，第三产业实现收入 422 万元，利税 26.8 万元。

2000 年，农工商公司扶持和巩固第三产业，在个体私营业用地、水电以及办理手续方面给予优惠政策，第三产业完成收入 598 万元，利税 129 万元，增加值 296 万元。

供销社员证（1957 年摄）

（二）商品购销

生产资料购销

化肥　新中国成立前农民种田施用农家肥，1953 年后供销社开始按耕地面积供应化肥，品种主要是尿素，农民种田仍以农家肥为主，1956 年农业合作化以后，随着农业生产逐步发展，化肥需求量不断增加，1985 年化肥统销政策放开，供应化肥渠道放宽，集体和个体经营化肥商店增多。

农具　50 年代初，农业生产用具以锄头、镰刀、镐、掀等小农具为主。合作化以后，供销社购进双轮双铧犁、新式耘锄等农具，随着农业生产发展，农具购销量逐年增加。70 年代后，陆续购进播种机、玉米脱粒机、小麦脱粒机、扬场机。80 年代后，农机化快速发展，村中小型农具购买量逐渐呈下降趋势，90 年代，多租用联合收割机，村民个人购买农具越来越少。

塑料薄膜　80 年代，随着农业种植新技术的推广，村出现不同规模的蔬菜种植塑料薄膜大棚。大棚种植业的兴起，使塑料薄膜用量大幅增加。

农药　五六十年代，供销社每年均储备一定数量农药，主要有六六粉、敌百虫、敌敌畏、1605 等。在病虫易发季节及时帮助农民处置，送货到田间。农药品种逐步向高效低毒发展，主要品种有敌杀死、速灭杀西、氧化乐果、甲基托布津等。

生活资料

日用百货　新中国成立初期，日用百货主要是针头线脑等生活用品，五六十年代，扩大经营项目，增加铝制品、塑料制品、化妆品、棉布等。1956 年国家实行棉布统购统销，开始发放布票，实行计划供应，70 年代增加缝纫机、手表和高压锅等品种。80 年代，取消棉布凭票供应，供销市场放开经营，主要品种有家用电器、高级绸缎、呢绒、毛毯、针织品、办公用品、皮鞋、服装等。

五金交电　50 年代以经营铁丝铁钉等小五金为主，60 年代开始经营收音机、自行车。八九十年代，人民生活水平普遍提高，家用电器日趋普及，畅销商品有电视机、电冰箱、录放机、洗衣机、摩托车、豪华灯具、水暖器材等。

日用杂品　50 年代初，经营的日用杂品主要有扫帚等。六七十年代，增加炊事用具、陶瓷制品、烟筒炉子、夏凉商品。八九十年代，经营品种增加暖气器具、鞭炮烟花、卫生洁具等。

煤炭　1969 年，永红煤店正式对外营业，按国家指标供应城镇非农业居民户生活用煤。70 年代前期，供应工业用煤。1975 年后，工业用煤划归区煤建公司。1987 年后，永红煤店购置蜂窝煤机，制作蜂窝煤，销售议价煤。

副食品　50 年代主要经营油盐酱醋茶糖散装白酒等。六七十年代，增加糕点、饼干、小食品、罐头饮料、名牌卷烟、瓶装酒等。80 年代市场放开后，品种扩大，调料品种达 80 余种。西点、生日蛋糕、高级烟酒、干鲜果品、酱制品销量也大幅增加。90 年代，一些低价烟、茶叶滞销，啤酒、葡萄酒、各种饮料、畅销火腿，酱肉、方便小食品销量大增。

水果　50 年代，水果以桃子、枣子为主，多为自产自销。60 年代，销售品种主要有沙果、橘子、葡萄、梨、苹果等。80 年代，水果实行议价议销，经营方式灵活多样。水果都在本地销售，也有部分销往外省。

畜禽产品　50 年代，农民养猪羊鸡鸭等为家庭副业，除自己食用外，其他在市场出售。1969 年，供销社在永红工业区设立肉食部，主要经营猪肉、羊肉、鲜蛋等，凭票供应非农业居民。80 年代进入市场经济后，村畜禽产品销量增加。

三、服务业

（一）饮食服务

新中国成立初期，村内有个体经营的饭馆、豆腐坊等。1956 年国家对私营工商业实行社会主义改造，饮食业归集体经营。1969 年，供销社在永红工业区建早点部，主要经营果子烧饼豆浆等。改革开放后，个体从事饮食业逐年增加。1980 年，永红早点部更名为永红饭店，扩大经营范围。

（二）农业服务

实行农业生产责任制后，村农工商总公司建立服务组，村统一提供浇水、排涝、耕地、耙地、脱粒等服务。1984 年，村统一购进架草、籽种、大粪、化肥等园田生产资料。农业生产完成后统一专人管理蔬菜上市，各生产队、承包组、承包户报计划，村统一安排运输车辆。社员只管稻田下种、插秧、拔草、追肥，村负责设立 8 个泵点，专门成立有 18 人的队伍负责提水灌溉。

1994 年，健全完善农业社会化服务体系，组建 20 多人的专业服务队，负责全村沟渠改造，为农户提供种子、农药、化肥等农业生产资料，安排专人负责稻田浇水等，为全村农业稳定发展提供强有力保障。90 年代中期，村成立科技组，始终加强社会化服务，为农户优化生产结构，搞好科技服务。千方百计组织选购优良籽种，方便村民购买农业生产资料。推广使用具有抗病害抗倒伏的“五优 308”“津稻 779”等优良稻种，实现产前、产中、产后服务一条龙。

（三）清洁队

80 年代初建立，从业人数发展到数十人，采取分片包干办法，专门负责村庄内环境卫生清洁。

四、土地房屋租赁

21 世纪初，工业园土地租赁成为村集体收入主要来源之一。

1994 年，傅村公社与吴庄子村签订出租土地协议。租用吴庄子村公交干校北侧、干校公路东侧，小圆儿鱼坑西侧、南侧土地 33.33 公顷，合计总款 26 万元。附着物赔偿款归公社，土地赔偿费用归吴庄子大队，弥补收入损失费。公社负责给吴庄子大队打鱼坑 3.33 公顷。

2004 年，开发建设村工业园区，入住企业 50 多家，所收租金除日常开支外，其余为农业户口村民发放口粮田补贴。

2005 年 6 月 1 日，南河镇工业园管委会、吴庄子村委会与乙方天津市丰达制管厂签订土地使用租赁合同，甲方将位于吴庄子工业园的土地 0.6 公顷租赁给乙方，租地期限为 50 年。同日，南河镇工业园管委会、吴庄子村委会与乙方西青区赢发包装厂签订土地出租合同。甲方将位于吴庄子工业园的土地 0.67 公顷租赁给乙方，租地期限为 50 年。同日，南河镇工业园管委会、吴庄子村委会与乙方西青区威龙包装制品有限公司签订土地出租合同，将位于吴庄子工业园的土地 1. 67 公顷租赁给乙方，租地期限为 50 年。同日，南河镇工业园管委会、吴庄子村委会与乙方村民王某本着平等原则签订土地出租合同。甲方将位于吴庄子工业园的土地 2. 67 公顷租赁给乙方，租地期限为 50 年。同日，南河镇工业园管委会、吴庄子村委会与乙方西青区富盛饲料厂签订土地出租合同。甲方将位于吴庄子工业园的土地 2. 67 公顷租赁给乙方，租地期限为 50 年。是年，市重点工程高速公路在南河镇境内修建，占用村土地 4. 2 公顷。同年 9 月，南河镇工业园管委会、吴庄子村委会与村民秦某某签订土地使用租赁合同，租赁期限为 30 年。12 月 1 日，南河镇工业园管委会、吴庄子村委会与乙方天津亿达金属制品工贸有限公司签订土地使用租赁合同，将位于吴庄子工业园的土地 1. 13 公顷租赁给乙方，租地期限为 50 年。同日，南河镇工业园管委会、吴庄子村委会与乙方村民张某某签订土地使用租赁合同，甲方将位于吴庄子工业园的土地 1. 26 公顷租赁给乙方，租地期限为 50 年。

2008 年 1 月 1 日，村委会与村民吕某某签订承包村内鱼池（面积 0. 53 公顷）合同，租期 6 年。3 月 11 日，村委会将村内农用机械车库（面积 240 平方米）租赁给小卞庄村民徐某某，租期 5 年。4 月 4 日，村委会将村药厂会计室 1 间、化验室 2 间租赁给村民吕某某，租期 5 年。5 月 1 日，南河镇工业园管委会、吴庄子村委会将位于南河镇工业园的吴庄子土地 2. 26 公顷租赁给村民吕某某，租期 40 年。

2009 年 4 月 1 日，村委会与村民吕某某签订原天津光华畜禽保健药厂一个车间及办公室共计 5 间房租赁给乙方，年限为 4 年。5 月 30 日，村委会与天津市春海经贸公司签订《土地收入出让协议》。甲方提供乙方的土地面积为 22. 14 公顷，位于精武镇津文公路东侧、裕华道南侧、毛条路西侧，土地使用权限为 50 年。10 月 26 日，村委会与村民胡某某签订 3 公顷土地租赁协议，租期至 2011 年 10 月 26 日。12 月 27 日，村委会与精武镇建筑工程公司签订赛达大道拆迁补偿协议书。村定鱼池 27. 687 公顷，按照每亩 2200 元的标准给予补贴。

2012 年 5 月 12 日，村委会与村民李某某签订补充协议，对实际比原合同多出的 0. 126 公顷增加租赁费为 4180 元。

2015 年，村工业园有土地 64 多公顷，对外出租 20. 67 公顷，对外出售 35. 46 公顷，在建 8. 67 公顷。全年村集体土地出租总收入 657 万元，其中征地补偿款 427 万元，土地租赁费 230 多万元。

2016 年 11 月，完成工业园 8. 67 公顷土地 5 万余平方米标准厂房建设及租赁，老工业园区土地收入 388 万元。出售骨灰堂经营收入 300 万元，新园区厂房出租增加收入 997 元，全年收入 1685 万元。

第六章　党政群团

吴庄子具有光荣的革命传统，是天津市南部较早建立党支部的村之一。多年来，村党支部领导村级政权组织及青年、妇女、民兵等群众团体在解放天津、国民经济恢复、社会主义建设时期发挥战斗堡垒作用。改革开放后，持续探索创新村民自治途径和方法，推行民主选举、民主决策、民主监督，坚持村里大事由村民代表会决定。党员、村民代表、村务监督委员会在党务、村务中发挥重要作用，有效发挥共青团员、妇女、民兵、村务监督、红白理事会、治保会、民事调解委员会等组织在村民自治中的互补作用。设立村务公开电子系统，先后开展“三个代表”重要思想、学习实践科学发展观、群众路线、“两学一做”等学习教育活动，制定完善党内规章制度及村规民约，实行利益导向政策，确保制度执行，使村内保持风清气正、上下一心、和谐发展的良好局面。

第一节 党 务

一、党组织

1945 年，中共地下党组织在条件较好的村发展中共党员，吴庄子等村庄有党组织活动，主要是配合武工队搞敌情。

1948 年年底解放后，吴庄子在中共静海县委领导下，开展建党建政工作。

1949 年，村发展党员，成立党支部。

五六十年代，村中培养一批积极分子入党，党组织不断扩大。

1966 年，“文化大革命”开始后，党支部瘫痪，组织活动停止。

先进党组织奖牌（2010 年摄）

1972 年 12 月，恢复村党支部。徐西光任书记，梁学清任副书记。

1979 年 12 月，张广田任村书记，韩俊杰任副书记，张兰星任支部委员。

1981 年 12 月，村党支部改选，张广田任村党支部书记，张兰星、吕印龙任副书记，韩俊杰任支部委员。

1986 年，张洪苓任党支部书记。

1989 年，对党支部成员进行分工调整：支部书记张洪苓主抓村全面工作。村主任、副书记张学良主抓党务和工业生产。支部委员、村副主任张学通主抓农业生产和计划生育。支部委员、治保主任韩俊杰主抓全村治安保卫和调解。

是年，吴庄子村党支部被评为区级先进支部。

1991 年 2—8 月，张学良为支部书记，抓全面工作。杨文起为副书记，张学通为支部委员。

1991 年 4 月，党支部决定张洪树、杨文起、张学森为后备干部。

1991 年 8 月—1992 年，张洪苓为书记抓全面工作。

1992 年，村党支部进行换届，张洪树任党支部书记。

1996 年 1 月 30 日，村党支部换届选举，新的党支部由杨文起、王福喜、张学通 3 人组成。3 月 18 日，镇党委任命杨文起任村党支部书记，王福喜、张学通任副书记。

1998 年，村党支部平均年龄 40 岁左右，具有高中以上文化。

2000 年 4 月 15 日，村党支部进行换届选举，新一届村党支部仍由杨文起、王福喜、张学通 3 人组成。杨文起任书记，王福喜、张学通任委员。

2003 年，党支部进行第五届换届选举，杨文起当选支部书记，王福喜、张学通当选支部委员。

2006 年，党支部进行第六届换届选举，杨文起当选支部书记，王福喜、张学通当选支部委员。

五个好红旗村党组织奖牌（2008 年摄）

2007 年 7 月，村党支部被镇党委评为“2007 年度先进党支部”。

2008 年 5 月，村党支部在农村党的建设“三级联创”活动中被市委组织部、市农委评为“2006 年至 2007 年度五个好红旗村党组织”。同月，被中共南河镇委员会评为先进党支部。

2009 年，党支部进行第七届换届选举，杨文起当选支部书记，王福喜、张学通当选支部委员。

是年 6 月，镇党委授予吴庄子村先进党支部称号。

2010 年 6 月，村党支部被评为精武镇“2009 年度先进党支部”。

2016 年镇包村领导及指导员下村指导工作

2011 年 6 月，村党支部被镇党委评为精武镇“2010 年度先进党组织”，韩清义被中共镇党委评为精武镇“2010 年度优秀共产党员”。

2012 年 3 月，党支部进行第八届换届选举，杨文起当选支部书记，王福喜、张学伟当选支部委员。

同年 6 月，村党支部在精武镇庆“七一”保持党的纯洁性教育形势任务教育知识竞赛中获得二等奖。

2015 年 4 月，党支部进行第九届换届选举，杨文起当选支部书记，王福喜、张学伟当选支部委员。

2016 年 7 月，村党支部和党员推荐杨文起、张国链、高兰英、韩清义 4 人为出席镇第十二次党代会代表候选人，并进行公示。

二、党员

1945年，中共地下党组织在条件较好的村发展中共党员，时吴庄子村有党员数名，在区委领导下，配合武工队搞敌情。

1949年，吴庄子村开始发展党员，成立党支部。

五六十年代，村中培养一批积极分子加入党组织。

1989年，发展党员2名。

1995年，村有党员15人，其中男12人、女3人。党员中，35岁以下党员3人、60岁以下党员6人。

1996年3月，徐锡才、王福喜被镇党委评为优秀共产党员。

1997年3月，发展党员4名。

是年，党支部进行第三届换届选举，杨文起当选支部书记，王福喜、张学通当选支部委员。

1998年，发展4人入党。村党员人数达21人。

1999年5月，发展党员5名。

2000年，党支部进行第四届换届选举，杨文起当选支部书记，王福喜、张学通当选支部委员。

2002年7月，发展党员2名。

2004年12月，发展党员1名。

2008年5月，发展党员1名。

2009年1月，高兰英任吴庄子村支部委员会书记助理。

2011年9月，发展党员1名。

2014年8月，发展党员1名。

2016年12月，村党支部将发展对象吕美杰进行公示，召开党员大会，接收其为预备党员。

2017年2月，村党支部有党员38名，其中1名预备党员，出国留学党员1名，60周岁以上老党员6名。

是年，村26名党员参与党员承诺，共承诺事项85条，党支部承诺事项6条；积极分子1人，承诺事项4条。

2017年，村党员继续开展“群众微心愿，党员来点亮”活动。对肢体残疾、患重大疾病、生活困难等村民开展帮扶工作。

2018 年 3 月 8 日，举行党员学习大会

附：

2017 年吴庄子村党员承诺

杨文起：1. 廉洁自律，以身作则。2. 注重民计民生工作，为村民多谋福利。3. 做好村内各项公开。4. 带动党员积极参加党的群众路线教育活动。5. 帮扶困难老党员吕印相。

王福喜：1. 以身作则，廉洁奉公。2. 尽职尽责，做好园区服务及园区管理工作。3. 帮扶困难群众张孟芳。

张学伟：1. 廉洁自律，以身作则。2. 注重民计民生工作，为村民造福。3. 做好帮困工作，组织慰问困难党员和困难户。4. 帮扶困难老党员张学通。

韩清义：1. 顾全大局，廉洁奉献，做好本职工作。2. 带头参加党日及志愿者活动。3. 帮扶困难群众吕印山。

高兰英：1. 认真完成上级各部门布置的工作 2. 多组织群众喜闻乐见的活动，丰富群众文化娱乐活动。3. 以身作则，廉洁奉献做表率。4. 听从领导安排，做好各项本职工作。5. 完成困难群众刘治红微心愿一个。

张广通：1. 支持村两委班子工作。2. 帮助一户困难户。

张学振：1. 至少与一户困难户结帮扶对象。2. 带头参加“三会一课”。3. 积极参加党员志愿者活动。

赵宝凤：1. 支持村两委班子工作。2. 至少与一户困难户结帮扶对象。3. 积极参加党员志愿者活动。

王顺来：1. 听从领导安排，做好本职工作，为村民提供安全方便的用电。2. 积极参加党员志愿者活动。

张永利：1. 支持村两委班子工作。2. 帮助困难群众完成一个微心愿。3. 积极参加党日活动。4. 积极参加志愿者活动。

梁志红：1. 按时参加组织活动，至少与一名党员结帮扶对子。2. 支持村两委班子工作。3. 帮助困难群众完成微心愿。

张国峰：1. 服从领导安排，做好领导交给的各项工作。2. 帮助困难群众实现一个微心愿。3. 做好志愿者服务。4. 做好群众宣传工作。

张永泉：1. 慰问帮助困难群众，并给予经济方面帮助。2. 履行党员义务，争当优秀党员。3. 积极参加志愿者活动。

张智刚：1. 积极参加志愿者活动。2. 与困难户结帮扶对子，完成困难群众的一个微心愿。3. 为困难群众义务用车 2 次。

张学强：1. 发挥党员先锋模范作用，积极参加志愿服务队伍。2. 帮助困难群众刘振江完成一个微心愿。

李宗江：1. 支持村两委班子工作。2. 积极参加党组织活动。3. 帮扶困难户一户。

张智刚：1. 积极参与帮困活动，与一名困难群众结帮扶对子。2. 积极参加志愿者活动。3. 创先争优活动，争当优秀党员。

陈洪波：1. 按时参加组织活动，至少与一名党员结帮扶对子。2. 积极参加党日活动。3. 支持村两委班子工作。

张国链：1. 听从领导安排，做好本职工作。2. 争当优秀党员。3. 积极参加志愿者活动。4. 帮扶困难户王秀圣。

吕宪堂：1. 积极参加帮助困难户活动，完成微心愿一个。2. 听从领导安排，做好本职工作。3. 做好群众的宣传工作。4. 争当优秀党员。

张永伟：1. 做好先锋模范带头作用，支持村两委班子做好村的各项工作。2. 做好义务宣传员，宣传村规民约。3. 帮扶困难老党员赵兰英完成微心愿。

张永刚：1. 发挥党员先锋模范作用，积极参加志愿服务活动。2. 帮助困难群众完成微心愿一个。3. 支持村两委班子工作。

张学顺：1. 多提合理化建议，支持两委班子做好村的各项工作。2. 完成困难群众微心愿一个。

王玉龙：1. 发挥党员先锋模范作用，积极参加志愿服务队伍。2. 帮助困难群众完成微心愿一个。

吕美杰：1. 听从领导安排，认真完成本职及随机各项工作。2. 积极参加志愿者活动。3. 帮助困难户张广成。4. 发挥党员先锋模范作用。

吴庄子村入党积极分子承诺

刘颖：1. 听从领导安排，认真完成各项工作。2. 积极参加志愿者活动。3. 帮助困难户。

三、党务工作

（一）早期党务

从抗战时期，中共地下党就在吴庄子一带开展抗日活动。1944 年 10 月中共冀南区工委分片开展工作。工作组发动吴庄子一带群众开展游击战，扒铁路、割电线、毁交通，打击日本侵略者，在一些村庄建立村政权，成立农会、民兵组织，发展党员，建立基层党组织。

1945 年日本投降后，中共津南县第六区和第七区在所属村庄建立村公所，吴庄子村建立村公所，成立农会，领导群众开展减租增资斗争。在斗争中，发现培养一批积极分子，在条件较好的村发展中共党员，工作局面很快打开。

1945 年 10 月的一天，国民党义勇壮丁队得知七区区委书记张良在吴庄子村活动，便带队包围吴庄子，张良突围出村，因子弹打光，被敌人马队围捕，张良被带到良王庄伪军团部，受尽严刑拷打，英勇不屈，后被敌人装入麻袋，扔进河中，壮烈牺牲，年仅 22 岁。

1946 年 6 月，国民党向解放区大举进攻，中共津南区六、七区工作人员撤出津南地区，到大城县整顿。1947 年 2 月，津南县建立津郊区，成立武工队，重新进入吴庄子村所在的津南区六、七区，坚持与敌人进行斗争。这一时期，吴庄子等村庄党组织恢复，配合武工队搞敌情、送情报，为解放区购买转运文具药品，掩护武工队员等。

1948 年，随着解放战争的进展，革命工作开始转入支前活动，这时人民解放军第四野两个团进驻大南河、小南河，准备攻打天津。在区长领导下，吴庄子建立支前委员会，为解放军筹集柴草，每天派出多人为解放军带路，还组织担架队，随军运送伤病员。

1948 年年底，吴庄子村解放，在中共静海县委领导下，开展建党建政工作。

（二）新中国初期党务

1949 年年初天津解放后，党组织即领导农民建立村政权，开展“废租查漏”“粗分土地”“土地改革”“土改补课”，废除封建土地制度，实现耕者有其田，解放生产力，促进国民经济恢复和农业生产发展。

1950 年抗美援朝期间，党组织动员青年报名参加志愿军赴前线抗美援朝，率领群众积极捐献物资，家家户户订立爱国公约，积极响应毛泽东“增加生产，厉行节约”号召。

在“镇压反革命”运动中，村党支部贯彻执行中共天津县委指示，宣传政策，培养骨干，召开检举会、控诉会，得到农民积极响应。

在合作化高潮中，党支部贯彻执行中共中央过渡时期总路线，动员农民组织起来进行互助合作，引导他们走社会主义道路，成立互助组，使村内互助组很快覆盖全村。共产党员起到模范带头作用，多名党员担任初级社社长。

1958 年实行人民公社化，吴庄子村由团泊洼公社所辖，在“一大二公”（第一人民公社规模大，第二人民公社公有化程度高）的思潮下，原来核算单位被打乱，刮起“一平二调”（“一平”是在人民公社范围内把贫富拉平，搞平均分配；“二调”是对生产队的生产资料、劳动力、产品以及其他财产无代价地上调）共产风、浮夸风、瞎指挥风，严重地影响农民生产积极性。

1962 年，中共中央公布《农村人民公社工作条例》（简称六十条），村中确定三级所有、队为基础的根本制度，纠正“一平二调”共产风，人民公社走向稳定发展道路。1964—1966 年，原小南河人民公社和郭村人民公社相继开展“四清”运动，中共天津市委派出“四清”工作队进村，社区干部普遍“洗手洗澡、上楼下楼”，进行隔离自省。吴庄子村党员干部参加“四清”运动。

“文化大革命”初期，村支部普遍受到造反组织冲击，党组织陷入瘫痪状态，领导干部受到批判和斗争，党员停止组织活动。1968 年，相继开展清理阶级队伍、深挖“五一六”分子等一系列运动，造成大量冤假错案。

1969 年 7 月，按照毛泽东主席“五十字建党纲领”，开展整党建党工作。至 1970 年年底，村党支部得以恢复。

1974 年，村党员干部参加“批林批孔”“评法批儒”，批判“复辟回潮”、查“两个否定”运动。

1976 年，村中开展“批邓反击右倾翻案风”运动。

1976 年 10 月，“文化大革命”结束，党的生活逐步转入正常轨道，村党支部的政治核心领导作用重新恢复，党的各项方针政策得以贯彻落实。

当年 10 月后，党支部在上级党委领导下，组织党员揭批江青反革命集团、肃清江青反革命集团流毒。

（三）改革开放后党务

中共十一届三中全会后，村党支部在乡、区党委领导下，带领党员群众努力清除“文化大革命”所造成的消极后果，拨乱反正，恢复党的实事求是思想路线，贯彻执行中共十一届三中全会确定的路线方针政策，全面落实政策，对“文化大革命”和“四清”中处理的人逐个进行复查，对冤假错案给予平反，为多名党员恢复党籍，为“地富反坏右”分子收回罪名。

1980 年，中共中央发出《关于进一步加强和完善农村生产责任制的几个问题》重要指示后，村党支部充分尊重群众意愿，结合村、各生产队、各户实际情况自主选择，实行专业承包、联产计酬责任制，1982 年，建立集体统一经营和农民家庭分散经营相结合的农村经济体制。

1984 年，组织干部党员群众学习中央 1 号、4 号文件精神，要求党员带头致富。党员坚持“三会一课”制度，每月 15 日、30 日为党员学习日。推行党员联系户制度，每个党员联系 3 ~ 5 户。党支部每月不少于四次支部会，半年一次生活会，总结工作找差距，开展批评和自我批评。坚持凡属重要工作，如经济建设、文明村建设、体制改革等重大规划，都经党员大会讨论通过执行。加强支部与党员的工作关系，使他们感到责任重大。党支部虚心听取党员合理化建议，解决主观片面工作方法。党员关心本村各项工作，自觉宣传党支部中心工作，上下拧成一股绳。

（四）整党

1985—1986 年，根据中共中央的整党决定，村内分 3 批开展整党工作。1985 年 3 月 10 日，成立由党支部书记任组长的整党工作领导小组。党支部成员及党员统一对整党的迫切性、重要性、目的及意义的认识，统一对整党的关键是进行正面教育的认识。采取集中教育与干部自学讨论相结合、听取报告、学习有关文件与分析讨论村实际情况相结合、参加培训、讨论与村里党员大会相结合、干部带头讲与小组党员讨论相结合、自查自纠与谈心相结合、开展批评与自我批评相结合等形式进行整党。党支部书记分别与党员征求意见，干部与党员之间、党员与党员之间广泛开展谈心活动，召开民主生活会，认真开展批评与自我批评，党支部将查找的问题进行梳理，向群众公布，征求群众对党员尤其是对党员干部的意见，坚持边整边改，逐一制定整改措施，使整党活动取得较好效果。

（五）社会主义思想教育活动

1991 年 4 月 8 日至 6 月，开展社会主义思想教育活动（简称“社教”）。4 月初，镇党委派出社教工作组进驻吴庄子村，和村党支部一起开展社会主义教育。村党支部按照镇社教办公室编印材料内容，根据村里具体情况编写有关学习材料，党员干部群众受教育面达百分之百。组织社会主义思想一百题考试，全村团员青年都参加考试。五四青年节组织部分团员青年到盘山参观盘山革命烈士陵园和盘山风景区，通过游览祖国大好河山，激发他们的爱国热情。活动中，重点对领导班子自身建设进行整顿，修订干部廉政制度，制定廉政措施，公开上墙，接受群众监督。根据上年度民主评议情况，与党员签订目标管理责任书，坚持三会一课，坚持每季度一次村民大会制度，党支部委员坚持开好双重生活会，实行党建工作“六上墙”，使每个党员参考自己的目标进行自我考评和互评，起到互相促进作用。党员目标管理工作与“社教”相结合，在全体党员中开展“我为家乡建设创绩立功”活动，坚定党员走社会主义道路信心，激励党员为村为厂为家争光的热情，使党员队伍成为两个文明建设先锋队。

1992—1993 年，坚持围绕经济抓党建，抓好党建促经济。重点抓好党员目标管理，与党员签订目标管理责任书，开展党小组“三为”活动，加强学党章小组管理，使党员、干部树立“为官一任，造福一方”的思想观念，成为发展集体经济带头人，党支部成为发展集体经济的战斗堡垒；组织党员、干部每月集中学习一次，确定每名党员责任片、联系对象和工作任务，并组织非党干部积极参加学党章小组活动，在不同岗位发挥先锋模范作用。

（六）“尽党员义务，做合格党员”大讨论

1997 年 6—8 月，在党员中开展“尽党员义务，做合格党员”大讨论。以学习《中国共产党章程》《关于共产党员违法违纪行为的处罚条例》为重点，学习党员干部廉政建设教育材料、形势任务教育材料、系列党课教育材料，学习吴金印先进事迹。召开专题分析会、培训会、座谈会，听取群众对党员的反映以及对支部工作的看法，便于及时发现问题，及时整改。通过学习讨论，查找存在问题，针对问题进行完善和严格执行党员管理、班子建设、村务公开、党员联系户、党员议事会和群众议事会、党员义务奉献活动、厉行节约等各项规章制度。班子成员率先垂范，对照检查、整改，使全村党员整体素质明显提高。

（七）党的群众路线教育实践活动

2014 年 3—10 月，按照区委第二批群众路线教育实践活动总体部署，在村班子成员、党员干部队伍中进行党的群众路线教育实践活动，历时 8 个月。活动分学习文件、查找问题、整改提高三个阶段。村党总支制定活动方案及具体学习计划，组织党员集中参加党课，观看电影《焦裕禄》，多次组织两委会成员、党员讨论交流，结合党员联系户制度，针对群众反映最集中问题及建议，开展党员干部作风专项整治活动，确定重点整治问题，与党员干部签订作风专项整治承诺书。健全完善涉及财务管理、基建管理、勤政廉政等方面 5 项规章制度。针对查找出的突出问题，提出“加强理论学习，增强理论功底；改进工作作风，增强服务宗旨；务实创新，增强工作实效；改进工作方法，提高服务水平”等具体改进措施。以落实中央“八项规定”为切入点，重点压缩村干部的办公环境、办公设施及三公经费开支，实现便民服务一站式、一条龙。

（八）“两学一做”学习教育活动

2016 年 5—12 月，村党支部开展“两学一做”（学党章党规、学系列讲话，做合格党员）学习教育活动。活动分为“动员部署、专题学习讨论、创新方式讲党课、召开专题组织生活会和民主生活会、开展民主评议党员、整改落实”6 个阶段，主要学习内容为《中国共产党章程》《中国共产党廉洁自律准则》《中国共产党纪律处分条例》《中国共产党党员权利保障条例》《习近平总书记系列重要讲话读本（2016 年版）》。

“两学一做”报告会（2016 年摄）

5月20日，村党支部书记、村委会主任和党务干部参加镇党委召开的“两学一做”学习教育工作部署会暨专题党课活动。当天，村党支部召开“两学一做”工作部署会，给每位出勤的党员发放“两学一做”专用记录本（笔）、习近平总书记系列讲话、《中国共产党章程》等学习材料。党支部书记杨文起要求全体党员要提高认识，高度重视。要积极参加活动，认真学习，做好笔记；要学以致用，通过学习改变思维，指导行动。此间，村两委班子成员进行“讲政治、有信念，做政治合格的明白人”专题学习讨论，集中研习《中国共产党章程》，联系自己的工作职责，探讨做到想干事、会干事、敢担事、能共事。班子成员分别作主题发言，围绕主题和自身工作、生活感悟进行讨论交流，认识到作为党员一定要把讲政治、有信念植于心、践于行，在思想上统一认识，对“两学一做”学习教育的重大意义加深理解。7月1日，村党支部组织党员重温入党誓词及支部书记讲党课活动。支部书记杨文起讲题目为“讲规矩、守纪律，做纪律合格的明白人”的党课。7月4日晚上，村党支部组织党员开展“两学一做”学习教育知识竞赛。7月5日，党务负责人又召集5名未参加答卷的党员到社区进行知识竞赛答卷。7月28日晚上，村党支部组织党员召开“讲规矩、有纪律做纪律合格的明白人”专题学习讨论会，支部书记杨文起代表村党支部宣读党支部讨论材料，支部书记杨文起、支部委员王福喜和张学伟以及部分党员发言，大家围绕“讲规矩、守纪律，做纪律合格的明白人”这一主题进行充分的讨论，确定党员纪律合格的底线、高标准严要求。8月中旬，进入“讲道德，有品行，做品德合格的明白人”专题学习阶段，采取个人自学、集中学习讨论、要点摘抄、撰写学习体会、举办专题讲座等形式，学习《中国共产党廉洁自律准则》、习近平关于社会主义核心价值观等重要讲话、革命先辈和先进典型事迹等。

在党员中开展“两学一做”学习教育活动（2016年摄）

9 月 5 日，村支部书记、村委会主任和党务干部参加精武镇“两学一做”学习教育推动会。10 月 11 日，市委督导组到吴庄子村检查“两学一做”活动开展情况，听取支部书记杨文起关于“两学一做”活动开展情况的汇报，查看村党支部关于“两学一做”开展活动相关档案和党员学习笔记。12 月 28 日，村党支部组织党员代表、群众代表对村班子及班子成员进行民主测评活动。支部书记杨文起做 2016 年村述职报告。12 月 10 日，召开村党支部民主生活会，杨文起代表班子进行对照检查，查摆存在的问题，制定整改措施，班子成员之间进行批评和自我批评。12 月 11 日召开党员大会，向全村党员通报党支部班子查摆问题、开展批评和自我批评情况。

（九）“维护核心、铸就忠诚、担当作为、抓实支部”主题教育实践活动

2017 年，村党支部按照镇党委“农村党组织书记抓党建工作责任清单”要求，开展“维护核心、铸就忠诚、担当作为、抓实支部”主题教育实践活动。

1 月 13 日，村党支部召开专题组织生活会会议，支部书记杨文起代表班子作自查报告，带头进行自我批评，其他班子成员逐一发言批评帮助，开展批评和自我批评。1 月 22 日，进行民主测评。2 月 15 日，组织全体党员集中学习党章活动。3 月 16 日，组织全体党员召开“不作为不担当”专项治理部署会。杨文起传达镇部署会会议精神，布置党支部“不作为不担当专项治理”的具体实施方案，要求全体党员提高思想认识，做到担当作为，注重实效，不走过场。3 月 25 日，全体党员开展“三个规范大讨论”。5 月 15 日，组织全体党员学习习近平总书记重要指示精神和廖俊波先进事迹，包村干部做牢固树立“四个意识”主题宣讲。6 月 2 日，村党支部组织全体党员开展包村领导党代会精神宣讲、“两学一做”常态化、制度化工作动员部署及特殊党日活动，全体党员面对党旗重温入党誓词。6 月上旬，组织党员参加镇党委组织的党的基础知识竞赛活动。6 月 17 日，组织全体党员组织开展支部书记讲党课及学《准则》《条例》，查问题找差距专题研讨会。6 月 25 日，组织全体党员开展增强“四个意识”坚决维护和捍卫习近平总书记的核心地位专题研讨会、“提高政治站位，坚决抓好巡视反馈意见整改落实”组织生活会。7 月 9 日，支部书记进行党的十八届六中全会精神宣讲。7 月 25 日，组织党员进行村内重大事项决策及党员学习活动，集体观看专题片《将改革进行到底》。8 月 11 日，村党支部参加镇党办召开的党员管理信息系统专项工作会议，布置村党员信息核实工作。8 月 14 日，村党支部成员集体学习《精武镇党委关于对全镇党员进行提醒、批评教育、诫勉工作的实施办法（试行）》。8 月 15 日，全体党员参加，集体学习《习近平总书记在省部级主要领导干部研讨班上的讲话》和《精武镇党委关于对全镇党员进行提

醒、批评教育、诫勉工作的实施办法（试行）》，进行市第十一次党代会试卷测评并缴纳党费。9 月 16 日，组织全体党员召开党日活动，集体学习《中国共产党巡视工作条例》、习近平总书记在庆祝中国人民解放军建军 90 周年阅兵时的讲话，与会党员进行第三季度党的基础知识测试，观看纪录片《巡视利剑》。

附：

《吴庄子村领导干部廉洁规定》

2000 年 11 月 8 日

为进一步加强党风廉政建设，密切党群干群关系，提高党组织的凝聚力、战斗力、号召力，促进本村经济发展和社会稳定，加强村级领导干部队伍建设，特制定如下廉洁措施：

一、严禁用公款以参观考察学习的名义出国、出境或变相旅游，村干部外出考察工作，必须报党委审批，批准后方可外出，外出考察时不准携带子女、亲属。

二、严禁违反规定超标准购买小汽车，村购买小汽车必须严格执行津南党发〔1997〕4 号文件规定的标准，并报党委审批。

三、严格控制通信工具的配备和费用的开支，禁止公款配备通信工具，如配备由领导班子研究决定。

四、厉行节约，严禁用公款大吃大喝，村干部之间、村与村之间不准用公款自请自吃，在经济交往中也要坚持勤俭节约的原则，要注意形象，不该去的地方，坚决不去。

五、认真落实村务公开制度，村里的重大事项，必须集体研究决定，财务收支、土建工程、土地鱼池承包、集体企业的出售出租都要实行公开招投标。

六、干部不准自批自领钱物，不准虚开票据报销，不准超过党委批准的数额领取工资报酬。

村党支部、村委会

（十）学习宣传中共十九大精神

2017 年 10 月 18 日，村党支部组织全体党员观看中国共产党第十九次全国代表大会开幕式。

11 月 2 日，组织党员学习《习近平总书记在中国共产党第十九次全国代表大会上的报告》《十八届中央纪律检查委员会向中国共产党第十九次全国代表大会的工作报告》，传达市、区、镇领导干部会议精神。3—7 日，采取包户、在人员密集区发放宣传品等形式，组织党员、志愿者宣传中共十九大精神，使居民对中共十九大精神知晓率显著提高。

其后，党支部把学习宣传贯彻落实中共十九大精神和习近平中国特色社会主义思想作为放在首位并进入常态化。

第二节 村 务

一、村政组织

1949 年 1 月天津解放后，村内建立村公所长。1951 年 12 月，根据天津县镇党委指示，在土改及结束土改基础上完成民主建政工作。1953—1954 年，村以互助组为单位组成公民小组，选举产生村民代表会，由村民代表会选举产生村政委员会。民主选举产生的村级政权，按期向村民代表会作工作报告，村民代表会负责审查村政开支，讨论解决提案及决定有关村政事宜，制定村规民约，选举村主任等。至此，旧的村公所体制结束。

1963 年，“三级所有，队为基础”的经济管理体制确定后，大队管理委员会代行村政组织职权，一直延续到 80 年代初。

1968 年 2 月 21 日，村成立革命委员会，韩俊祥任主任委员，杨清田任副主任委员，徐锡光、张广才、张广华、王万通、吴振生、韩凤茹、张少平任委员。

1970—1976 年，杨清田任村主任。

1979 年 3 月 23 日，张兰星任大队长，吕印龙任副大队长，刘振邦、韩俊发、吕印相任委员。

1983 年 6 月，人民公社管理委员会改建为乡镇党委，吴庄子村生产大队管理委员会改建为村民委员会（以下简称为村委会），张洪苓为主任。其后，村委会班子多次进行调整。

1985 年，进行村民委员会换届选举，韩俊杰当选为村委会主任，张学良、杨文起当选为副主任。

1987 年 11 月，《中华人民共和国村民委员会组织法（试行）》颁布后，村级政权建设逐步走向法治化。

1989 年 1 月，张学良任村委会主任，王福林、张学通为副主任。

1991 年 5 月，进行第一届村民委员会选举，参加村民代表 25 人，选举张洪苓为村委会主任，张洪树为副主任，杨文起、张学森、张学通为委员。

1993 年，全村总户数共 186 户，人数 522 人，共有 3 个村民小组，第一小组组长李光和，副组长陈文治；第二小组组长刘振民，副组长王树发；第三小组组长吕宪堂，副组长吕印山。

1995 年 11 月 10 日，调整村委会班子成员。杨文起仍担任村委会主任，负责村里行政工作，张学通任村副主任，负责村里农业生产。张学芳任村委会委员，担任治保主任，负责治安；赵学娥任村委会委员，负责妇联工作、计划生育专职干部。

1996 年 1 月 30 日，对村委会成员分工做出调整，村副主任张广通负责企业、用电工作；治保主任韩清义负责村治安、精神文明建设工作。

1997 年 9 月，选举第三届村民委员会。

2000 年 5 月 6—28 日，进行第四届村委会选举。

2003 年 5 月，进行第五届村委会选举。

2006 年 6 月 8 日，召开第六届村委会换届选举大会。

2009 年 5 月，进行第七届村委会进行换届选举。

选举宣传标语（2018 年摄）

2012 年 7 月，进行第八届村委会换届选举。

2015 年 4 月，启动第九届村委会换届工作，经民主选举产生第 9 届村委会。换届后，对班子成员重新进行分工。

附：

2016年吴庄子村举行镇人大代表选举

2016年，吴庄子村按照选举程序和选举时间开展区和精武镇人大代表换届选举。村委会悬挂布标、发放宣传材料，利用电子屏开展宣传。组织推选候选人，填写相关表格，对候选人进行严格审查，做好各个程序的公示。11月1日，正式投票选举，全村746名选民参加投票，选出西青区精武镇第十八届人民大会代表2名，选出西青区精武镇第十八届人民代表3名。

二、民主法治建设

（一）社会治安综合治理

五六十年代，村利用土广播、黑板报、张贴标语、集训、召开会议等形式，广泛宣传贯彻《中华人民共和国婚姻法》《中华人民共和国宪法》等重要法律，促进村民树立基本民主法律意识，男女平等、婚姻自主、尊老爱幼、家庭和睦的社会新风开始形成。

法律知识讲座和咨询（2017年摄）

八九十年代，相继开展“一五”“二五”“三五”普法教育。根据村经济的发展和治安形势，建立健全村治保、民事调解委员会。

1993年，积极调解民事纠纷，防止多起可能激化的矛盾。

1994 年，全年未发生刑事案件和治安案件。吴庄子村成为精武镇社会治安“四无村”（无刑事案件、无两劳人员、无灾害事故、无计划案件村）。

1994—1997 年，村委会与村民签订创建遵纪守法户协议。遵纪守法户的条件是：不拖欠承包费、不聚众赌博，不偷盗，不搞封建迷信、不穿重孝办丧事、不虐待老人打闹邻里，不奢办婚事，不违反计划生育政策，不出现适龄子女中途退学，不出现违法犯罪行为。

1996 年，村党支部、村委会坚持依法治村，建立常年不间断的巡逻队伍，利用广播、闭路电视向村民播放有关法治教育的节目，讲法律知识，使群众知法懂法守法，全年无一起刑事案件发生，无民事纠纷激化转为刑事案件。全村治安秩序良好。全村 182 户，其中有遵纪守法户 126 户，占 70% 以上，文明户 52 户，占 28.5%。

1997 年，村两委会把综治工作摆在重要位置，调动全体村民参加社会治安的积极性，全村干部群众都能把维护全村的稳定当成义不容辞的责任。建立一支机警、过硬、公正的治安队伍，白天有治安片长巡逻，夜晚有巡逻队员值班，每日进行记录。一旦发现可疑人员及时调查，对村里的暂住人口实行量化管理，做到来有登记，走有注销。全年未发生一起刑事和民事案件。

1998 年，利用广播、电视、板报、标语等形式进行法律宣传，在村内形成学法懂法依法办事的氛围。全年无重大刑事案件，遵纪守法户 160 户，占全村总数的百分之 98.7%。

1998 年，村治安巡逻队员增加一名治安片长，增加一名巡逻队员，巡逻队全部着装。佩戴对讲机，配备各种器械。全年无刑事案件、无流动人口犯罪，无非法游行、聚众闹事及其群体上访事件，社会治安综合治理组织和机构健全，群众安全感强，被评为 1998 年精武镇安全示范村。

2000 年 6 月，村民韩清义在“三五”普法依法治理工作中，被区委、区政府评为学法用法先进个人。

2001 年 2 月，韩清义被区委、区政府评为社会治安综合治理模范治保主任。

是年，西青区精武镇综合工作中心吴庄子村工作室正式挂牌。

2005 年，吴庄子村被南河镇党委、镇政府授予 2004 年度社会治安综合治理先进单位。被天津市依法治市领导小组评为民主法治示范村。

民主法治示范村（2005 年摄）

综治先进集体奖牌（2009 年摄）

2007 年 1 月，吴庄子村被市政府授予“天津市 2003 年至 2006 年人民调解工作先进集体”。杨文起被区委、区政府评为先进工作者。11 月，吴庄子村被天津市依法治市领导小组评为 2007 年度天津市民主法治村。

是年，吴庄子村被镇党委、镇政府授予 2005 年度、2006 年度社会治安综合管理全优达标村。

2008 年，加大村的管理力度，加强巡逻队、监控室、门卫管理，加大对村的安全管理，完善巡逻制度，对流动人口进行统计排查，完善进村口防护设施。被天津市社会治安综合治理委员会授予“2007—2008 年度平安示范村”。

2009 年 1 月，吴庄子村被中共天津市西青区委员会、天津市西青区镇党委授予“2007—2008 年社会治安综合治理先进集体”。韩清义被南河镇党委、镇政府评为社会治安综合治理工作先进工作者。

2011—2012 年，村两委把综治工作纳入全村社会发展和精神文明建设总体规划和年度计划，实现“五个到位”：即“思想认识到位、‘一把手’工程落实到位、综治网络队伍到位、责任落实到位、经费保障到位”。发挥服务站维稳作用，接待涉及水、电、交通、环境和村民待遇等方面的来访 35 件次。服务站化解各类矛盾 26 件次，调处率达 100%。组建 20 人“平安天津”志愿者队伍，以矛盾排查化解、治安巡逻、宣传为己任，积极参与各项活动。创建无毒社区和无邪教社区，与村民签订家庭拒绝邪教承诺卡 600 余

2017 年，举办法律知识讲座

份，在人员聚集区域设立“一墙一窗”，张贴宣传画、悬挂布标。采取村居与企业并行管理机制，完善流动人口管理与服务。与100余户房屋出租户主签订《房屋出租治安责任保证书》，建立流入人口台账、流动人口个人资料信息库，开展法治宣传活动8次，发放宣传资料800余份，在村内明显位置张贴警示宣传画、警情通知、科普知识等。利用村民代表、党员大会对居民进行法治教育，每季度对村综治工作人员、巡逻队进行一次培训。村两委班子成员担任矛盾纠纷排查调处员，化解矛盾纠纷11件，成功解决11件。村委会每年投入相关经费用于巡控设施、技防、人员配备等。组建以6名巡逻队员为主、10余名治安片长、志愿者队伍为辅的巡控队伍，以村住宅区和工业园区为巡逻重点，进行24小时巡逻，治安刑事发案同比下降20%，营造和谐稳定的社会环境。

2015年，针对社区外来人口多、流动性大的特点，村两委协商小区物业成立社区巡逻队，将安全教育内容纳入日常学习范围，让村民加强防范意识，做好解教人员的帮扶工作，保证村里和谐稳定。

2016年，在镇司法所进行工程招标

2016年12月，高兰英等三人在精武镇妇联、团委和工会举办的“学法律法规，做守法公民”普法知识竞赛中获得二等奖。

2017年10月19日始，村领导小组组织志愿者到村（居民）家庭，利用五天时间，清查清缴非法枪支弹药、签订《不非法存放持有枪支弹药承诺书》活动，有650户签订承诺书。11月10日，村邀请桑榆律师事务所律师为村民举办有关民间借贷借条、利息及实效等法律知识讲座和法律咨询活动，有30名多村民参加。

附：

吴庄子村遵纪守法户条件

1. 不拖欠承包费。2. 不聚众赌博。3. 不偷盗行窃。4. 不搞封建迷信，不穿重孝办丧事。5. 不虐待老人，打闹邻里，大办婚事。6. 不违反计划生育政策。7. 不出现适龄子女中途退学。8. 不出现违法犯罪行为。

（二）民主决策

80 年代，村委会依法建立后，实行村民自治，民主决策权利逐步得以恢复。

90 年代，由党员、村民组成的村民议事会、党员议事会、监评小组相继成立，制定议事规则，依据《中华人民共和国村民委员会组织法》推行村民代表会议决策制度。

21 世纪初，根据村实际情况推行“六步民主决策法”。其步骤如下：根据实际提议，党支部在班子会议上提出议案；召开党支部、村委会联席会议对议案进行研究讨论，统一思想、形成初步方案（草案）；将初步方案交包村指导员审核把关，把关后的材料由党支部负责形成书面材料上报镇党委审查，审查后镇党委给出指导意见；党支部召开党员大会，对镇党委审查后的初步方案对照审核意见进行讨论审议，补充完善形成审议意见；村委会召开村民代表大会、两委班子成员参加会议，对党员大会的审议意见进行复议，复议后进行表决，形成表决意见，并签字；对决议事项和办理结果通过公开栏等形式向全体村民进行公示，同时公示监督电话、公示时间不少于三天。对于涉及土地规划利用、集体资产处置、集体企业改制、工程承包、班子改选等重点工作必须严格按照“六步民主决策法”一事一案不走样子，确保群众对每项工作的知情权、决策权和监督权。

2014 年，按照《村级重大事项六步决策法实施流程及备案表》，组织村民对“精武镇示范小城镇吴庄子村宅基地换房方案”进行民主决策。10 月 30 日召开村党支部会议，支部成员同意该方案，然后将该方案提交村两委联席会议研究。10 月 30 日召开村两委联席会议，两委班子成员全部同意该方案，形成初步意见后，将该方案提交镇党委政府审核把关。11 月 26 日召开全体党员大会，28 名党员同意该方案（3 人反对），由于同意人数超过实到人数的一半，10 月 26 日将该方案提交村民代表会议审议。10 月 26 日召开村民会议，经表决 16 名村民代表同意（1 人反对），由于同意人数超过实到会人数的一半，最后形成决议。

2016 年，严格执行重大事项“六步决策”法，村内重大事项，严格按照程序依法依规执行，决策程序民主化，村里对研究决定事项，首先由村两委会提出方案，再召开村民代表会议进行民主决策。

（三）民主监督

2005 年，吴庄子村被西青区村务公开民主管理工作领导小组办公室批准，正式成立村务监督委员会。

村务公开触摸屏（2014 年摄）

2009 年始，成立以支部委员为组长、村民代表和党员代表为成员的民主管理监督小组，对实施过程和公开情况进行全程监督；成立以退休老干部为组长，由村民代表、群众代表组成的民主理财小组，每季度对全村的经济运行、财务收支情况进行审查和监督，对于村里的投资项目提出合理化意见和建议，对两委班子工作进行监督。

2012 年，村财务交镇“三资办”统一管理，对村集体资金使用实行双层管理，支付工程款没有合同及正式票据、购物开收据、下发钱款表格随便在后边加减都会遭到拒付，体现对干部、老百姓的高度负责精神。

2014 年始，村务监督由物质建设领域向政治及精神文化生活领域延伸，建立综合服务站，为村民提供一站式服务，随时接待村民的来访，帮助办理相关的问题。

村务公开栏（2016 年摄）

2016年，强化监督，村民代表会议民主决策的事情，由村委会在规定的时间内，向村民如实公开，接受村民的监督。年终开展民主评议活动，组织全村党员、村民代表、村务公开监督小组成员对村两委会班子成员进行评议，根据评议结果，进行批评和自我批评，对群众意见较多的限期改正。村两委班子坚持党员议事会和村民代表议事会制度，在财务收支、基建工程、土地出租出让等方面做到上墙公开，主动接受群众监督，做到群众明白，干部清白。

三、拥军优属　助孤

（一）拥军优属

新中国成立前，吴庄子村的拥军优属工作由党的地下组织负责，新中国成立后由镇党委管理。

新中国成立初期，每年建军节和春节，均组织慰问烈军属和复转军人及现役军人家属，征求意见，帮助解决实际困难。发动群众为烈军属做好事，搞卫生，贴春联、挂光荣灯，送年画等，帮助军属为部队亲人写信，介绍家中生活生产情况，鼓励战士安心服役。

1952年土改运动中，分土地和房屋优先考虑军属。

1953年，村成立互助组后，烈属的土地由互助组代耕。

1956年，村建立高级社，烈军属享受优待工分儿，军属工分高于中等劳力，烈属工分高于军属优待的百分之十。

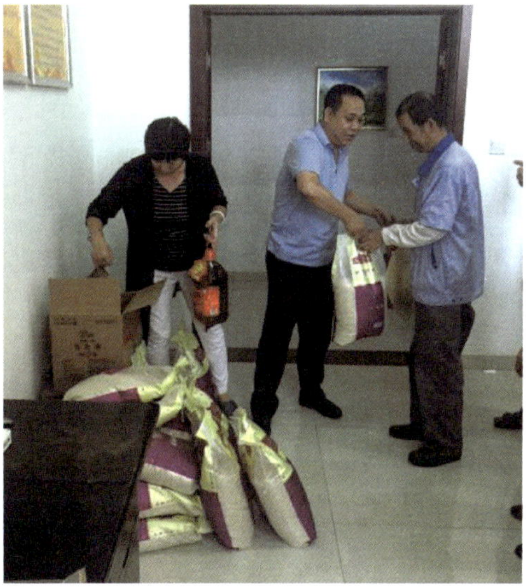

村干部慰问退伍军人（2017年摄）

七八十年代，对低于当地生活水平的烈军属由生产队补助劳动日和粮食，使其达到中等生活水平，对生活有困难的复退军人，给予临时性补助。党支部非常重视复退军人的成长。

1991年，每年按同等劳力收入的百分之七十补贴军属，烈属的补贴比军属高百分之十。

1993年，对复退军人、军属实行三优政策，优先报批批房基地，优先为军属安排工作，现役军人退伍后优先安置，年终发放补助及发食品、挂历等。村有

2018 年 2 月 6 日，召开退伍军人座谈会及进行慰问

现役军人两名，每人补贴两千元。随着经济的不断增长，优抚救济力度不断加强。

1999 年，对复转退军人安置做到人尽其才，才尽其用，一批复退军人成为镇村企业的骨干力量。

进入 21 世纪，村拥军优属工作进入常态化。

2017 年 3 月，镇民政部门召开退役士兵排查工作部署会后，村工作人员张贴退役人员登记通知。确认全村有退役人员 23 人，其中困难退役士兵 1 人。2017 年 4 月 1 名退役士兵死亡。5 月 8 日，村退役人员进行登记。将退役 22 人的信息上交民政部门。8 月 1 日，组织部分退役军人和现役军人家属观看习近平总书记建军 90 周年大阅兵，并对 22 名退役军人及 2 名现役军人家属进行慰问，发放油和大米。

（二）孤寡老人赡养

1953 年始，村对孤寡老人进行照顾。

1958 年人民公社成立后，吴庄子村建立敬老院，入院老人生活水平略高于村民。

1959—1961 年自然灾害时期，敬老院解散，村为赡养无儿无女无依无靠的老年人，实行“保吃、保穿、保住、保医、保葬”的“五保”制度。

70 年代初，村建立民政组，负责五保户供养等工作，孤寡老人的生活费由村供给，四季衣服由区民政局添置。

80 年代，实行联产承包责任制后，采取集体管理、分散供养的方式供养五保老人。村里除负责供应粮食蔬菜外，每月发给五保老人 30 元零花钱。

1994 年，镇建敬老院，村张洪树、杨文起、张学明 3 三人捐款。

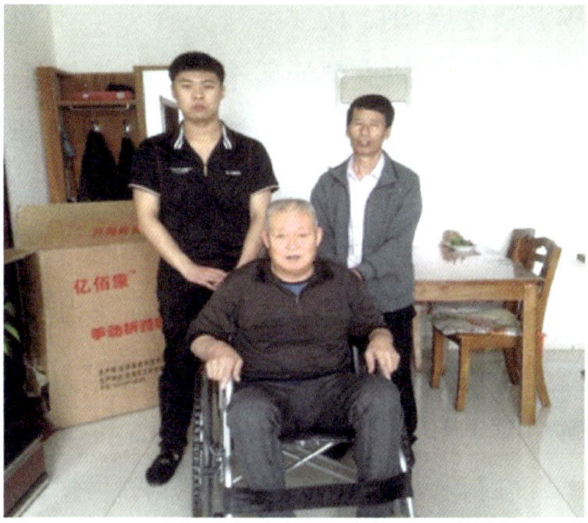

党员给困难残疾村民送轮椅（2017 年摄）

2017 年，村委会按照六步决策法，为村 60 周岁以下农业户口村民发放一次性福利补贴每人 7600 元，60 周岁以上农业户口老人每人发放 8800 元。全村 60 周岁以上农业户口老人 166 人，共发放 317 万余元。春节前夕，开展慰问困难党员和困难群众活动，共慰问困难党员和困难群众 74 人，发放慰问金 4.05 万元。

第三节　群众组织

一、共青团

（一）组织

80 年代前，村团组织情况无载。

1980 年 2 月，团支部换届，经全体团员选举，韩俊山任村团支部书记，刘振忠任团支部委员，兼任组织委员；杨文起任团支部委员兼任宣传委员。

1981 年 1 月，全村有青年 74 人，有团员 22 人，有团小组 2 个，年内，新发展团员 12 人。年内，团职总部成立青年突击队，植树 2500 棵，育树苗 0.02 公顷。

1987 年 1 月，团支部换届，张学颖任书记，陈洪兰、张国琴、王明慧任团支部委员。

1990 年，团支部换届，张学颖任书记。全村有青年 85 人，有团员 34 人。年内，新发展团员 12 人。

2015 年团支部换届选举，张学伟任支部书记，刘颖、张国峰任支部委员。

2018 年团支部进行换届选举，支部委员张杰（专职专选）任支部书记，张学伟、吕美杰任委员。

（二）团支部工作

新中国成立初期，团组织在党领导下围绕中心工作，配合妇联和民兵组织，极力开展适合青年特点的活动，组织青年成立秧歌队、小型剧团，唱评剧、演话剧，宣传党的政策，开展业余文化活动。

在抗美援朝运动中，动员青年参军参战，捐资捐物，用搞好生产的实际行动支援抗美援朝。

在社会主义建设时期，村开展评选社会主义建设积极分子的活动，改土治碱，深翻土地，培育丰产田。1963 年毛泽东发出向雷锋学习的号召后，共青团开展以雷锋为榜样，为群众做好事，为五保户挑水，洗衣做饭，在村内修建青年路，营造青年林。

“文化大革命”期间，团组织停止活动。

1970 年，开展整团建团工作，团组织生活得以恢复。

中共十一届三中全会以后，团工作重点转移到带领青年投身到建设社会主义现代化建设方面来，村团支部坚持培养有理想、有道德、有文化、有素质的“四有新人”和复合型农村青年人才，带领团员青年解放思想，实事求是，勤奋学习，自强自立，在加强改革开放和现代化建设实践中建功立业。组织团员青年踊跃投入“争当新长征突击手”“学雷锋树新风”“五讲四美三热爱”“赞祖国，化改革，颂家乡”“津兰杯读书竞赛”“为希望工程募捐”等一系列主题活动，使青年团员的情操在各项活动中得到陶冶。每年五四青年节期间，开展丰富多彩的纪念活动，表彰先进个人和集体。建立“青年之家”，配备文体活动设施，经常开展有益于青年身心健康的活动。围绕经济建设培养农村星火带头人，组织实用技术培训，推广实用技术，工业战线上开展小发明、小创造、小革新、小改造、小制作“五小”活动。

1990 年 4 月，村团支部在开展学雷锋活动中，组织团员植树 500 余棵，开展街道清扫，组织团员为军烈属做好事，军烈属盖房时缺少人的情况下帮助军烈属倒炉灰，给军烈属送温暖，送慰问信、慰问品，受到领导及群众的好评。

1992 年始，建立学党章小组，组织团员青年利用业余时间定期开展学党章活动，引导团员青年积极向党组织靠拢。

1993 年，开展“热爱家乡、建设家乡、争当新长征突击手”活动，全村团员青年积极参加，为村经济社会发展做出贡献。

1997 年，坚持学党章小组学习活动，为党组织壮大提供资源保证，不断加强团员青年思想政治工作，加强团组织建设，带领团员青年为村经济社会建设发挥生力军作用。

2000 年，以党支部为核心，配合党的中心工作任务，干好本职工作。组织团员青年参加学党章小组活动，以优良传统教育为主线开展系列教育活动。

2007 年 10 月，村团支部书记韩清义参加西青区第九届农村青年干部培训。

2012 年，张学伟被团西青区委评为西青区优秀共青团干部。

二、妇代会

1949 年天津解放后，村成立妇代会。开展宣传教育破除封建迷信，提倡男女平等活动，动员妇女参加社会工作，积极参加社会活动，配合青年团民兵组织，扭秧歌演话剧，为解放军做军鞋，支援大军南下，在抗美援朝运动中妇女们省吃俭用，每天节省一把米，捐献爱国款，购买飞机大炮。

在土地改革和合作化运动中，村妇女也发挥重要作用。在社会主义建设时期，全镇妇女掀起夺高产的新高潮。

“文化大革命”开始后，村妇女组织停止活动。

70 年代，村妇代会主要开展“晚婚晚育”“殡葬改革”“五破五立”（破贪图安逸、不求上进思想，立艰苦奋斗、继续革命思想；破自卑自溺思想，立妇女能顶半边

发放创文宣传品（2018 年摄）

天思想；破等级观念，立全心全意为人民服务思想；破雇佣观念，立主人翁思想；破旧风俗，立新风尚）等宣传教育活动，妇女劳动保护、妇幼保健工作得到重视，推进妇女健康检查，在学大寨运动中，和男社员一同挑沟、挖河、抢“三夏”，战“三秋”。

80 年代，将提高自身素质、参政议政建设列为重点工作，开展争创“五好”妇代会、创建“五好”家庭系列活动，组织一年一度的“三八”健康杯竞赛，于教育于活动之中，开展“普及科学育儿知识”“争当合格家长”“优生优育优教”活动。号召妇女走劳动致富之路，鼓励多种经营，开展“养殖、种植、家庭手工”竞赛，争当“女状元”。社会主义现代化建设的新时期，妇女工作重新活跃起来，围绕经济建设发动妇女开展竞赛活动。

1981 年起，开展五好家庭评比活动。

1990 年，妇联工作紧密配合两个文明建设，组织妇女积极开展“四自”（自尊、自重、自爱、自强）和争创五好家庭活动，在村经济发展和精神文明建设中发挥半边天作用。在评选文明家庭工作中走在前头，结合村“八五”规划提出的总任务，对妇女进行政治思想教育，利用广播、标语、黑板报等形式激励妇女积极参加“双学双比”“双增双节”活动，努力学科学，用科学，争当“三八红旗手”，教育好自己的子女，争当尊老爱幼模范，争创五好家庭等活动，做“四有”新人。结合“社教”，为五保户、军属户擦玻璃，搞卫生，干零活，协助检查身体，治病送药。涌现出一批乡级“三八红旗手”，被评选为区级“十佳美好家庭”代表，村妇代会被评为乡级“五好妇代会”。

2018 年 3 月，参加镇编织竞赛

1997—1999 年，继续开展“双学双比”和文明家庭创建评选活动。适时为妇女做健康检查，组织秧歌队，活跃村民的业余文化生活，减少家庭矛盾的发生。

2000—2005 年，组织妇女开展破除封建迷信活动，进行家庭和睦、邻里团结教育，教育广大妇女争做家庭的新主妇、社会主义的新女性，开展创评文明家庭活动。树立典型，弘扬新风尚。选出“好婆婆”“好儿媳”，计划生育先进个人，以公开栏进行表彰。

2009 年，积极组织妇女参加各项技能培训，再就业培训，为村民提供就业信息和岗位介绍，组织妇女参加各种演出、比赛以及体育健身活动，向妇女宣传法律法规及卫生知识。

2018 年 3 月 29 日，组织学法守法读书活动

2015 年，组织妇女参加西青区巾帼家政、手工编织职业技能竞赛。

2016 年 11 月 9 日，国兴佳园社区妇联联合盛兴佳园社区开展“学法律法规做守法公民”为主题的普法知识竞赛。活动由国兴佳园社区及吴庄子、王庄子、大卷子和陈台子村工作人员和部分青年团员参与，竞赛知识涉及《中华人民共和国宪法》《中华人民共和国反家庭暴力法》《中华人民共和国妇女权益保护法》《女职工特殊劳动保护条例》《中华人民共和国未成年人保护法》《天津市未成年人保护条例》等法律法规。

2017 年 7 月 30 日，在国兴佳园小广场开展“我身边最美家庭”家风巡讲活动。

2017 年 7 月 30 日，举行家风巡讲活动

三、民兵

（一）组织

1944 年 10 月，中共津南工作委员会派张良为组长的第七工作组首先在吴庄子、王兰庄、辛院一带村庄建立秘密民兵组织，吴庄子有民兵 7 人。

1949 年 3 月，随着村政权的建立，村扩大民兵组织，凡年满 18～35 岁，政治可靠、身体健康的男性公民均参加。1958 年，中共中央发出“全民皆兵，大办民兵师”号召，公社组建民兵师，吴庄子大队（村）建连，生产队建排，按照每班 8～12 人，4 个班编 1 连，4 个连为 1 个营的“四四”编制，60 岁以下男女公民皆为兵员，生产队改称连队，实行生产军事化管理。

1961 年，村民队改建为民兵营。1972 年，恢复民兵连建制。1975 年，复建民兵营。

21 世纪，村保持有民兵连建制。

（二）民兵训练

1944 年抗日战争后期，村秘密民兵组织与武工队一起挖地道，负责放哨警戒任务。解放天津战役中，参加支前工作。

新中国成立初期，民兵利用麦场作为训练场地，以班排为单位每天早晚及农闲

2017 年，村民兵进行高射炮训练

时间进行训练，区乡武装部每年组织多次民兵军事训练。1990—1999 年，加强连队组织建设和班子建设，整顿队伍。挑选精干人员组建村巡逻小分队、防汛抢险分队。开展“三热爱”教育活动，积极参加“社教”；进行国防教育，组织参加党史知识，不断提高民兵思想政治素质，坚定社会主义信念；常年开展拥军优属活动，组织民兵到军属、五保户、困难户进行慰问服务，学雷锋小组长期兼职上门义务服务；坚持各种正常的军事技能训练及实弹射击等活动，并取得良好成绩，巡逻小分队常年坚持夜间巡逻，维护社会稳定，保障村民财产安全；年年保质保量完成征兵和民兵预备役组织工作。

21 世纪，村每年积极做好新兵入伍的宣传教育，动员适龄青年积极报名参军，报效祖国。进行民兵组织编修工作，进行常规训练。

四、其他组织

（一）贫下中农协会

1949 年，村建立农民协会（简称农会），领导农民斗地主分田地，建党建政以后，农会的作用逐渐被党政民兵妇联等组织代替，村中农会自行消失。

60 年代前期，村社会主义教育运动后期，在“四清”工作队领导下，经贫下中农选举成立大队（村）贫下中农协会，作为党支部的主要助手，成为“四清”运动主要依靠力量。

“文化大革命”期间，村重新组织农民代表大会。农代会在各造反组织大联合的基础上组成，一般为五至七人。1968 年，贫下中农管理学校，村小学派驻有“贫下中农毛泽东思想宣传队”代表，管理学校达 9 年。

1978 年中共十一届三中全会后，贫代会及“贫下中农毛泽东思想宣传队”自动停止活动。

（二）工会

1993 年，村筹建工会组织自，在基层工厂发展会员。1995 年，工会组织围绕经济建设中心，开展“八五立功”技术竞赛比武，为企业献计献策和为职工送温暖活动，调动职工的生产积极性，为企业的发展做贡献。

2011 年 2 月，村工会在三级联创活动中被区总工会授予先进村（园区）工会。高兰英被评为精武镇 2016 年度优秀工会干部。

2016 年，村工会被评为精武镇 2015 年度优秀区域职代会组织单位。

2017 年 10 月 25 日，参加精武镇职工大讲堂活动

2017 年，村工会被评为 2017 年度精武镇度优秀区域职代会组织单位。高兰英被评为 2017 年度精武镇优秀工会干部。

（三）村务监督委员会

1990 年，村综合治理理事会成立，由 5 名成员组成，经民主选举产生，成为村务监督委员会的最早组织形式。

2012 年村务监督委员会换届选举，经民主选举产生主任张学伟，成员张学振、吕宪堂。

2015 年村务监督委员会换届选举，经民主选举产生主任王福喜，成员张学振、吕宪堂。

（四）白事理事会

2008 年成立，由 11 人组成。

第七章　新农村建设

80 年代始，吴庄子村开始社会主义新农村建设，历经国兴佳园住宅小区及村街道路、供热供气和涉及教育、文化、卫生、体育等民生设施建设。坚持物质文明、精神文明一起抓，先后开展文明村、小康村、全国文明城区、卫生城区等创建活动。通过开展“三讲三爱”“社会主义思想教育”“培育践行社会主义核心价值观”“双户评选”“争先创优”等活动，对村民长期进行思想道德教育，学雷锋志愿者服务队、党员志愿服务队在村域内长期开展活动。开展文艺联欢、消夏晚会、秧歌展演、梨园文化节、系列读书、关注健康讲座、室内趣味运动会、球赛等多种形式文体活动，培育健康向上的文化氛围，文明新风范层出不穷。村庄多次获得区级文明村、区级“文明村十个一创建活动先进集体”、市级明星小康村等称号。多个家庭被评为区、镇级“文明家庭”“最美家庭”，多名党员被评为区、镇级“优秀党员”，支部书记杨文起被评为“五一劳动奖章”获得者和天津市劳动模范称号。

国兴佳园美景（2017 年摄）

第一节 民居变迁

一、住房演变

解放前，民房多为土木结构，建筑材料多为土坯。住宅格局一般为正房 3 间，加上东西配房共 5 间。每间房长约 4 米、宽 3.3 米、高 4 米。屋顶用芦苇或秫秸扎成把子，上面用几层泥敷住，属茅屋草舍阶段。

解放初期，村住房与周围村庄一样，普遍低矮破旧。民居仍采用土木结构，只是门窗形状随着玻璃的广泛使用发生变化，50 年代中期，由完全纸糊的百眼窗改为上半部可以开关、下半部安装玻璃。室内门改为上半部分安装玻璃的双扇或者单扇避风门。庭院大门没有大的变化。

60 年代，出现土、砖、木混合结构的房屋，房基用砖砌七至十一层不等，上面敷一层油毡或者三至四寸的苇草，中间用土坯筑墙，上部用三层红砖封檐子，有的在顶部挂上瓦，被称作“穿鞋戴帽儿”。室内已开始使用大白粉刷，或粘贴各色花纸进行装饰。

70 年代，民居的建筑材料、建筑结构都发生明显变化，多推倒原来的土坯房，建起新型砖房，布局仍沿用传统的“一明两暗”，正房三间或者四间，坐北朝南，堂屋做饭，火炕取暖。东西配房放置杂物，废除传统的“百眼窗”，改用各式的玻璃门窗，建筑材料改为砖混结构，或用水泥檩子，或用木檩。后出现平顶房，即屋顶不出现屋脊，不用檩，而是用水泥预制的空心板或马槽板，再用白灰和炉灰砸顶子，或用水泥磨顶。室内墙壁用炉灰白灰和成浆打底，白灰膏加麻刀照面，再用内墙涂料涂刷。

80 年代中期，兴起地面装饰，一般用预制水泥水磨石地板砖，有条件的用天然有色大理石磨面地板砖铺砌。门窗有用木制双裁口或三裁口安装玻璃，或铝合金做框的玻璃门窗，居民对外墙也注重装修，对外墙粉刷涂料，或用水泥抹面断块、水冲石断块、小块儿瓷砖铺外墙等。民房格局已由过去单一型向多样型、综合性和实用性的方向发展，室内布局由单一居住型向舒适型、多功能型转变，装修款式追求新颖。

九十年代平房院落

九十年代民居

二、建楼迁居

（一）住宅楼建设

改革开放后，吴庄子村人利用得天独厚的地域优势，大力发展经济，成为精武镇收入较高的村之一，村民对住宅的要求越来越高。

进入21世纪，精武镇启动示范小城镇吴庄子村宅基地换房，开展住宅楼工程的规划设计及前期准备工作。村住宅楼建筑按照生态宜居理念，以“高起点规划、高标准建设、高效能管理”为原则，吸纳众多村庄先进设计经验，打造与社会主义新农村标准相衔接、与历史文化相融合的新型住宅小区，吴庄子村2014年12月实施“宅基地换房”政策，新建小区坐落在精武镇政府东侧的高层楼房——国兴佳园小区。

（二）动迁新居

2014年，村住宅楼全部建成后，10月25日，全体分房小组成员研究吴庄子村宅基地换房方案及楼房分配。26日，召开村民代表会议，应到会17人，实到17人，大会对《关于精武镇示范小城镇吴庄子村宅基地换房方案》的事项进行表决，经表决16人同意，1人反对，同意人数超过实际到会人数的一半，表决形成决议。30日，召开村党支部会议，应到3人，实到3人，经研究

国兴佳园住宅小区（2018年摄）

表决，全部同意《精武镇示范小城镇吴庄子村宅基地换房方案》，可以提交村两委联席会议研究。当日，召开村两委联席会议，经研究并表决该方案，两委成员全部同意。会议决定：（1）继续完善精武镇示范小城镇吴庄子村分房方案，（2）决定成立吴庄子村示范小城镇宅基地换房小组名单，组长杨文起，成员王福喜、张学伟、韩清义、张洪树、刘振忠、高兰英。形成初步意见后，将方案提交镇党委、镇政府审核把关。

同年11月25日，在村委会会议室召开村两委班子成员及分房小组成员会议，会议研究精武镇示范小城镇吴庄村宅基地换房方案，制定楼层分配奖励办法，讨论研究精武镇示范小城镇吴庄子村宅基地换房方案及奖励办法。经过讨论，最后定稿《精武镇示范小城镇吴庄村宅基地换房方案》和《奖励办法》。

2015年，讨论制定《吴庄子村分房方案（草案）》后，于8月13日入户征求意见，同意该草案的占71.5%。经过村民代表大会进行表决，确定该草案为最终分房方案。9月7日，分房小组公布村民住宅楼抓阄细则、抓阄人员名单。9月10—12日完成分房抓阄，村民住宅楼分配工作结束，全村90%以上人口全部迁居国兴佳园小区，村民住宅面积人均50平方米左右。从世代居住的传统村庄步入现代化花园式新村——国兴佳园，那靓丽时尚的住宅楼，宽敞洁净的通街大道、幽静宜人的林荫小路，葱翠欲滴的林苑花木以及配套齐全的文化中心、综合服务中心、中心花园、广播站等设施，提高村民的生活品位。

附：

《精武镇示范小城镇吴庄村宅基地换房方案》

为改善我村村民的居住环境，提高村民生活水平，依据《精武镇示范小城镇以宅基地换房指导意见》，结合我村实际情况制定本方案：

1. 按照目前现有农业村民住宅一户一宅的原则，对拥有宅基地合法证件的房屋，分配标准为每宅3间正房（包括配房）一个院置换1个偏单，每宅2间正房（包括配房）一个院交2万元置换1个偏单，每宅1间正房（包括配房）一个院交4万元置换一个偏单，偏单约90平方米（多不退，少不补）。农业人员（方案规定不享受的除外）每人可享受30平方米。

2. 有合法证件的房屋（违反一户一宅原则，建新房的，老房不享受），正房超过三间的每多出一间补偿2万元。

3. 农业户多宅的（有合法证件的房屋）每间正房补偿2万元。

4. 农业大龄无房男青年，在分房日年满20周岁（以身份证出生日期为准），交6万元享受偏单一套，约90平方米（多不退，少不补）。

5. 2005年4月8日至分房日本村男青年转非农业户口之前是农业户口并且年满20周岁（派出所户籍证明为准），有房户以房置换，无房户交6万元享受偏单一套，约90平方米（多不退，少不补）。

6. 非农业户口的村民在2005年4月8日以前所建住房，有合法手续符合一户一宅的原则，享受平房置换楼房待遇。

7. 非农业户口的村民在2005年4月8日以后所建住房不享受楼房置换待遇。

8. 离婚农业未改嫁的媳妇，本人除享受30平方米外，离婚满2周年（以离婚手续日期为准）男女双方都有房，并且房屋有合法手续，均享受房屋置换，离婚不满2周年的，与原配偶按一户对待。

9. 离婚农业户口未改嫁的媳妇，本人除享受30平方米外，无房户可允许购买平价房30平方米，一口人以上的不享受平价房待遇。

10. 离婚农业户口已改嫁的媳妇，如嫁外村农业户口的，户口未迁出的本人及子女不享受30平方米人口分房待遇，嫁给非农业户口（派出所户籍证明），户口无法迁出的，没房户本人除享受30平方米外，还可允许购买平价房30平方米，一口人以上的不享受购买平价房待遇，改嫁后又离婚未满2周年（以离婚手续日期为准）不享受分楼待遇。

11. 本村离婚的姑太太户口在本村，本人有合法手续的房屋（房屋继承、变更无效），并且在分房日离婚满2周年以上（以离婚手续日期为准）享受楼房置换，农业人员每人可享受30平方米，一口人无房的可享受平价房30平方米，一口人以上的不享受平价房待遇。

12. 本村招养老女婿的村民，必须有合法手续，并且男方户口已迁入本村的：农业招农业、农业招非农业，有房户以房置换，无房户需交6万元，享受置换一个偏单，约90平方米（多不退，少不补），农业人员每人可享受30平方米；非农业招非农业的，非农业招农业的，均不享受村内分房待遇。

13. 符合村招婿条件的户，如女儿均已结婚，并且户口已迁出本村，村不再接收招婿。

14. 本村农业户口的姑太太嫁到外村农业，户口没迁出的，本人及子女均不享受分房待遇；嫁到外村非农业户口无法迁出的（派出所户籍证明），本人除享受30平方米外，还可允许购买平价房30平方米，一口人以上的不享受购买平价房。

15. 房屋及名额买卖的：

（1）有合法手续。

①本村农业卖给本村农业，已过户的，村针对买方置换楼房，未过户的，买卖双方协商解决，解决不成买卖双方均不参加楼房置换。

②本村农业卖给本村非农业或本村以外的，买卖双方自行协商解决，协商不成的，买卖双方均不参加楼房置换，协商成的，卖方一宅的以房置换，卖方多宅的每间正房补偿2万元。

（2）私下买卖房屋的，一律视为无效。

16. 2007年1月1日（计划生育村民自治）以后计划外生育二胎及多胎的家庭，在交纳社会抚养费后持《征收社会抚养费案件结案报告》，计划外子女不享受人口30平方米分房待遇，家庭其他农业成员可享受分房待遇。

17. 参与楼房分配的户，在村范围内所有违章建筑及地上物全部无偿拆除，上交村委会土地承包费及租赁费的按合同执行。

18. 本镇内村民或居民只享受一次分房待遇（迁出村开具未享受分房待遇证明）。

19. 村民买卖转让平方米只能对本村村民，不能对外出售。

本方案最终解释权归吴庄子村宅基地换房小组。

附：

《吴庄子村国兴佳园宅基地换房协议书》

甲方：精武镇吴庄子村村民委员会

乙方：

双方经协商就国兴佳园住宅楼分配及拆除平房有关事宜达成协议如下：

一、甲方将吴庄子村国兴佳园村民住宅楼，经党员大会、村民代表大会决议，分配给乙方，乙方同意遵守分房方案，在签订本协议时必须将持有的集体土地建设用地使用证原件及本人身份证复印件，一份交付给甲方并签署承诺书。

二、乙方通过抓阄方式获得的楼房号为最后决定的楼房号，不得随便变更，乙方可分得楼房面积多少平方米具体房号以抓阄结果确定，楼房面积均以现状为准，双方不得再重新测量。

三、乙方在领取房号房门钥匙前，必须先与物业公司签订物业管理合同并交纳物业费，与供热部门签订供热合同，交齐当年的供热费，与煤气公司签订供气合同，与自来水公司签订供水合同，并交纳相关费用。

四、乙方拿走房屋钥匙后应与物业管理人员一起对房屋进行验收，并签署验收单，由物业公司统一保管，房间大小高低地面及室内装修均以现状为准，在验收中发现的有关质量问题，由乙方向物业公司提出，在保修期内由施工单位负责维修。质量保修期以国家相关规定为准，甲方不承担任何保修义务。

五、乙方必须认真执行物业管理合同。不得随意拆改房屋结构以及相关设施，如确需拆改的必须向物业公司提出书面申请，并在物业公司监督下进行施工，否则按违约处理，甲方有权责令乙方立即改正，并由乙方承担违约责任。

六、乙方必须加强对亲属子女的教育，应正确使用相关设施（包括电梯），如有人为损坏，应赔偿相应损失。

七、乙方应严格执行物业公司制定的车辆停放等方面的规定，并接受物业公司管理人员的管理。积极维护公共秩序。

八、乙方应爱护公共设施，自觉遵守村民村规民约，积极协助物业管理机构加强对公共设施的管理和维护，并监督物业管理机构认真履行物业管理职责，自觉维护公共安全。

九、乙方应在拿到楼房钥匙后于2015年2月15日前，将村范围内属于乙方的一切地上物自行拆除，经村验收合格后多房户可以领取多房补贴，农业人员每人可领取5000元安家费，不按时拆除的村委会强行拆除，后果自负。

十、违反物业管理规定造成后果的，应按物业管理合同承担违约责任，造成损失的由乙方按价赔偿。

十一、故意违约，不拆除平房的，甲方有权冻结一切楼房手续，不予办理楼房的产权登记和房产证，并停发村口粮田补贴。

十二、上述协议由双方自愿达成并应严格履行。

十三、本协议正本一式两份，经双方签字盖章后即生效。

2014年12月2日

附：

《奖励办法》

吴庄子村党支部、村分房小组根据村制定的协议，共同研究决定：对以下四种情况人员给予奖励，办法如下：一、农村大龄男青年未建房奖励6万元，二、农业户口招婿未建房的，奖励6万元。三、二间正房的奖励2万元，一间正房的户奖励4万元。四、2005年4月8日至分房日，转非农业户口之前是农业户口并且年满20周岁的男青年（派出所证明），未建房的奖励6万元。

2014年11月27日，在村公示分楼方案及其一号公告。

第二节 创建活动

一、小康村建设

90年代始，村开展小康村建设，成立小康村建设领导小组，制定建设小康村规划，坚持物质文明与精神文明一起抓，大力发展集体经济。健全完善农业社会化服务体系，不断提升生产服务功能，增加农民收入，使村民物质生活水平不断提高，1995年人均纯收入达到2341元。

在小康村建设中，两委班子加强精神文明建设，注重提升村民精神文化生活品质，全村村民文化生活服务支出占生活消费支出的15%以上。发挥村广播站、闭路电视等宣传阵地作用，及时转播区乡节目，配合党支部中心工作搞好宣传。利用青年之家、老年人活动室等场地，开展经常性的文体活动。团支部、妇联、民兵连等群众组织发挥各自的作用，定期组织体育竞赛、棋类比赛、文艺联欢等活动。持久广泛开展文明户创建评比活动，文明家庭达到全村总户数的20%。提倡优良村风家风传承，不断提高村民素质，村内无聚众赌博和不赡养老人现象，婚丧嫁娶坚持简办，无封建迷信和土葬现象。坚持九年制义务教育，并开辟儿童学前教育领域，90年代投资兴建育红班，在小学校内增设学前班课程，每年招收适龄儿童接受学前教育，中小学入学率、巩固率、毕业合格率均达到标准。组织村民参加对口培训班，有多名农民获得技术员绿色证书。计划生育全面达标，连续多年被评为区、镇先进单位。村庄环境得到改善，着手制定新村规划。新修外环线进村道及下水道，整修排水管道，垒花墙，改造村西低压线路，修建纸箱厂临街围墙，村中主要街道全部铺设水泥、柏油路面。对村民私搭乱建现象进行整治，村中街道胡同整洁，在村中心广场设立自由市场，将闲散摊贩全部集中到市场。投资数十万元引进室内自来水，自来水全部入户，下水道基本入户，给排水设施完善。组成专业卫生清洁队，负责清扫街道，实行全天工作制。村庄外设有固定的积肥场、柴草堆放场、建材堆放场、大型车辆存放场。

积极发展公益事业，村甲级卫生保健站做到村民小病不出村，大病不误诊，负责适龄儿童的计划免疫工作及计划生育结扎的术后管理，村每年拨款补助村民的医疗费用。做到老有所养，灾有所偿，残有所助，难有所帮，病有所医，军有所优。孤老户均能享受“五保”待遇，现役军人享受村农业村民福利待遇和年节补助。村内综合治理、计划生育协会、治保会、调委会、治安巡逻队等组织健全，及时调解民事纠纷，发挥各部门的职能作用，使村治安秩序保持良好态势，全村遵纪守法户占全村总户数的90%。1994 年，吴庄子村跨入市级明星小康村行列。

二、文明村创建

80 年代始，村两委会坚持物质文明、精神文明一起抓，以抓好宣传为先导，大队设立广播站，配备专职广播员、通讯报道员，每天坚持播出；设立黑板报，每月刊出2 期，宣传中共中央大政方针及各级政府相关政策法规，进行法制教育，表彰好人好事；进行青少年教育，充分发挥团支部治保会作用，建设青年活动站并设立图书室，组织开展青少年各种健康有益活动，用社会主义思想新道德占领农村阵地；充分发挥妇联及调解组织作用，组织群众争当“五好家庭”“文明家庭”“遵纪守法户”，开展“五讲四美、三热爱”宣传教育活动，使社会主义法治观念逐步深入人心。

1989 年，集体投资整治村容村貌，修了一条 1050 平方米的柏油路。街道平整干净，每天有一名专职人员清扫，村里公路两侧一米外不准堆放杂物，胡同里有专门的堆放点，用于放置垃圾和粪便，修建大队党员活动室、育红班、计划生育办公室、民兵连和红医站。

90 年代，加强创建文明村宣传网络建设，组织党员包户；村委会及所属村民小组、治保会、调委会负责村容村貌、环境卫生、社会治安综合治理等方面的宣传工作及相关任务的落实；村妇联负责企业宣传员、计划生育专职干部、计生协会等组织，面向企业职工、育龄妇女、全体村民的宣传教育；团支部负责组织团员、青年利用闭路电视、广播、板报等抓好面向全体村民的宣传，持续宣传公民基本道德规范及做文明市民等内容，使村民自觉遵守文明守则。不断改善村居环境，改造街道，投资兴建各种公共设施，加强村容村貌治理。建立健全综合治理组织，维护社会秩序稳定，建造安全稳定和谐生活环境。持续推进移风易俗，订立相关制度，并将其纳入村规民约，发挥红白理事会作用，为村民提供婚丧嫁娶服务，提倡婚丧事简办，狠刹奢靡之风。倡导邻里互助，开展济贫扶困、拥军优属、尊老助孤等新风尚。村两委一直保持在重要节日召开复退军人军属座谈会，深入到孤老户、高寿老人家里慰问。

消防安全知识学习（2016年摄）

1994年，村委会与全体村民签订创建文明家庭户协议。1998年，全村文明户达58户，占全村220户的26.4%。

21世纪初，村民搬进现代化花园小区后，村居环境焕然一新，与大都市融为一体。为使村民尽快适应新环境，村两委会把抓好村民整体素质提升作为文明村建设的重点，开展以《公民道德建设实施纲要》为主要内容的讲文明、守纪律、有礼貌的社会公德教育，讲诚信、守信用的职业道德教育和讲和谐、勤致富的家庭美德教育。通过墙报、板报、宣传栏、政务公开栏等形式，宣传社会主义荣辱观、公民基本道德规范、社会公德、职业道德、家庭美德、文明礼仪，宣传村内爱岗敬业、尊老爱幼、邻里互助、乐于助人等先进典型，通过宣传教育不断提高和引导村民养成文明、健康、科学的生活方式和良好的文明素质。从自己做起、从家庭做起、从不良行为习惯改起，自觉维护公共环境卫生，模范遵守城乡环境综合治理的各项要求，不乱扔垃圾、不乱停乱放车辆、不随地吐痰，努力培养文明、健康、有序的生活习惯，创优美环境、做文明市民。在春节、元宵节、清明节、端午节、中秋节、重阳节等中华民族传统节日期间，开展系列宣传教育和庆祝活动，以节日文体活动、读书活动、民俗活动、扶贫帮困等为重点，引导村民认知传统、尊重传统、弘扬传统，增进爱党、爱国、爱家乡情感，努力营造和谐、欢乐的节日氛围。开展志愿服务活

2017 年，组织村民读书演讲活动

动，以政策咨询、扶贫济困、文化宣传、法治宣传、创建文明卫生城镇、系列健康知识讲座义诊为主题的宣传服务活动。扎实推进道德讲堂建设。以“身边人讲身边事、身边人讲自己事、身边事教育身边人”的形式，大力倡导社会公德、职业道德、家庭美德、个人品德建设，使先进的道德理念入脑入心，外化于行，营造“讲道德，做好人，树新风”的浓厚氛围，推动全村精神文明建设再上新台阶。

2008 年，吴庄子村在区精神文明创建活动中成绩突出，被天津市西青区精神文明建设委员会评为 2007—2008 年度文明村。

党支部书记杨文起在精神文明创建活动中成绩突出，被区精神文明建设委员会评为 2007 年至 2008 年优秀组织者。

2014 年，陈秀霞在 2014 年度中国梦好人评选活动中事迹突出，被区精神文明建设委员会评为第三季度“西青好人”。

2015 年，村民陈秀霞被天津市精神文明建设委员会评选为“天津好人”，入选天津文明网。

2016 年，吴庄子村被区精神文明建设委员会评为文明村（文明小区）“五个一”创建活动先进单位。同年 12 月，在西青区精神文明创建活动中，成绩突出，被评为 2007—2008 年度文明村。

三、文体活动

21 世纪，每年国庆和其他重要节日期间，村中都举行以“颂祖国，爱家乡”为主题的文艺演出活动，节目多为村民自编自演。

2016 年，村扇舞队在趣味运动会上表演

2016 年 2 月 22 日，在镇组织的正月十五秧歌花会展演活动中，吴庄子村和大卷子村联合组织广场舞队参加演出。5 月 1 日，为庆祝“五一”国际劳动节，吴庄子村工会联合村妇联、团支部在国兴佳园社区开展庆“五一舞蹈表演”及趣味比赛活动。上午九点，扇子舞拉开活动的序幕，14 名由村民及企业职工组成的扇子舞队，在优美的歌声伴奏下，14 把扇子翩翩起舞，先后表演藏族舞《吉祥》、广场舞《在中国大地上》。本次活动有 30 多人报名参加，活动项目有广场舞、扇子舞、跳绳、踢毽、你比我猜。趣味活动设有一等奖一名，二等奖两名，三等奖三名，其他为参与奖。6 月，村舞蹈队在“舞飞扬，心向党，与文明同行，为精武喝彩”庆祝建党九十五周年及创建文明城区舞蹈比赛中，表演藏族舞《吉祥》被评为二等奖；舞蹈《在中国大地上》被评为三等奖。8 月 19 日，村妇联组织村 2 对家长和孩子参加镇妇联组织的“我爱家 同悦书香”亲子阅读活动。9 月 8 日，村妇联组织妇女参加镇妇联在国兴佳园社区组织的插花活动。24 日，在国兴佳园小区举办“迎国庆”文艺演出活动。演出活动节目有扇子舞、广场舞、藏族舞、拉丁舞、双人伦巴、印度舞、大合唱、朗诵、独唱、歌伴舞、大鼓、京剧等。演员上到 80 岁的老人，下到四五岁的孩子，引来众多居民的观看。12 月 25 日，国兴佳园社区联合吴庄子等村开展“鸡”祥如意，DIY 亲子卡通制作活动。村十多个家长带着孩子共同参加这次活动，活动主要是制作卡通贴画灯笼。活动之前有几位小朋友表演歌伴舞、拉丁舞和葫芦丝等节目，节目之后家长和孩子共同制作贴画灯笼，活动中每位孩子和家长都共同完成自己的手工制作。

举办乒乓球比赛（2017 年摄）

2017 年 5 月 1 日，村总工会在国兴佳园社区开展庆“五一国际劳动节”广场舞、集体踢毽、集体跳绳表演及趣味活动。上午九点半，由 20 多名村民及企业职工组成的开心舞蹈队，在优美的歌声伴奏下翩翩起舞，舞出妇女的风采，先后表演全运会千人广场舞曲目《全民共舞》、吴庄子村民及企业职工组成毽子队的团体毽子表演、藏族舞《吉祥安康》，舞蹈演出后进行集体跳绳表演，开心舞蹈队献上广场舞《鸡年大吉》，最后是各项趣味比赛活动。活动有 70 多人参加，活动项目有广场舞、集体毽子表演、集体长绳表演、男女个人跳绳、踢毽、乒乓球。活动设有相应的奖项，每项活动设有一等奖一名，二等奖两名，三等奖三名，其他为参与奖。6 月 28 日，吴庄子村联合社区工作站在国兴佳园小区小广场开展“弘扬核心价值观，歌颂美好佳园，创建文明城区”文艺会演活动。演出节目有快板、广场舞、创文三句半、藏族舞、印度舞、健身操、京剧、独唱、大合唱、评戏、二重唱等节目，表演演员都是本小区的居民。表演中还穿插创文小知识有奖问答活动，观众们踊跃回答，把创文活动推向新高潮。

第三节　思想道德教育

一、“三爱三讲”教育

1989 年 11 月 8 日始，按照区委、乡党委安排部署，开展“三爱三讲”（爱党、爱国家、爱家乡；讲理想、讲奉献、讲廉洁）活动。活动以歌颂党的领导、歌颂社会主义建设成就，歌颂改革成果为主要内容，以提高党员群众思想道德素质，推动思想政治工作，加强精神文明建设为重点，分为反思成绩找差距、宣传教育、组织处理、总结等四个阶段。8—17日，全体干部学习有关文件，分析研究全村党员群众在对共产党、社会主义认识上存在的倾向性问题，反思成绩找差距。与区乡驻村干部一起总结分析村经济、企业、农业、村政建设、党建工作发展成果与存在主要问题，达到统一思想，提高认识目的。18—30日，通过召开会议、利用各种宣传工具，结合村实际，广泛宣传党在现阶段各项方针政策、社会主义建设成就、改革开放成果，组织党员、干部、村办企业职工、群众代表学习讨论有关文件。12月1—10日，讲两课，重点对党员干部进行党性教育、合格党员标准教育，民主评议党员。全村参评党员中，合格和基本合格党员占95%以上。11—20日为组织处理阶段，21—30日为总结阶段。在各阶段，坚持紧密联系村内实际，不走过场，达到"三讲三破三增强"，即讲成果，破怨气，增强凝聚力；讲前景，破难关，增强信心，群策群力；讲传统，破纪律松垮，工作松散，思想懒惰，增强党性，增强党的凝聚力，社会主义的吸引力，建设家乡的向心力。制定下年度工作目标，与村属各企业、单位、党员签订责任制及目标管理合同。

二、农村社教

1991年2月，中共中央发布《关于在农村普遍开展社会主义思想教育的意见》。按照市委、区委的安排部署，村中经过"调查准备、宣讲教育、以虚促实、自我总结"四个阶段，村社会主义思想教育活动（简称社教）顺利完成。为扩大受教育面，方便群众学习，根据全村应受教育的人员工作性质和居住地点，编成多个学习小组，指定由该单位负责人担任组长，每组指派一名宣传辅导员，使教育形成网络。党支部先后召开干部会、动员会、骨干积极分子会、座谈会和群众大会，广泛宣传社教意义，明确社教目的任务。由于社教活动正处于农忙季节，根据实行承包责任制后人员不好集中、时间不好统一、会场条件限制等实际问题，从实际出发，采取灵活方法与形式：小范围活动集中进行，大范围活动通过闭路电视、有线广播；对因事没能参加学习的，采取串门入户个别宣讲方式；配合黑板报、标语，印发宣讲提纲，开展知识竞赛、书面答题等多种教育方法相互补充；利用晚饭后人员好集中、工厂班前班后等时间段组织学习讨论。既不和群众生产生活发生矛盾，又保证受教育面，使全村人受到教育。活动中，采取个别走访、召开座谈会、发动群众查摆问题等方法，摸清党员干部及村民主要思想倾向及村级经济社会发展弱项，确定村社教活动重点解决的问题：在干部队伍中，主要解决工作、事业心、责任感不强，增强公仆意识，密切干群关系；在群众中主要解决热爱家乡，关心集体，增强法治观念；在发展经济上主要解决经济实力不强，发展速度慢，思想不够解放，手脚放不开，缺乏紧迫感等问题。开展“五大讲”，即一讲社会主义优越性，用大量事实进行深入的对比，特别是从根本制度上加以比较，学会用发展的观点、全面的观点、辩证的观点看问题，抓住本质和主流，克服片面性和绝对化，解除一些模糊认识，坚定社会主义方向；二讲农村政策，紧紧抓住稳定完善双层经营体制，逐步壮大集体经济实力；三讲民主与法治教育，侧重提高村民法治观念，讲清法治建设的重要性；四讲公仆意识，主要教育干部对党负责，对人民负责，一步一个脚印地带领群众改变家乡面貌，发展壮大集体经济；五讲经济形势，教育干部解放思想，树立信心与勇气，带领群众战胜困难。制定多项措施：建立健全村办企业开发组织、制定开发新项目和老企业延伸奖励政策、抓科学管理和内部挖潜、建立两级理财小组、对集体固定资产进行一次全面彻底清查、定期召开经济分析会、及时解决产供销环节实际问题、组织力量追回外欠款、充实和完善财务管理及村规民约和村民大会制度、签订家庭治安责任书等等。

社教活动使干部群众普遍坚定社会主义信念，集体主义观念明显提高，民主意识和法治观念增强，密切党群干群关系，明确任务，健全完善制度，制定切实可行的措施，为夺取村各项事业发展打下坚实基础。

三、培育践行核心价值观

2012 年始，在全村展开培育和践行社会主义核心价值观活动。坚持以典型引领作为加强公民道德建设、提升村民文明素质有力抓手和重要载体。通过民主推选，把表现突出、事迹感人、群众认可的树为典型，在民主推选过程中，群众思想也同时得到升华，潜移默化地引导人们积德行善，奋发向上。开展形式多样、内容丰富的精神文明活动，打造精神高地、崇德村庄、文明社区、美好家园。印发多种宣传材料送到每家每户，利用电子显示屏、宣传橱窗、微信 QQ 群、楼门告示牌等多种宣传媒介和志愿者、村民代表等队伍，张贴宣传画、倡议书，公益广告发布各级精神文明创建信息，向群众进行充满正能量宣传引导，营造人人知晓、人人参与氛围。发挥各群众组织作用，开展“我身边文明家风”巡讲、文明家庭评选、文明家庭大讲堂、晒家风讲文明、组织党员观看“榜样”专题节目、开展“讲道德、有品行，做品德合格的明白人”专题学习讨论等丰富多彩的活动，并把培育践行社会主义核心观纳入加强党员干部建设常年计划。组织培育志愿者队伍，把志愿服务作为培育社会主义核心价值观的重要途径，引导村民关爱社会，弘扬文明新风，成为道德楷

核心价值观展牌（2016 年摄）

模，使村内凡人善举不断涌现，崇德向善蔚然成风。

四、“双户”评选

1984 年始，村进行两个文明教育，倡导“五讲四美”，开展“五好家庭、双文明户”创建评比活动。每年末，在各家各户自评基础上，成立以村妇代会、治保会为主体的评审小组进行初审，再由党支部会议进行终审，评出五好家庭户和“双文明”户。

1985 年，为促进五好家庭创建评比活动的开展，成立由村主任为组长，妇代会主任为副组长，民兵连长、调委会主任、团支部书记为成员的评选领导小组。设立专职宣传报道员，利用黑板报、广播等形式宣传村两委会制定的《吴庄子村五好家庭户遵纪守法户创建评比条件及措施》，做到家喻户晓，人人皆知。评选领导小组定期检查评比，对标准差的进行帮助，对表现好的给予表扬。

1991 年，建立以党务副书记为组长，团妇武公司负责人等为成员的评选工作领导小组，主持文明家庭的评选工作。在整个评选过程中，开展宣传教育，广播每天宣传，黑板报定期更新内容，闭路电视多次进行宣传。召开党员会、团员会、企业厂长会、村民小组长会进行广泛动员，村民小组长入户宣传，征求意见，把评选结果报到评选领导小组，评选领导小组把关初审后送交党支部审批方案，将审批方案名单转到村民小组征求意见，村民小组通过后，评选结果在全村张榜公布。是年，全村 735 户村民中评选出 105 户文明家庭，1 条文明胡同，1 个文明单位，文明家庭户 129 户，文明单位 2 个。

附：

吴庄子村文明家庭条件

1. 爱党爱国爱家乡，关心集体积极支持公益事业。2. 勤劳致富，努力工作，家庭生活富裕，人均收入、生活收入居上等水平。3. 尊老爱幼，家庭和睦，教育子女好，邻里团结好，在群众中有较高威信。4. 带头移风易俗，实行晚婚和计划生育。5. 家庭整洁，环境优美。6. 带头学法用法，遵纪守法，严格遵守村规民约。

第四节　文明新风范例

一、“最美家庭”

“最美家庭”——徐炳超家庭

徐炳超家是吴庄子村一个有着传统孝道美德的家庭，母亲变成植物人后，儿子儿媳不离不弃，儿媳更是辞去工作，全力照顾婆婆，使老人逐渐恢复部分知觉。

2013 年 8 月的一天，66 岁的刘治红头痛难忍，并失去知觉，经过半个月住院治疗，虽保住了生命，但失去了知觉，成为植物人。

在母亲住在医院的日子里，徐炳超从来没回过家，除了工作，就是探望和陪护母亲，即使不能在监护室里直接陪伴，也要在病房外和母亲电话交流，鼓励母亲与病魔斗争。虽然花费 30 多万元各种费用，给并不富裕的家庭带来沉重的经济负担，仍请了月薪 7000 元的护工，全天候照顾插有胃管 24 小时不能离人的母亲。

在母亲病情稳定后，医生建议将病人接回家里治疗。徐炳超白天去工作，晚上照料母亲。妻子决定辞去工作，全身心照料患病的婆婆。

一家人 24 小时轮流照看插着尿管和胃管的母亲，偶有脱落，都请专业的护士重新插好。胃管拔掉后，每天给母亲喂一些流食。徐炳超买来专用的床，防褥疮垫子，氧气瓶，轮椅，料理机等。由于母亲只能吃流食，所以一日三餐用料理机打碎后喂给母亲。

徐炳超和妻子每天都要给母亲刷牙、擦拭身体，为了防止肌肉萎缩，每过 2—3 个小时就要给母亲翻身做全身按摩。由于母亲喉部安装有吸痰器，一发现母亲呼吸困难，夫妻俩立刻帮助母亲排除痰液。徐炳超的小儿子非常懂事，也时常帮着父母和爷爷照顾奶奶。

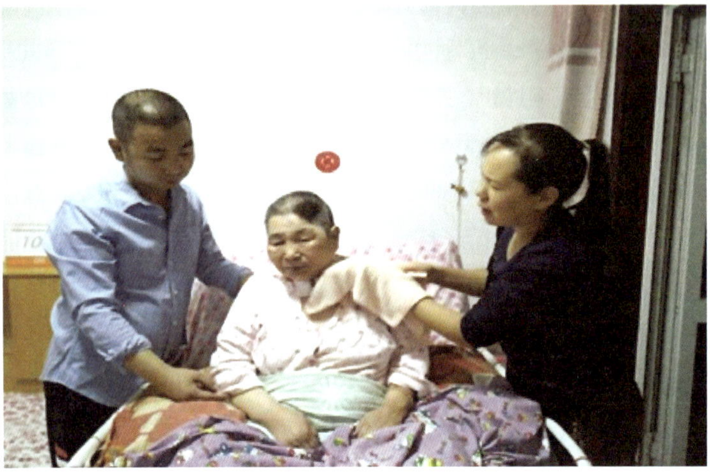

徐炳超夫妇照顾老人起居（2016 年摄）

在一家人的悉心照顾下，母亲从未感冒，也从没得过褥疮，肢体还逐渐地有了知觉，这让全家人看到了新的希望。村里人说，这是孝道的力量。夫妻俩为世人诠释了孝的真谛！

2015 年徐炳超家被评为西青区“最美家庭”。

“最美家庭”——吕宪堂家庭

俗话说家和万事兴，家齐国安宁，和谐的家庭关系是每个家庭的幸福，家庭的和谐事关整个社会的和谐，在吴庄子村就有这么一家人倡导着和谐平安的家庭典范。

吕宪堂，男，现年 52 岁，是精武镇吴庄子村村民，也是一名党员。其在吴庄子村委会工作，一家五口人。其妻照顾家人料理家务，其儿子和儿媳上班，还有一个 5 岁的小孙子。这一家人互相照顾、互相理解、互敬互爱，家庭和谐、幸福美满，得到全村人的认可。

虽然吕宪堂的父母已经去世了，但是他父母在世的时候，他可是个大孝子，无论多忙他都要每天去问候一下，看看父母有什么需求。虽然现在他父母不在了，他还有两个哥哥，相处得都非常好，无论哥哥家里有什么事他都是第一个过来帮忙，忙前忙后，他现在是这个大家庭的带头人，无论谁家有什么事都去找他，大家都说他办事都放心。他的儿子在他的影响下也非常懂事和孝顺。

吕宪堂是一个心灵手巧的人，无论谁家是电坏了，还是水管坏了，都去找他，无论什么时间，他从来都是二话不说，起身就走，还都是义务为村民维修。这样大大方便了村民，村上有很多户都得到过他的帮助，他从来不说一句怨言。

吕宪堂一家人都面带慈善，待人和气，有礼貌。他家人从不玩牌赌博，不搞封建迷信活动，不做违法乱纪的事情，不参加各种邪教组织及活动，崇尚科学。

吕宪堂一家人崇尚文明、热心助人、无私奉献、知法守法、严于律己、宽以待人、家庭成员之间互相尊重和关爱，形成了一个温馨、快乐、平安和谐的幸福文明家庭，值得大家去学习。

2015 年吕宪堂家被评为西青区“最美家庭”。

二、“天津好人”

“天津好人”陈秀霞

71 岁的陈秀霞是精武镇吴庄子村的一名普通农家妇女，本该颐养天年的她，还在无微不至地照顾身患尿毒症的丈夫，伺候着高龄的婆婆，直到婆婆 103 岁时安然离世。

四十多年前，时年 22 岁的陈秀霞与吴庄子村民韩俊发结为夫妻。婚后，陈秀霞

“天津好人”宣传栏（2016 年摄）

和婆婆亲如母女，随着老人年岁越来越大，陈秀霞对婆婆的照顾也越来越精心，经常为婆婆擦洗身体，不嫌脏不嫌累。她每天总是想着法子给婆婆变换花色做可口的饭菜。老人上了年纪以后经常唠叨，有时连丈夫都不耐烦了，她却好脾气地劝说丈夫，不能与老人计较。在她无微不至的照顾下，婆婆度过百岁高龄，婆婆逢人便说："秀霞就是我的亲闺女啊！"

陈秀霞在照顾病中的丈夫（2016 年摄）

6 年前，丈夫出现不愿吃饭、恶心呕吐的症状，陈秀霞带着丈夫到医院检查，被诊断为尿毒症，这犹如晴天霹雳一般打碎了一家人生活的安静，陈秀霞拿着诊断结果泪如雨下，瘫软在医院的地上。哭过之后，她还是忍受住巨大的悲伤，毅然挑起生活的重担。在医院陪护的那段日子，是陈秀霞最难熬的：一边是 90 多岁的婆婆，一边是躺在病床上的丈夫，还不能误了农活，周而复始地奔波往返于医院和家里。每天她最多睡三四个小时，丈夫醒着的时候她细心照顾，还要宽慰开导；丈夫睡着的时候，她要赶回家照顾婆婆，嘘寒问暖，从不怠慢。在婆婆面前，陈秀霞从不愁眉苦脸，常对婆婆说："这样的日子苦是苦了点儿，但是只要一家人能天天在一起，就是幸福。"丈夫出院后，仍然每周需要做一次透析，每次透析需要 4 个小时，生活完全不能自理，全靠陈秀霞喂水喂饭、洗脸穿衣、揉肩捶背。她从不抱怨，始终以坚强而乐观的心态与丈夫一起抵抗病魔。为了给丈夫看病，陈秀霞节衣缩食，经常是一个馒头、一盘清炒白菜就是一餐。而对于年迈的婆婆和患病的丈夫，陈秀霞却从不委屈他们。这么多年过去了，她没睡过一次午觉，从晚上忙到凌晨是常有的事。周围的邻居们都说：有这样的好儿媳和妻子，真是老韩家几辈子修来的福分！

陈秀霞的事迹，使无数人受到感动。她先后被西青区和天津市文明委评为"西青好人""天津好人"。

三、募捐　志愿服务

（一）募捐

1998 年，全村党员主动为南方水灾群众捐款捐物。村民也纷纷捐款，两天内捐款衣服 1000 件。

2008 年汶川地震后，村党员特殊党费，两委班子成员及部分党员每人分别交纳交特殊党费 1000 元、500 元、200 元和 100 元，总捐款 1 万多元。

2015 年塘沽爆炸事件后，村民纷纷捐款捐物支援。

（二）志愿者服务

2010 年，村成立志愿者队伍，主要由青年团员组成，义务学雷锋做好事。2013 年，成立党员志愿者服务队伍。当年，村内共有 3 支志愿者队伍，分别是：宣传志愿服务队、维稳志愿服务队、清洁服务队。2015 年 11 月，成立吴庄子村志愿服务队，起初注册志愿者 60 人，陆续注册志愿者现有志愿者 449 人。

为塘沽大爆炸遇难者捐款（2015 年摄）

志愿者组织成立后，志愿者们热心于各项公益服务，经常开展卫生清整、小区巡逻、创文宣传、文艺演出、关爱老年人谈心服务等。

2013 年，村民韩清义被天津市社会管理综合治理委员会评为 2012 年天津市优秀平安志愿者。

2016 年 3 月，吴庄子村被评为 2015 年度镇十大优秀志愿者服务平台，村党务干部高兰英被评为 2015 年精武镇十佳志愿者平台管理员，村民张平和刘丽被评为 2015 年精武镇优秀志愿者。

2017 年 1 月，村委会联合国兴佳园社区、大卷子村和王庄子村开展“迎新春包饺子 送温暖”活动，30 多名志愿者参加，志愿者将煮好的饺子和春联送到困难户家中。2 月，清理国兴佳园小区草坪上的烟花爆竹废弃物，开展爱国卫生大扫除行动，对小区内的道路、草坪及白色垃圾进行彻底整治。3 月，举办乐活绿主妇——环保志愿团队培育项目启动活动，开展清洁小区内的活动器械，清洁器械 60 多件。在国兴佳园小区开展卫生清理活动。7 月，开展创建文明城区宣传、发放宣传品、调查问卷等活动。8 月，开展创建文明城区宣传、发放宣传品、调查问卷等活动。9 月，村文艺志愿者进行文艺演出宣传，环保志愿者清洁小区环境卫生，维稳志愿者全天在小区巡逻，宣传志愿者发放创文宣传材料和入户问卷调查，通过志愿者开展各项活动，保障居民入户知晓率和参与率。

第八章　村民生活

解放前，村民生活困苦，夏天靠捉虫子、治鱼、卖苦力，秋后靠熬硝盐谋生。1948 年天津解放后，村民生活日渐向好。社会主义建设时期，生产队的统一分配成为村民的主要收入来源，生活水平逐步提高，社会安定、和谐。改革开放后，村民的婚姻家庭、物质和精神文化生活发生巨大变化，尤其是进入 21 世纪后，家庭的主要经济功能由原生产单位变为以消费为主，昔日传统村庄成为现代化“都市里的村庄”。婚姻家庭幸福美满，村民的主要收入来源从家庭经营为主，发展到主要以工资、经营性收入、退休金、财产性收入为主，集体经济的发展红利愈来愈多的惠及村民。居住在与市内高级住宅小区一样的花园式小区，村民口粮补助、生活补助、取暖补助等多项村民福利均由村集体买单，村民物质生活富足安逸，幸福指数不断提升，消费水平及方式发生历史性转变，精神文化生活消费比例不断提高，逐渐与大都市相融合。

第一节　物质生活

一、集体收支

50 年代始，实行土地改革、农业合作化、人民公社化，生产关系实现变革，生产条件不断改善，村域经济得到长足发展。

“文化大革命”期间，全村总收入较低，增长很慢。

中共十一届三中全会后，实行农业生产责任制，调整产业结构，村域经济发生前所未有的变化，全村总收入大幅增长。

1985 年，全村总收入 91. 5 万元，其中工业收入 42 万元，农业收入 49. 5 万元，粮食产量 69 万公斤，人均收入 396 元。

1986 年，全村总收入 99. 4 万元，其中工业收入 48 万元，农业收入 51. 4 元，粮食产量 71 万公斤，人均收入 424 元。

1993 年，全村固定资产 387 万元，国库券 0. 5 万元，合计 387. 5 万元。应收款 102 万元，合计 202 万元。借入资金：贷款 310 万元，预提工资 3 万元，应付工资 2 万元。应付款 79 万元，合计 394 万元。固定资产 387. 5 万元，加上流动资产 202 元，减去外欠资金 394 万元，实际盈余 195. 5 万元，全村人均 3760 元。自有资产 589. 5 万元。

当年，全村有 520 人，土地 46. 67 公顷，社会总产值 560 万元，年纯收入 105 万元，工业总产值 505 万元，人均国民生产总值 0. 79 万元，人均集体积累 0. 53 万元，人均纯收入 1610 元。年全村国民生产总值 277. 3 万元，人均国民生产总值 3851 元。第一产业增加值 63 万元，第二产业增加值 190 万元，第三产业增加值 24. 3 万元。

1994 年，村集体实现国民生产总值 294. 5 万元，人均集体积累 5814 元，人均纯收入 1919 元。

1995 年，社会总产值 2454 万元，年纯收入 181 万元，工业总产值 1950. 7 万元，人均国民生产总值 8031 万元，人均集体积累 6003 万元，人均纯收入 1591 元。

1996 年，村国民生产总值 294. 5 万元，人均生产总值 5642 万元，集体积累 303. 5 万元，人均积累 5814 元，人均纯收入 1919 元。

1998 年，村经济收入纯收入 296 万元，比上年增加 8. 4% 。农民纯收入 4553 万元，比上年增加 8. 4% 。

2000 年，村国民生产总值 170 万元，年均集体积累 4000 万元，人均纯收入 4320 元。

2001 年，村国民生产总值 1000 万元。年均集体积累 4200 万元，人均纯收入 4400 元。

2013 年，村集体纯收入 228 万元。

2015 年，村集体年收入 1100 万元、村民人均收入 1 万元，跨入“村级小老虎”行列。

2016 年，村厂房租赁费收入 997 万元，土地租赁费 230 万元，墓地收入 300 万元，年收入 1527 万元。

2017 年 1—9 月，村固定资产 4417. 67 万元。经营收入（租赁收入）887. 37 万元，补助收入 299. 34 万元。

二、村民收支

（一）收入

1949 年以前，村域内土地低洼盐碱，旱涝成灾，十年九不收。农民生活极其困苦，收入低微。1950 年，实行土地改革，农民分得田地，家庭收入逐渐提高。除耕种土地外，利用村周围洼淀、坑塘多、水多的优势养鱼捕鱼，利用木船往市中心运输货物贴补家庭生活。1956 年，实行农业合作化，农民家庭收入主要依靠集体经济。1958 年，人民公社成立后，社员在生产队参加生产，农民每月可以领到几元生活费。60 年代初，实行“三级所有、队为基础”管理体制后，夏秋两季按定量分给农民基本口粮，其余粮食上缴国家，年终按工分给社员分红，一般家庭年收入几十元。至 70 年代中期，全村人均纯收入 200 元左右。1978 年，改革开放后，农民收入迅速提高，至 1988 年，人均纯收入达到 1000 元，增长近 5 倍。1991 年，吴庄子村人均水平达到 1297 元。1995 年，村人均纯收入 1591 元。

2013 年，村人均纯收入 1. 7 万元。

2015 年，为农业户口村民发放口粮田补贴 403 万元、缴纳物业费 112 万元、缴纳医疗保险 2. 78 万元，并为 177 名农业户口的老人缴纳意外保险 5310 元、为 150 名妇女缴纳安康保险 11100 万元，奖励考上大学的大学生 8000 元。

2016 年，人均可支配收入 4 万元，其中工资性收入占收入总额的 70%。

（二）支出

1949 年前，村内生产条件差，村内多数农民吃不饱饭，常以糠菜充饥，消费水平极为低下。

新中国成立后，农业生产条件逐渐改善，农民收入提高，消费水平有所上升，穿衣由过去几年添置一件新衣服，变为一年就能买一至两件。

60 年代末，多数家庭购置自行车。新建和翻建的民房均为大宗支出。

70 年代，青年人结婚和添置自行车、手表、缝纫机“三大件”，成为家庭大宗支出。

中共十一届三中全会后，随着农村政策的逐渐落实，农民的收入不断增加，储蓄额逐年提高，各种物品的消费量大幅度上升。

80 年代中期，民居向舒适、多功能型转化，设置卧室、客厅、书房、厨房、洗澡间、储藏室等。“三大件”变为彩电、冰箱、收录放机，支出大幅增加。

进入21世纪，村民业余生活发生很大变化。在量上表现为业余生活从单调走向丰富，在质上表现为更加具有多样化和个性化，突出表现在教育子女受到空前重视，从6.5%上升到43.8%；各种媒体普及后，看电视和看书、看报、看杂志的比例分别从37.3%和32%，上升到81.3%和47.7%；上网比例从零增加到5.2%。同时体育健身和旅游也受到人们推崇，分别从15.8%和0.8%上升到26.4%和15.8%。

2014年，村民搬进还迁房，进行内装修成为村民在住房上的主要消费。用于改善物质与精神生活的支出大幅增长，消费水平接近市民化，小轿车开始进入家庭。

至2016年，人均消费1.5万元，其中衣着支出750元，占5%；饮食支出5250元，占35%；出行支出450元，占3%；家具支出300元，占2%；日用品支出750元，占5%；教育支出2700元，占18%；文化用品支出150元，占1%；旅游支出900元，占6%；通信支出300元，占2%；医疗支出1500元，占10%；人情来往1950元，占13%。精神文化消费占消费总额的27%。

三、衣食住行用

（一）衣着饰物

衣服　清末和民国年间，百姓服装以土布居多，均系自己裁剪、缝制。服装颜色以蓝色、白色、黑色为主，冬黑蓝，夏白灰，年轻妇女和儿童穿着较鲜艳。社会绅士多穿长袍马褂儿，平民百姓多穿棉布棉褂的短打扮，逢年过节以及做客时才穿长衫，富家子弟过节或做客均以绸缎衣衫为主，民国以后渐为洋布，富家多用绸缎料。农村男性冬季为棉裤棉袄，裤腰齐胸，用宽大的布腰带一系，裤腿用棉布绑腿，棉袄男为直襟，疙瘩袢，女为斜襟偏疙瘩袢，只有少数有知识的青年穿中山装、西装，青年女学生有的穿黑色短裙，日常农村男女均穿大眼裆裤，用布带束腰，男子穿对襟短袄，女子掩襟衫，儿童穿开裆裤，富者和教书先生裤褂外罩长袍，谓“长袍马褂”。夏季男子多穿单裤、单褂、背心、裤衩，女性穿水裤单褂。无论男女老幼一年四季都戴兜兜，即

民国初年女装

肚兜。春秋季男女老幼则都穿夹裤夹袄。

新中国成立初期，服饰无大变。面料则渐从平纹布变为哔叽、斜纹、单双面卡其、华达呢、平绒、条绒等。青年时兴穿学生服，偶尔有穿列宁服、中山服。“文化大革命”期间一度崇尚军便服，面料也以人造棉、的确良、涤卡等化纤织物为主。五六十年代，男子服装一度盛行色调单一的列宁装、中山装、青年装、学生装，妇女穿新颖花袄、制服裤。70 年代末期，青年盛行西式筒裤和喇叭裤。

改革开放后，人们着装观念发生飞跃性的转变，80 年代，西装兴起，男女都穿，女性服装五花八门，丰富多彩。男女服装的品类款式及面料逐日新潮化、高档化。不同性别、不同年龄、不同职业的人，根据季节和爱好，穿用喇叭裤、牛仔裤、港式筒裤、中山服、制服学生服、西服、运动服、夹克衫、皮夹克、拉链服、毛衣、毛裤、羽绒服、呢绒大衣、裘皮衣裤。女式服装变化很快，长短裙、一步裙、套裙、斜裙惹人注目。90 年代，服装质地更有提高，款式趋于多样化，健美裤、牛仔裤、喇叭裤、旗袍、紧身衫、宽松衫，大红大绿，男女均可以穿。冬季对各种面料的羽绒服、柔皮面料的大衣争相购买。进入 21 世纪，男女青年衣着款式与城区青年无甚区别，个性逐渐演变为张扬，大部分已经从保守阶段转变为跟潮流、追时尚。服饰颜色也从以前的单调而趋于丰富，近而色彩浓艳甚至五彩斑斓。

鞋袜　民国年间，男女都穿家做的布鞋。男鞋为“二道眉”布鞋，两个脚可以换着穿，或者纳帮圆口鞋，女鞋为尖口布鞋，缠足妇女穿尖头的布鞋，只有新婚女子穿绣花的布鞋，冬季人们则穿毡窝儿、骆驼鞍式儿的靴子。袜子为土布缝制，有少数妇女穿线袜子。1949 年以来，鞋袜变化不大，女子穿线袜者较多，50 年代始，男女穿鞋多为自做布鞋，中青年穿纳帮洒鞋，老年男人多穿圆口布鞋。夏季域内道路泥泞，且驶船的人很多，当地中青年男子、少年光脚的很多。冬季，老年男子穿大鱼儿棉布鞋或蒲草编织的草鞋。村民拉冰、凿冰、打鱼，用拖床在冰上运砖拉苇子时，要穿绑鞋，或称“牛皮绑”，系用牛皮制成，用皮条绑在脚上，里面裹上麦秸稻草，鞋底儿捆上铁抓子。妇女穿布面或缎面的绣花鞋。小孩鞋有猫鞋、虎鞋、兔鞋、猪鞋，多为巧手妇女缝制，样式美观，堪称艺术品。普及各种机制线袜子、尼龙袜及其松紧口鞋、塑料凉鞋。70 年代后，鞋袜品种日渐繁多，中老年人穿布鞋的较多，青年人穿皮鞋和各种运动鞋。穿自制布鞋的人逐渐减少。穿球鞋、皮鞋、旅游鞋、雪地鞋、皮暖靴者增多。尼龙袜子、高脚丝袜，完全取代自制的布袜子。八九十年代，鞋袜款式逐年更新，花色品种琳琅满目，就是鞋袜自然而然的被取代了。女性多穿丝袜，款式多且色泽光鲜，有长至臀部的。青年男女穿皮鞋、运动鞋的居多，款式多样，色泽以黑、棕色为主。随着人们健康意识的提升，手工布鞋因穿着舒适，轻便防滑，透气吸汗等特点，又逐渐受到人们的追捧。人们注重服饰、鞋袜的制作技术、质地、颜色、图案、款式及穿着搭配，折射出人们对美的认知和追求。

帽子　民国年间，少数富家子弟、教书先生等一些上层人士戴礼帽。农民一般春秋戴六瓣儿合缝的瓜壳帽（帽衬儿），夏天戴高粱秆皮编制的斗笠式、马绊草编制的伞盖形、麦秸编织的礼帽式等草帽。冬季男子多戴毡帽头或用兽皮做的皮帽。也有人戴用棉布和兽皮缝制的耳罩。老太太则戴一种叫“抹护”的帽子，这种帽子无顶盖，从前额沿两耳围到脑后，有松紧带儿，前额嵌饰品，两侧点缀绣花。老人的帽子为黑色，少年的帽子为红色。冬天戴毡帽头儿。雨天打油纸伞。新中国成立后男子戴圆顶帽儿的较多，女子毛线做的头巾也日益增加。新中国成立后，男子春秋戴解放帽、八角帽、呢子圆顶帽、前进帽（鸭舌帽），夏戴宽沿草帽，冬戴棉帽和长毛绒帽。老年妇女戴一种黑色平绒顶帽，青年妇女戴线围巾和各色方巾。六七十年代，男女青年盛行戴军帽，80 年代中期，时兴鸭舌帽、爵士帽、夏凉帽、各式旅游帽，妇女戴纱巾及各色各样的绒线帽。90 年代，帽子样式也越来越讲究，春秋时节女子则佩戴丝质方巾，男子稍讲究一些的带高档礼帽。夏季出现五花八门的男女凉帽，冬季较富裕的人家男女佩戴真皮兽毛的围脖和帽子。进入 21 世纪，男性戴帽子的很少，出行时偶尔戴各式旅游帽，女性则以戴遮阳帽、各色方巾居多。

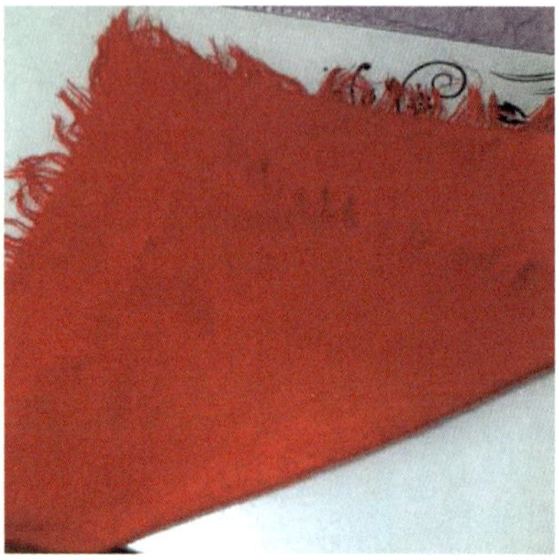

六七十年代头巾

饰物　解放前，年轻已婚妇女有佩戴金银手镯、耳环、戒指，儿童有佩戴金银或包色金手镯、脚镯、长命金锁的习俗。新中国成立后减少，六七十年代基本消失。80 年代始，佩戴饰品习俗逐渐兴起，不仅青年女子戴金手链、金项链、金耳环及钻石戒指，中老年妇女和一些中青年男子也戴金戒指或钻石类戒指。

发型　民国年间，男子一般剃光头，有着男子留“马齐盖”式发型，已婚女子挽发髻、插簪子、戴耳环。未婚女子留独根长辫，尾端扎彩色头绳，前额留“刘海儿”。老年妇女梳“簪儿”，儿童留“铁铲头”。新中国成立前夕，女子多为剪发，

50 年代初期女子结婚时出现烫发，也有梳两条辫子的男子，一般留平头或分头。六七十年代，男子都为平头，女子除了梳辫子外，还盛行苏联女英雄“卓雅”头。从 80 年代开始，发型变化较大，多种多样，女子除烫发外，还有剪男士短发的、男子蓄长发的也见多，90 年代开始，时而出现各种新潮发型。

（二）饮食

新中国成立前，村民生活贫寒，吃糠咽菜是常事，基本上是食不果腹，只要是吃的都拿来充饥。历史上，农民以玉米、谷子、高粱为主食，大米、白面只有当家中有大事或者招待客人时才使用。新中国成立初期，生活仍贫困，粗茶淡饭，50 年代初，物质短缺，挖野菜，采榆钱，以吃饱为主。六七十年代，大米、白面很少，一般玉米面食为窝头、饽饽、面膏、锅饼、团子，白面食为馒头、卷子、饼、面条、饺子、包子、煎饼、炒面、大麦仁粥等。米食为大米干饭、小米干饭和稀饭。主要蔬菜是萝卜、大白菜、土豆儿，咸菜以腌渍芥菜、萝卜为主，也有腌渍蒜。平常日子里鱼肉极少见，大葱蘸虾酱是用来改换口味的，马齿苋等野菜也经常使用。农民多饮生水，招待客人的茶水都是大锅烧的，饮酒只是单一品种的白酒，稍高档一点儿的是葡萄酒，儿童改善口味的是红糖水或白糖水，偶尔有少量汽水儿。

1981 年实行家庭联产承包责任制后，人民生活水平普遍得到提高，饮食结构也发生了很大的变化。米面成为主食，玉米面反而成了调剂食品。各种风味小吃比比皆是，饺子面条已成为家常便饭。蔬菜品种和菜肴逐年增加，一些肉类、鱼类、蛋类不再是节日才摆上饭桌的食品，细菜种植面积及品种比以前增加了数倍，农民一年四季可以吃到新鲜的蒜薹、豆角、西红柿、生菜、油菜、茄子、辣椒、黄瓜、卷心菜、洋葱、菜花等。

90 年代，包饺子、捞面、大米饭、炖肉为家常便饭，贴顿饽饽为换换口味，算是改善。每日三餐，早点到街上购买，以烧饼、馃子、煎饼果子、浆子、老豆腐、锅巴菜等为主。午饭，主食以米饭、馒头、烙饼为主，饽饽次之，饺子、捞面为调剂饮食。菜分多种，以白菜、土豆为主。90 年代末，百姓餐桌常见煎、炒、烹、炸美味佳肴。买肉喜欢瘦点儿的，吃着健康。晚上多吃粥类，干稀搭配。酒席上增加了名目繁多的白酒、香槟、啤酒，儿童妇女可畅饮各种饮料。

进入 21 世纪，人们的膳食结构发生明显改变，饮食需求多样化，更加注重营养搭配和科学饮食。鲜蛋、奶、豆制品以其营养价值丰富成为村民的必备食品，主食以细粮为主，粗粮为辅，鱼、肉、蛋、蔬菜等副食品丰富，南方的稀罕菜蔬也上了餐桌。菜市场、超市、大卖场里各种水果、蔬菜、肉蛋、海鲜应有尽有，想吃就吃。村内居民对吃的要求越来越讲究，既要“吃好”，还要吃出健康，讲究营养均衡，粗细搭配，口味清淡，多吃蔬菜水果，少吃高脂肪、高胆固醇食物。野菜、粗粮，成为村民常吃的健康食品。村民待客多饮酒，宴请必丰盛。男士以喝白酒、啤酒为主，女士饮红酒或饮料。酒菜以双数碗碟为佳，忌讳单数。荤、素、凉、热搭配，饭菜为荤、素、鱼，最后上汤。老人祝寿，婴儿满月、百岁，婚丧嫁娶招待宾客一般都在饭店进行。

（三）居住

旧时，农舍以土坯房为主，一般为两间一个院子或三间一个院子，坐北朝南，配有东西厢房和南厢房，均比正房低矮，外间为锅灶，里间屋围一个大炕占整个房间一半的面积，建房之前，先制土坯。以稻草、麦秸或马鞭草和泥再用模具制成长约0.5米，宽约0.4米，厚约10厘米的长方体，晒干后即可垒房。房屋的规格一般是每间长4米，宽3.33米，高约4米。每户3间房约需土坯1200～1300块。单式起脊，3根或5根木檩架撑。檩上铺以秫秸或苇把子。东西间各有一炕，堂屋有两个灶，烟道通过土炕，烧火做饭时也起到烧炕取暖的作用。屋内墙壁用扎碎的麦秸和泥抹两遍。砖瓦房极少见。兴建宅舍要先看风水，然后祭告土地神，建房期间必须“挂红”，意在驱邪。忌妇女尤其忌寡妇踏入房基地。按门窗时要贴对联儿，外间屋中檩画有罗盘八卦阴阳鱼，上檩时要放鞭炮，如逢下雨称作浇粮雨，视为吉兆。上梁之日，远亲近邻送油条20颗，或送2～3公斤挂面，称作“送小礼”。近亲则挂红帐幛，房屋建成后，主家要选吉日迁居宴请宾朋“稳居”。屋里陈设简陋，一般为八仙桌子、大柜子、几个木制凳子，窗户为“百眼窗”，长年累月用粉连纸糊着，逢年过节才更换一次。

解放后至60年代末，农民盖房由生产队派工，年终结算时，由生产队按制度扣除房主部分工分。房屋建筑没有大变化。

70年代后期，新建房舍逐渐以砖木结构取代土木结构，但防水结构和以前相仿。正房有一明两暗的连三间，两头住人，中间为堂屋，有两盘锅灶，并放水缸摆佛案。两间里屋各盘炕与外间的锅灶相通。旧时，窗户为格窗，糊粉莲纸。民国以后将百格窗中间装上一块玻璃，后来窗户上部改为“活四扇”，下半部三块玻璃。

八九十年代，砖瓦房取代土坯房，七条檩子的房子盛行，前廊式防水出现，门窗宽大明亮，采光通风性能较好，结构坚固，兴起了联通式房屋，各个门相通，质地考究的铝合金门窗代替了木制门窗，地面水磨石被瓷砖所取代，室内陈设越来越讲究，土炕锅灶日渐减少，新式组合家具、沙发、软床、液化气灶、各种家用电器日趋普及，许多家境丰富的农民盖起了二层别墅式小楼，欧式建筑也随之兴起。房内多为水磨石地面，房间内设有客厅、卧室、洗澡间、厨房。地面为水磨石或瓷砖镶嵌，门窗也逐渐用铝合金材质，建筑多为砖木混凝土结构，院落仍多为四合院式。

1995 年，人均住房面积 25 平方米，比 1980 年增加 13 平方米。2003 年，进行旧村改造。2014 年，村民全部从老村址迁居现代化住宅小区——国兴佳园，人均住宅面积 50 平方米左右。

（四）出行

解放前，如村与村之间有小河相隔，农民走亲访友赶集上市多为木船代步。冬季河水结冰后则用冰床（俗称拖床）作为交通工具，可坐人载物，速度较快。春秋时节，农民出行以步行为主，赶集或上天津市走亲访友，所携带物品均手提肩扛，或者挑担，或用小车推拉，有牲畜的人家用其驮货，背上放了个大型褡裢，内装货物储存。

50 年代初期开始使用自行车，但为数较少。运输货物全靠木轮车、胶轮车。

70 年代末自行车较为普及，逐步以自行车代替木船和拖床。水管车架的载重自行车既可驮人又可载物。后有标定、轻便的各种型号的自行车。

80 年代初，自行车数量大增，每户都有一或数辆，成为最普通的出行工具。

改革开放后，许多农民自产自销蔬菜粮食作物，家家拥有自行车数辆。这个时候机动车使用量大幅度增加，许多在镇办企业上班的工人除骑公主车、山地车外，用摩托车代步者为数可观。摩托车、农用三轮车、农用汽车逐渐取代自行车，汽车运输取代大车（畜拉胶轮车），还出现汽车出租和运输专业户。远道出行乘火车、公共汽车。90 年代，村中出租车随处可见，出行十分方便。

进入 21 世纪，村民出行多乘地铁、公交车、骑电动车。年轻人侧渐以小轿车为主上班、出行。2016 年，85% 以上的家庭购置有小轿车。有的一家拥有数辆，档次渐趋于豪华。乘飞机出行者亦不鲜见。

（五）器用

新中国成立前，餐具有陶盆、陶罐、粗瓷碗碟、竹木筷子等；茶具有扣碗、带套的瓷壶等；家具有桌（连三桌、连二桌、炕桌、八仙桌等）；椅（靠背椅、官椅、

民国初年桌椅用具

太师椅等）；凳（长凳、方凳、条凳等）、碗橱、油箱、板柜、条案、长几、靠山镜、帽筒、掸瓶等，卧具炕席一般是用苇子编制。照明是菜油灯、煤油灯、汽油等。取暖用掏火盆。新中国成立初期无多大改观。70 年代后，室内用器发生很大的变化，条凳板柜之类的旧式家具逐步被淘汰，取而代之是新式木质办公座椅、折叠式泡沫垫座椅、沙发、大立柜、背阁、大小衣柜、组合柜、木质板床、席梦思沙发软床等。室内摆设更加讲究，新式酒柜、角柜、电视柜以及各种款式的组合柜，吸顶灯、壁灯、吊灯等各种灯具，石英钟、座钟、挂钟、落地钟，各种玻璃器皿，工艺美术制品，大中型壁画，绢花已成为一般农户的摆设，洗衣机、电冰箱、电热炉等家用电器已进入寻常百姓家。80 年代初期，电视机、固定电话开始进入村民家庭。1988 年后，彩色电视机亦开始普及，村集体投资安装闭路电视系统。90 年代末，彩色电视机基本普及，固定电话入户率 40% 左右，少数人用上移动电话“大哥大”“BB 机”，电脑逐渐进入村民家庭。21 世纪初，电话、电视机、有线电视入户率均达到 100%。2016 年，手机、电脑在村民中基本普及。

（六）通信

九十年代村民家庭电话

新中国成立前，村内无通信设施，村民与外界联系均靠亲戚朋友互捎口信或亲往。50 年代初，域内通邮，村民采取寄信的方式向远方的亲戚朋友互致问候、联系。50 年代末，村办公室安装了手摇式电话机，遇有急事和较为重大事宜可到乡（公社）所在地或市区内邮电局拍发电报，互致信件、派人送贴、短途与长途电话、电报等通信手段持续到 80 年代末。

90 年代初，程控电话进村，较为富裕户安装了电话，一些村办企业负责人购置了 BB 机，电报、互致信件等通信方式逐渐被人们所弃用。1993 年，投资 20 万元更换多门电话总机交换台。90 年代末，光缆电话普及到户，村内多数家庭安装了固定电话，生意人或村办企业负责人、业务人员开始使用手机。21 世纪初，有线电视、互联网等开始入村入户。2016 年，村民几乎人人都使用手机，家庭固定电话逐渐减少。人们通过手机通话、发短信、微信、微博、视屏聊天，利用互联网联系业务、做生意，甚至出门购物、旅游、做生意都不用带现金，通过微信、支付宝等支付。手机、互联网等现代化通信手段成为人们日常生活中不可或缺的组成部分。

四、福利待遇

（一）养老退休制度

1983 年 1 月，傅村人民公社管委会制定《关于实行老年社员发放养老金制度的意见》后，吴庄子村正式建立村民养老退休制度，实行 60 岁以上老人领取养老金。1995 年起，村中 60 岁以上的农业户口老人全部实行养老退休制度。

1996—1998 年，男女年满 65 周岁农业户口老人每人每年发 120 元；1999—2002 年男女年满 65 周岁农业户口老人每人每年 200 元；2003—2005 年，男女年满 60 周岁农业户口老人每人每年 300 元；2006 年男女年满 60 周岁农业户口老人每人每年发 500 元；2007—2009 年，男女年满 60 周岁农业户口老人每人每年发 600 元，2007—2013 年，男女年满 60 周岁农业户口老人每人每年发 1000 元，2014—2017 年，男女年满 60 周岁农业户口老人每人每年发 1200 元。

（二）村干部福利补贴

1986 年，村党支部书记、村主任补贴 2500 元。

1988 年，村党支部书记补贴 5700 元，其他干部 5000 元。

1991 年，村党支部达标升级考核总得分 666 分，为一级党支部。镇党委批准吴庄子村干部收入基本维持 1990 年分配水平，支部书记和村主任各为 5500 元，村副主任 5300 元。书记另奖 2600 元，共计 8100 元。

1995 年 10 月 14 日，村党支部根据镇党委《关于南河镇农村干部社会保险试行意见》的规定，决定享受村干部补贴人员如下：张洪苓 1962 年任职一年，每年村里发 180 元，镇里补助 60 元，从 1992 年补助以上养老保险。张洪苓任职 6 年，每年村里发 180 元，镇里补助 60 元，从 1993 年开始享受补助，已上养老保险。杨清田

79 岁，任职 7 年，每年村里发 80 元，镇里补 60 元，从 1991 年开始，每年 240 元，5 年共 1200 元。经村党支部研究决定由村里发给以上补助款，镇党委批示同意后，每年年底由村党支部统一领取后发给本人。

2000 年，镇党委、政府对吴庄子村 2000 年各项工作进行考核，批准村党支部书记杨文起 2000 年全年报酬为 2.3 万元，其他村干部报酬按照有关规定执行。

2002 年，镇党委、政府对 2001 年度吴庄子村各项工作考核评估后，批准村党支部书记杨文起 2001 年度全年报酬 2.4 万元，其他村干部的报酬按照有关规定执行。

（三）医疗保险

1963 年，实行农村合作医疗制度，农村社员的医疗费报销 70% ~80%，少数大队报销 100%。

1983 年前，乡镇企业职工医疗费主要由企业保健站负担，重病住院由所在企业负担。1983 年，社队办厂干部职工实行医药费包干，每人每年医药费 10 元，一次性门诊费用不超过 100 元的由个人负担，超出部分报销 70%。

1991 年，村中实行新的合作医疗制度，村民每人每年交纳 20 ~ 30 元，作为农村合作医疗基金，重病住院超过 1000 元报销 30%，超过 5000 元报销 40%，条件好的村报销百分之 50% ~70%。

2009 年始，村委会为农业户口村民交纳医疗保险、老人意外保险、妇女安康保险等。

为村民体检（2017 年摄）

2016 年 5 月，村委会为已婚农业户口妇女缴纳妇女安康保险。全村农业户口已婚妇女 221 人，每人缴纳 100 元，共缴纳 2.21 万元。6 月 30 日，村委会为 70 周岁及以上农业户口村民办理蓝卡会员卡，在 365 元年费中，镇补贴 300 元，村补贴 65 元；70 周岁以下及非农业的人员可自己交 365 元/年。持会员卡可以在蓝卡诊所看病、基础检查、理疗、咨询、体检、买药、专家会诊等项目并享受优惠。9 月，政府给予患重性精神疾病患者监护人每月 200 元的经济补偿。

10 月，为年满 20 周岁及以上人员在社区进行体检。体检项目包括：胸透、肿瘤 4 项检查、B 超心电图、血压、外科、耳鼻喉等项目。在国兴佳园社区二楼为村育龄妇女 B 超查体。为农业户口村民缴纳医疗保险 2.78 万元，为 176 名老人缴纳意外保险费 5280 元。

2017 年 10 月 29—30 日，为村年满 20 周岁及以上农业户口村民在国兴佳园社区服务中心进行免费体检活动。体检项目包括胸透、验血、肿瘤四项、B 超、心电图、验尿、血压、外科、耳鼻喉等项目。11 月 6 日，又安排体检医院主任到社区为体检村民就体检报告进行解答。全村有 300 多名村民参加。

（四）其他福利

2016 年，为农业户口村民发放口粮田补助及过节补贴 548 万元，缴纳物业费 96.7 万元，给 4 名新被录取的大学生奖金 1.2 万元。

2017 年 1—9 月，全村应付福利费 660.76 万元。其中，养老补贴 19.97 万元、村民福利 633.67 万元，为残疾人、困难户补贴 2.82 万元。

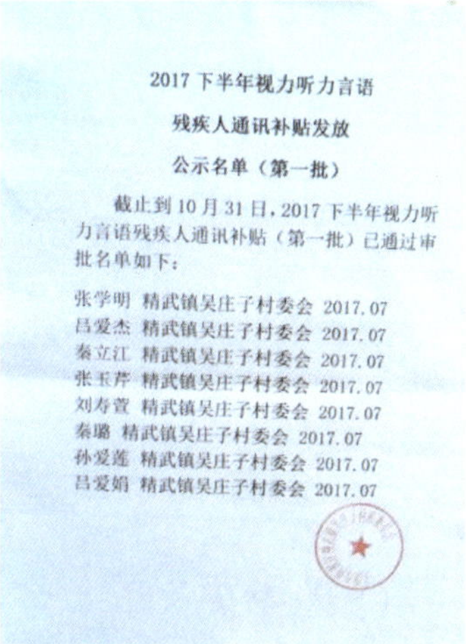
2017 下半年视力听力言语
残疾人通讯补贴发放
公示名单（第一批）

截止到 10 月 31 日，2017 下半年视力听力言语残疾人通讯补贴（第一批）已通过审批名单如下：

张学明　精武镇吴庄子村委会　2017.07
吕爱杰　精武镇吴庄子村委会　2017.07
秦立江　精武镇吴庄子村委会　2017.07
张玉芹　精武镇吴庄子村委会　2017.07
刘寿萱　精武镇吴庄子村委会　2017.07
秦璐　精武镇吴庄子村委会　2017.07
孙爱莲　精武镇吴庄子村委会　2017.07
吕爱娟　精武镇吴庄子村委会　2017.07

福利公示名单（2017 年摄）

五、人情来往

自建村始，村人继承“一家有事大家帮”“礼尚往来”的传统美德，多在亲戚朋友之间的婚丧嫁娶时“随礼”。旧时“随礼”多采取馈赠物品的方式，“礼轻情意重”。新中国成立后，给嫁娶的亲友“随礼”多是自产的粮食、自己手工制作的小物件等。给办丧事亲友“随礼”一般几毛钱，需折祭的扯上几尺布料；六七十年代亲友婚嫁时，馈赠礼品多为洗脸盆、洗漱用的搪瓷缸、暖瓶之类的生活用品。给办丧事亲友“随礼”数额提高到1～2元，多的五六元。给亲戚孩子“过满月”时，送些自产的鸡蛋，买上几斤红糖；改革开放后，随着人们收入的增加和社会风气的变化，“随礼”数额激增，且乔迁、子女升学、开业庆典、祝寿等名目愈来愈多，婚丧嫁娶大操大办和“攀比”之风抬头。村将反对铺张浪费、反对婚丧嫁娶大操大办、反对封建迷信作为精神文明建设的重要内容，并纳入村规民约，对红白喜事等划定合理标准和规模，同时发挥村文明办、红白理事会等群众组织的作用，用民间舆论、群众评价的力量褒扬社会新风、批评不良现象，使歪风得到遏制。90年代，亲戚间“随礼”数额一般在50～100元之间。进入21世纪，亲戚间随礼数额涨至100～200元，朋友之间“随份子”一般在200～500元之间。2016年，亲戚间除婚丧嫁娶互“随礼”外，给新生儿过“满月”也是必随之礼，礼金数额在200～1000之间。

第二节　文化生活

一、教育

（一）教育设施

私塾　明清至民国村中都有兴办私塾的传统，是自发举办的教学组织。私塾一般没有定制学制，少则冬天三个月、春天三个月，多则三五年甚至六七年。学生年龄长幼不等，在同一私塾内所学教材一成不变。先学者循序渐进，后来者从头学起。家境艰难的贫困子弟一般只上“冬三月”或春“三个月”，会写常用字能打算盘便停止学习。私塾的教学多为私塾老师口授领读，学生随读，在学生能自读以后，则要求通本背诵，经验收合格为止。在儿童启蒙阶段，一般先学《百家姓》《弟子规》《名贤集》《千字文》《三字经》等，个别私塾还要学二十四孝故事、千家诗。有的私塾还学习《大学》《中庸》《论语》《孟子》和《史记》《诗经》《书经》《礼记》《春秋》等。《幼学琼林》一书在必读之列。随着社会的发展，民国年间，一些私塾中开始学习国文和算术等科。受中国传统文化影响，各类私塾都设有习字课（毛笔字）和算数。

学前教育　村学前教育开始于 1958 年。为了使妇女解脱家庭束缚，参加生产劳动，村都成立幼儿园和托儿所，生产队选派出有些文化的妇女担任保育员、教养员，教孩子们唱歌做游戏。三年自然灾害时期，幼儿园、幼儿托儿所停办。1974 年，村成立育红班，安排幼教老师，将育红班纳入学校设置，制定学习内容与活动计划，跟小学一道上下课，购置一些简单的玩具和幼教设备。

1976—1986 年，村建有比较固定的学前班，统一课程设置，主要课程有语文、生活常识、算数、音乐、美术、体育活动、手工等。村选派或聘请幼儿教师任教，投资购置幼儿桌椅、玩具书柜的设备，由镇幼教办公室统一管理。1985 年，村幼儿教师多数是初中及以上的幼师学历，学前幼儿入班率达到百分之百。

1986 年后，与邻近的孙庄子村实行联合办班，优化教育资源的配置。

1992 年开始，普及幼儿中班教育，使学前二年的幼儿入班率达到百分之百。为更好与小学教育的衔接，从 9 月始，幼儿教育管理体制改为村办校管，即业务政治和管理上纳入中心小学领导体制。

1993 年 8 月，镇政府建立“宝宝乐”中心幼儿园。此后，村幼儿均在中心幼儿园就读成长。

小学　民国年间，农村小学教育校舍普遍简陋，教学设备、教学方法单一，都是填鸭式教学，学生以熟读成诵并会写为宗旨，考试一般比较严格，学校多为私立教师，工资靠学生缴纳学费为来源，多数为复式班教学，各年级学生人数都不多，一般不设音乐、体育、美术等课程。学校多以主办人为校长并兼任教师。

1948 年天津解放后，村内建立初级小学，实行复式教学，开设的课程一致，设有国语、算术、音乐，体育、美工、写字、珠算等。

1952 年，牛坨子小学高小班成立。村周边吴庄子等十多个村的初小毕业生招生人数较少、四年级学生人数较多，故需要经过严格考试择优录取，随着适龄儿童逐年增多，学校规模逐渐扩大，师资力量逐步增强。

三年自然灾害时期，村学生入学率和巩固率大幅下降。1963 年后，随着国民经济逐步恢复，村儿童入学率和巩固率有大幅度增长，1965 年，为解决少数贫困家庭儿童入学问题，村办起耕读小学及少年儿童的业余学校，教师按大队选派，经费由生产大队负责，国家给予适当补贴。公社从中心小学抽调一名教师任耕读助理，负责管理工作。

1969 年，小卞庄公社与傅村两个公社合并后，小学下放到大队。吴庄子大队派出贫下中农常驻学校，贫下中农代表任学校革命领导小组组长，挑选出的革命教师代表任副组长，负责领导本村的学校工作。原学校革命委员会自行解散。随后建立了公社教育组，领导各学校的工作。

1977 年，贫下中农代表撤出学校。

1978 年，精武镇停止村办学校的体制，成立小学联校。

1993 年，小学联校改称镇中心小学，吴庄子村小学生到南河镇孙庄子中小学上学。

中学　1958 年，精武镇在永红工业区建立永红中学，为镇内第一所永红中学。设农业基础、语文、数学等学科，招收吴庄子等村小学毕业生在内的两个初中班，陆续开农业基础、语文、数学、物理、化学、历史、地理、音乐、体育等课程。学校借用民房集体住宿，实行半工半读，在公社划拨给的几十亩土地上建立劳动基地。农业中学建校后不久，迁至孙庄子村，后又迁往闫庄子村。1960 年夏秋停办，少部分在校生转入团泊洼农业大学学习。

1962 年，小南河小学开始办初中班，建立永红中学，1971 年正式招生，村中学生入永红中学读书。

1972 年，宽河和陈台子村小学办起了小学初中班。1976 年，陈台子、小南河两所学校办起高中班。1978 年，两所学校的高中班毕业后，其他初中班学生并入永红中学和傅村中学，吴庄子村学生到永红中学上学。

2016 年，村小学毕业学生均进入九十五中学。师大三附小毕业后进入付村中学就读，付村中学毕业后按照学习成绩进入杨柳青一中、张窝中学、九十五中学或其他技校、中专等。

（二）成人教育

扫盲　1952 年，吴庄子村建立民校、夜校、识字班，教师就地取材，有的为小学教师兼任，主要推广“速成识字法”，利用晚上组织农民识字。到 1956 年，村百分之八十的民校学员达到小学识字水平，一般能够写信看信读报，有的还能读小说写常用应用文等，学习成绩突出的在初级合作社中担任记工员、会计等。经过初级班、高级班脱盲验收合格的学生都取得由区文教科颁发的毕业证书。三年自然灾害期间，扫盲工作中断，1964 年再次掀起扫盲高潮。1966 年“文化大革命”开始后，扫盲工作中止。进入 70 年代，以学毛主席著作为主要内容的政治夜校在大队掀起高潮，每天晚上社员们集中到生产队队部或小学校，学习毛主席著作或毛主席语录，学习两报一刊社论和各种大批判文章，学习学大寨学小靳庄的有关文章文件。开讲用赛诗会、歌咏会，开展“批林批孔”。为保证出勤率，晚上学习加记工分，直到“文化大革命”结束前才告终止。

80 年代末，由于经济条件的差异，加上受读书无用论影响，一些儿童家长不重视学习文化，也造成新的文盲半文盲。1988 年，村委会又办起来夜校扫盲班。中小学生也参加了包教包会活动。1989 年，经上级部门考核验收，村新文盲、旧文盲、半文盲全部脱盲。

进修　初级合作社时期，各社队都急需会计出纳，县乡多次举办会计培训班，边学文化边学业务，村中派人参加学习。1957 年，实行旱田改稻田，培养水稻种植及农田水利基本建设等方面的专业技术人才，先后组织三期学员，每个村至少一名，村中派一名青年农民到静海县参加文化和专业知识培训。

1968 年，公社选派吴庄子村一名青年到天津医学院学医，结业后回村，成为第一批“赤脚医生”。

1979 年，区内广播电视大学、函授大学、职工大学、业余大学相继开办后，村中一批青年报考中国语言文学专业函授大学进修。

1993 年，吴庄子村成立成人学校，对村民进行短期培训。培训的内容为农业基础知识、养鱼知识、林果管理、财务管理、法律知识讲座。每次课参加人数在 20 人。同年，两名村级后备干部参加镇公司的会计中专班学习。

1994 年，全村教育投入 1 万元，其中用于改善办学条件 0. 3 万元、输送委培人员 0. 4 万元、各类岗位培训 0. 2 万元、升学奖励支出 0. 1 万元。

1996 年，村成人学校定期开展活动，进行扫盲教育，组织村民参加镇里的培训班，参加人数 10 人。

2004 年，村民韩清义参加镇农民信息员教学班参加跨世纪青年农民科技培训工程培训，获得合格证书。

2005 年，韩清义获天津市“351”培训工程村级干部岗位培训证书。

2009 年 9 月，吴庄子村成人学校被西青区教育局授予“村级成人文化技术学校区级示范校”。

截至 2017 年，吴庄子村共有 96 名村民接受高等教育。其中李耀妍、张永亮和陈佳君为硕士研究生。

1977—2016 年吴庄子村大专及以上学历人员一览表

表 2

序号	姓 名	学 历	毕业学校	备 注
1	杨树春	专科	广播电视大学	在职教育
2	秦凤强	本科	景德镇陶瓷学院	
3	李向娜	专科	天津轻工职业技术学院	
4	吕　阳	专科	东北大学	在职教育
5	高园立	本科	天津商业大学宝德学院	
6	张志奇	本科	河南科技大学	
7	吕　磊	专科	津南区机电职业技术学院	
8	肖　勇	本科	天津大学	在职教育
9	左宇湉	本科	天津农学院	
10	高兰英	本科	国家开放大学	在职教育
11	吕美杰	专科	国家开放大学	在职教育
12	杨晓萱	专科	天津师范大学	在职教育
13	王　健	专科	天津广播电视大学	在职教育
14	杨启超	专科	天津城市职业学院	
15	刘　倩	本科	天津师范大学	
16	杨　丽	本科	天津师范大学	
17	张永胜	专科	中国人民解放军南京陆军指挥学院	在职教育
18	任羿橦	专科	天津医科大学	
19	张兆玥	本科	天津师范大学	
20	王玉成	专科	天津开发区职业技术学院	
21	宫程程	专科	天津师范大学	在职教育
22	杨树超	本科	北京农业大学	
23	张国颖	本科	天津理工大学	
24	刘福争	本科	沈阳农业大学	
25	孟祥芳	本科	天津工程师范学院	
26	李紫晴	本科	天津理工大学	
27	吕玉圣	本科	江南大学	

续表 2

序号	姓 名	学 历	毕业学校	备 注
28	胡 甜	专科	北京联合大学	在职教育
29	刘 萍	本科	厦门大学	
30	阚雨辰	专科	哈尔滨工业大学	
31	刘寿伟	本科	天津医科大学	
32	刘佳琪	本科	西安邮电大学	
33	吕 永	专科	天津电子信息职业技术学院	
34	张永康	本科	北京交通大学海滨学院	
35	孙树明	本科	天津财经大学	在职教育
36	王 健	专科	哈尔滨工业大学远程教育学院	
37	王 晶	专科	天津公安职业警官学院	
38	梁志杰	专科	大连海事大学	在职教育
39	牛冬梅	专科	天津城市建设大学	
40	刘 娜	专科	天津广播电视大学	在职教育
41	张永彪	本科	湖北大学知行学院	
42	徐国召	本科	天津商业大学	
43	刘 彤	本科	天津商业大学宝德学院	
44	李耀妍	研究生	天津医科大学	
45	李紫洋	本科	天津工业大学	
46	李雅俐	本科	天津工业大学	
47	韩清义	专科	天津农学院	在职教育
48	韩绍锟	专科	天津公安职业警官学院	
49	张永亮	硕士	英国伦敦大学	
50	张志平	本科	天津工业大学	
51	杨 杰	本科	天津农学院	
52	梁 晨	本科	天津天狮学院	
53	杨文起	专科	天津农学院	在职教育
54	杨 萍	本科	天津师范大学	
55	杨树泉	本科	天津大学仁爱学院	

续表 2

序号	姓 名	学 历	毕业学校	备 注
56	吕爱云	本科	天津师范大学津沽学院	
57	樊东帅	本科	天津理工大学	
58	张 娜	专科	天津司法警官职业学院	
59	张欣怡	专科	天津渤海职业技术学院	
60	吕爱祥	本科	天津体育学院	
61	张 浩	本科	天津商业大学	
62	程 颖	本科	天津商业大学	
63	梁 健	专科	天津现代职业技术学院	
64	任晓雪	本科	天津大学	在职教育
65	吕玉静	本科	重庆工商大学	
66	贺亚琦	专科	天津职业大学	
67	毕洪笑	专科	天津商业大学	
68	吕玉明	专科	天津职业大学	
69	陈佳君	硕士研究生	美国伍斯特理工学院	
70	梁瑞轩	专科	天津公安警官职业学院	
71	高 敏	本科	天津医科大学	在职教育
72	张兰雨	本科	中央广播电视大学	在职教育
73	王永娥	本科	中央广播电视大学	在职教育
74	张 钰	本科	南方医科大学	
75	张兰杰	本科	天津体育学院	
76	李自花	本科	天津体育学院	
77	张志东	本科	天津农学院	
78	吕 璐	本科	山东财经大学东方学院	
79	韩 旭	专科	天津市河西区职工大学	
80	王 晶	专科	天津公安警官职业学院	
81	王福盛	本科	西青党校	在职教育
82	刘 颖	本科	天津开发区职业技术学院	
83	张国浩	专科	国家开放大学	在职教育

续表 2

序号	姓 名	学 历	毕业学校	备 注
84	刘福珍	专科	天津工程职业技术学院	
85	张月玲	专科	中央广播电视大学	在职教育
86	马　晨	专科	中央广播电视大学	在职教育
87	王　烁	专科	西南大学	
88	吕美鹏	专科	天津城市建设管理职业技术学院	在职教育
89	祝兆娟	专科	南开大学	在职教育
90	左艳霞	专科	天津大学	在职教育
91	徐　畅	专科	天津电子信息职业技术学院	
92	陈春雨	专科	天津商业大学	在职教育
93	刘福翠	专科	天津农学院	在职教育
94	张玉霜	本科	沈阳工学院	
95	王春梅	专科	天津广播电视大学	在职教育
96	张永霜	专科	工业大学经济管理干部学院	

2005—2017 年吴庄子村考上大学奖励一览表

表 3　　　　单位：元

年份	姓名	合计奖励金额
2005	刘萍、杨萍、杨玲、刘福争	14000
2006	杨树超	5000
2007	张志平	3000
2008	张璐、张浩	8000
2009	李紫洋	3000
2012	张永亮、徐国召、李耀妍、吕爱云、刘彤	21000
2013	吕璐、吕爱祥	6000
2014	张玉霜	3000
2015	张兆玥、张志奇	8000
2016	杨树泉、梁晨、李紫晴、张婷婷	12000
2017	刘寿伟、刘佳琪	10000

注：大学本科（一本）奖励 5000 元，二本、三本奖励 3000 元

二、文化

（一）文化设施

广播　历史上没有有线广播，通信方式靠口头相互传递。解放初开大会，靠人拿着纸制或铁制喇叭筒，站在屋顶上喊话通知。

电视　70年代初，村购置黑白电视机，安装在大队办公室外，供社员观看。

1979年，电视机开始进入农户。电视机多为12英寸、14英寸。1988年后，彩色电视机陆续普及。1991年，吴庄子村安装闭路电视。21世纪，村内安装地面卫星接收站，可接收中央、天津、河北、云南、贵州、山东、香港等多家卫星电视节目。闭路电视普及率达到90%以上。

图书室　解放前村没有图书室，少量图书均为个人藏书。

1958年，村团支部建立图书组，有几百册藏书，供群众借阅。由于管理不当，制度不健全，许多图书借出后不能按时收回，1960年解散。

图书室（2017年摄）

1963年，区文化馆创办了农村俱乐部，在全区设立流动图书箱，吴庄子村有业余图书管理员，图书有文艺作品、历史、科普知识、医药卫生书籍等。

1969年，天津知识青年陆续到各村插队落户后，天津市有关单位为各个大队的知青赠送图书，大队也出资金为知青购买图书，建立大队“知青图书室”。

图书阅览室（2017年摄）

1975 年，建立南河镇图书室后，供给村图书室借阅图书，定期对村图书管理员进行业务培训。1992 年，西青区建立图书网后，村加入了图书网络。2015 年，在国兴佳园社区建立农家书屋、书画室、棋牌室。

电脑　90 年代初，全村有少数家庭购置电脑。进入 21 世纪，家庭电脑逐渐进入村民家庭。

2016 年，台式电脑、笔记本电脑、无线上网笔记本等电子产品在村民家中基本普及。

棋牌室（2017 年摄）

文化活动中心　1994 年，村建文化社设施 1 个，占地面积 50 平方米，投入资金 0.4 万元，用于购买图书、象棋、羽毛球等文体器材。

1996 年，村建立文化活动中心，制定管理制度，有专人管理，青年人在这里读书、打羽毛球、下象棋等，老年人在这里吹打乐器，自编自演节目，进行各种娱乐活动。

2015 年，村文化活动中心迁入国兴佳园社区服务中心，设有图书室、书画室、舞蹈室、乒乓球室、棋牌室等活动场所，村民定期开展各项丰富多彩的文体活动。

（二）文化活动

50 年代中期，村不定时约请区乡电影放映队到村播放露天电影，深受农民喜爱。至 70 年代中期，上级电影放映队到村放电影仍为人们观看电影的主要形式。1977 年，村购置电影放映机后，村民看电影更加方便。村电影放映员定期到区相关部门租赁影片，除在本村放映外，还被纳入公社电影放映队，实行分片包村巡回放

新春送福（2016 年摄）

映。中共十一届三中全会后，根据农村改革开放发展经济的需要，村中经常放映农村科技类影片。

60 年代，村内安装小广播后，村广播室定时转播中央人民广播电台早间“新闻和报纸摘要”、天津人民广播电台“对农村广播”“津沽大地”及区、乡广播站节目外，自办节目每周三次。1969 年，镇广播站每天早晨中午晚上广播三次。早晨转播中央人民广播电台新闻和报纸摘要节目。十二点播放南河镇新闻，晚上十八点转播上级电台的节目及各类文艺节目，村民通过收听广播了解国内外大事和西郊区、南河镇新闻。

六七十年代，现代京剧《红灯记》《沙家浜》等样板戏在村中家喻户晓，广为村民传唱。村中评剧也有一定基础，曾成立业余剧班。这一时期，戏曲爱好者曾演出戏剧专场，在各种活动中表演清唱。“文化大革命”开始后，村中成立“毛泽东思想文艺宣传队”，表演曲艺、三句半、山东柳琴、快板，京东大鼓等曲艺节目。“文化大革命”后期，文艺宣传队活动逐渐停止。

改革开放后，村中成立老年人之家和青年之家，作为村民文化活动的主要场所。老年人之家配备老年人喜爱的棋类、牌类文体用品，安排专人负责管理，供老年人打牌、下棋、演唱京剧等，每天晚上开展活动。青年之家不定期举办读书笔会、知识竞赛、演讲等活动，还作为学党章小组活动阵地，团员青年定期学习。

2015 年，已组建 2 支广场舞健身队，联合大卷子、王庄子村在社区联合成立村级综合服务站，设党群、民政、计生、户口、劳动保障等多个服务窗口。

2016 年，村民文化活动主要集中在国兴佳园社区文化中心，进行各种文娱活动和体育比赛。村民文化活动实现常态化，活动形式多样，内容丰富多彩。

2017 年 10 月 30 日，村农家书屋组织朗诵活动，有 20 名村民参加。6 名村民上台表演朗诵《我的祖国》《我爱你，中国》等作品。朗诵活动受到村民的赞赏和响应，定期组织村民开展活动。

农家书屋读书演讲活动（2017 年摄）

三、卫生

（一）设施器械

卫生站所　1949 年医疗条件简陋，药费昂贵，一般人有病请不起医生，不少人有病只能靠土方、偏方治疗，或求神问卜，找巫婆神汉，耽误了病情，如遇传染病流行，死亡率很高。疾病折磨，生活贫困营养不良，老百姓体质普遍较差。

解放后，镇党委非常重视卫生工作，卫生事业逐年发展。解放初期，镇党委把民间医生组织起来，1964 年，区卫生局举办中西医结合医疗学习班，历时 8 个月，吴庄子村选派了有文化、作风正派的青年参加培训，学习结业后，回村成立了村红十字卫生站。区卫生局每年都举办学习班，使乡村医生的医疗技术水平不断提高，成为农村的医疗卫生工作骨干。1969 年，村红十字卫生站改为“红医站”。到 70 年代，已经形成了区级医院、社乡级卫生院、村级卫生所三级的医疗网，做到小病不出村、大病一般不出乡。1983 年，村红医站复为卫生所。村卫生所在健全和发展三级医疗网络和推行医疗制度改革中一直发挥着基础性作用。1991 年，村卫生所达到国家甲级卫生所标准，村有乡村医生 1 人，获得天津市卫生局颁发的合格证书。有女计生员 1 人，获得合格证书。村卫生所的药品在 100 种以上，一般医疗器械齐全，有医疗室 2 间。

红十字会　1966 年，大队（村）成立红十字卫生委员会，委员由各生产队队长、大队妇代会主任、团支部书记、贫协主席、红医、大队长组成。各生产队每 10 户设 1 名红十字卫生员，全村设红十字卫生员 10 名。村红十字会以扶危济困、尊老助残、助人为乐，实施人道主义为宗旨，在村内组织实施救急、救护、护理、参加意外伤害和自然灾害的急救、救护，宣传防病灭病，兴办福利等。2012 年，村党支部书记杨文起在西青区红十字会第七次全会员代表大会上，当选为西城区红十字会第七届理事会理事。

医疗器械　50 年代初，村医只有听诊器、血压器、体温表等简单器械。多用把脉诊断中药治疗。1969 年，每名“赤脚医生”配备 1 个红十字保健包、听诊器、口表、血压表，及用于常见跌打损伤涂抹药品。1990 年村卫生所达到甲级卫生所标准，有诊室 3 间及体重计、血压计、听诊器、体温计。1994 年始，增设输液治疗，备有药品 300 余种，多为西药，少部分中成药，实现小病不出村，大病不延误。

（二）医疗卫生

疾病医治　1949 年前，村内缺医少药，医疗条件极差。当时百姓生活贫困，药费昂贵，一般人有病请不起医生，只能靠土方、偏方治疗，或求神问卜，找巫婆神汉，耽误了病情。遇有传染病流行，死亡率很高。由于生活贫困营养不良，多受疾病折磨，老百姓体质普遍较差，人均寿命只有 52 岁左右。

新中国成立后，镇党委非常重视卫生工作，卫生事业逐年发展。解放初期镇党委把民间医生组织起来，为患病村民医治病痛，逐步改变缺医少药状况。1956 年合作化后，医务人员陆续增加，成立乡村卫生所。60 年代后，随着公社卫生院（所）在村内的设立，村民就医条件大为改观。随着村红色医疗站（又称卫生所）的建立和乡医疗技术水平不断提高，为村民医药救治带来更多便利。

1958 年始，社员多到乡卫生院或村卫生所看病买药，个人不交任何费用。1961 年始，实行社队（村）联办合作医疗制度，即社员每人每年缴纳 2 元医疗基金后看病不收钱，超支部分由社队（村）公益金负担。1973 年，改为社员缴纳医疗基金后，门诊病人负担医疗费 50%，住院病人医药费由村里支付。80 年代中期，继续实行合作医疗制度，村委会为村民每人每年缴纳合作医疗基金 10 元，每年支付 2 万元～3 万元。根据实际运行情况，完善报销制度。规定：医药费 100 元以内有患者自付；医药费 100～500 元，由集体和个人个负担 50%；医药费达到 500 元以上的，由集体负担 70%；五保人员医药费全部由集体负担。1991 年，实行乡村两级合作医疗制度，包括预防、保健、医疗、康复。以户为单位自愿申请，按上年度人均纯收入的 1% 缴纳合作医疗基金，门诊就医不予报销，住院患者在指定的卫生院治疗，报销住院期间医药费的 50%。经乡卫生院转诊，在区以上对口医院或专科医院住院治疗，报销住院期间医药费 40%。2016 年，全村适龄村民全部加入城镇居民医疗保险，患者和城市居民一样凭医保卡到医院就诊。

防疫接种　1950 年，乡建立的联合诊所除行医外，担负各村防疫，1958 年始，吴庄子村由公社卫生院所负责为幼儿接种疫苗。

1964 年，村建立红医站后，传染病预防接种实现区社村三级联网管理，预防接种率大为提高。当年，吴庄子公社曾发现副霍乱患者 1 人，得到及时治愈。1965 年，在儿童中接种麻疹减毒活疫苗、脊髓灰质炎糖丸疫苗、流行性乙型脑炎疫苗，降低传染病的发病率。

1971 年始，每年春秋两季公社卫生院集中为婴幼儿、学龄前儿童和学生接种麻疹、天花、白百破、流脑、肝炎疫苗。0 ~4 岁儿童实行计划免疫，0 ~6 岁儿童每年进行一次健康普查，6 岁以上的小学、中学生由学校负责每年体检一次。对查处的佝偻病、缺碘、蛔虫等常见病及时治疗，确保儿童健康成长。婴儿出生后 24 小时内注射乙肝、卡介疫苗；出生 2 个月后服三次糖丸；出生 3 个后注射白百破疫苗。

1979 年后，由每年两次接种改为 4 次，实行卡册管理，使预防接种向规范化和有效的目标发展。

1985 年，开展计划免疫月接种，实施脊髓灰质炎糖丸疫苗、麻疹疫苗、白百破疫苗、卡介苗“四苗”接种，以防止麻疹、婴儿瘫、白喉、百日咳、破伤风、结核病 6 种疾病，同时完善区乡村三级疫苗冷链运转，保证疫苗的质量，大大提高了免疫效果。

1990 年后，村儿童四苗接种率每年均达到 99.98% 以上。同年，普及了乙肝疫苗接种，1994 年开展了甲肝疫苗接种。1993 年，实行强化免疫，0 ~4 岁儿童在全国统一规定的时间内服用糖丸，以根除小儿灰质炎。

进入 21 世纪，村民防疫实现制度化、科学化，基本消除流行病和小儿易得病症。

传染病防治　解放前，村域曾流行天花、霍乱、伤寒、疟疾、肝炎、乙型脑炎脊髓灰质炎等多种传染病。1945 年，发生霍乱传染病，由于医疗条件差，村中有人被传染而死亡。

新中国成立后，政府对传染病非常重视。1953 年，天津市政府发布《传染病报告管理暂行办法》，1980 年，天津市政府颁布《天津市急性传染病管理条例细则》，规定报告并进行管理的传染病 25 组，根据规定，由镇内医院、村卫生所的医生负责，发现传染病人要及时填写传染病报告卡片，送区防疫站，发现甲类传染病及艾滋病、炭疽病，首先要电话报告，然后再填写卡片，在 12 个小时内报到镇防疫站。村中严格执行上级规定，及时报告情况，保证村民健康。

2003 年，国内“非典”流行期间，吴庄子村举全村之力，实行群防群治：村中组成卫生清洁队、卫生消毒队、统计体温报表队，利用各种宣传工具广泛宣传，购置消毒药水、防护服装、保健中药、电子体温测量仪、每户一只体温计，实行严格防范措施，使“非典”疫情未扩散到村。

合作医疗　1969 年，吴庄子实行合作医疗制度，具体办法是参加合作医疗的人每人每年交合作医疗基金三至五元，由大队统一掌握使用，社员在村卫生所就诊时，所花费用超过全家所交基金总和的，由大队合作医疗组织负担百分之五十，在公社卫生院或者区级医院就诊的，医药费由公社从公益金中报销百分之五十，大队报销百分之二十，个人承担百分之三十，这项制度的实行，解决了社员群众因病致贫的问题，备受社员欢迎。1991 年，镇政府重新制定《南河镇集资医疗章程》后，村有常住户口的农业村民均有资格参加集资医疗，集资方式是村里从公益金中提出一部分，个人每年每人交 10 元钱，作为医疗基金。

2016 年，村中仍实行城乡居民医疗保险，村民医药报销比例不断增加，大病报销最高 3 万元。

四、体育

（一）设施

解放前，村体育活动多为群众自发组织，没有体育设施和场地。

50 年代，村团支部和民兵组织负责体育工作。村和学校逐渐利用场地做篮球场，自制简易篮球架。70 年代，村内“五七中学”（九十五中学）建 200 米跑道田径运动场 1 个，并设立器械区，有单杠、双杠、简易篮球场。

村乒乓球室（2016 年摄）

80 年代学校体育设施逐步齐备，场地和设施趋于标准化。村体育活动阵地都购置相应的体育活动器械。1988 年，村建立农民

村举办乒乓球比赛（2016 年摄）

体育协会。

90 年代，农村和学校体育设施基本达到教育部要求的标准。

2012 年，村投资近 10 万元安装更换健身设施。设有体育活动场地 4 处，分别设立七八种健身器材，设有篮球、足球、乒乓球、羽毛球等活动场地，供村民锻炼身体。

2014 年，村民入住国兴佳园后，小区内体育设施、器械不断增加，活动场所逐步扩大，村民健身锻炼更加方便。

2009 年，在镇第十一届农民运动会获精神文明单位奖

是年，吴庄子村被市委宣传部、市体育局、市文明办授予“天津市体育彩票未成年人快乐营地”。

（二）体育活动

新中国成立前，农民体育活动多为武术、踢毽、拔河、举重、掰腕子、摔跤、打尜、放风筝、游泳、滑冰等民间传统项目。

新中国成立后，活动项目不断增加。50年代，武术、篮球运动普及，村内经常开展小型比赛。

1969年知青下乡到村后，大队为知青建立乒乓球活动场所，乒乓球活动开始在村普及，村民和企业都有多人参加此项活动，后组队参加镇文化站乒乓球比赛。历届镇农民运动会时，村中都有人报名参加乒乓球比赛。

70年代后，足球、乒乓球运动以及象棋、健美操等逐渐盛行。进入80年代，以青年之家、老年人活动室为阵地，开展各种友谊赛、邀请赛，运动水平及参与人数不断增多。1990年始，每年都举行全村棋牌类比赛，吸收众多爱好者参加。

1992年，南河镇举办首届全民运动会，村组织代表队参加多个项目的比赛。

进入21世纪，村老年人盛行跳广场舞、扭秧歌、健步走；青年人中盛行象棋、乒乓球、篮球、羽毛球、室内健身器械运动等。

2008年，村代表队参加镇第十届农民运动会

第九章　风土民情

自古以来，吴庄子村民风质朴浑厚，村民热情直爽，讲义气，重感情，乡土意识强。近世受时代风气影响，村民尊重传统，崇尚科学，不断用自己的勤劳和智慧，追求和创造更加健康幸福并富有时代特色的生活。改革开放后，受大城市现代生活气息熏陶，人们追求健康、科学、文明的新生活方式，在保留部分传统民俗风情的同时，注重生活品位，逐渐形成具有厚重传统习俗和现代都市习俗糅合的特色民情。

2017 年，村舞蹈队举行“喜迎十九大欢度重阳节”演出

第一节 风味小吃

一、面食类

贴饽饽熬鱼 吴庄子村地处丰产河边，自然水产资源丰富。家家有吃鱼虾的习惯，村里种植玉米，是村民的主食。鱼多为野生的麦穗、鲫鱼和小虾。铁锅贴饽饽熬鱼是村民的家常便饭，又叫一锅出，就是连菜带饭全有了。做的时候要选用鲜活的鱼，掏净内脏洗净，然后放铁锅（后改为饼铛）内用油煎透，再把葱、姜、蒜、醋、酱油等调料放入锅内，大火烧开。最后，再在锅边贴上饽饽。饽饽是用棒子面（即玉米面）和的。饽饽的形状可随意，多为手掌状，也有圆形和长圆形的。饽饽与鱼一同出锅，鱼肉鲜美，饽饽金黄，底面一层是脆脆的嘎儿，一头儿因沾到鱼汤儿而更有滋味，吃起来更为鲜美。

贴饼子熬鱼

随着时代变迁和环境的变化，贴饽饽熬鱼的做法也不断改进。鱼的种类不断增加，各种鲜活的鲤鱼、泥鳅、嘎鱼、白鲢鱼等都可以熬制。调料也有所增加，依个人的品味而定。喜欢辣的加点红辣椒，喜欢甜的多加点糖等。随锅贴的也不再仅是饽饽，还可以是死面卷子。同样也是熬鱼后在锅边贴上用白面做的卷子，与鱼一道熬熟，多配上一盆小米粥或是玉米面粥。这道特色美食不仅村人喜欢，过往的客人也很喜欢，很具地方小吃风味。

尕尕汤（疙瘩汤） 是一道老少皆宜的冬季美食，汤菜合一，味道浓郁，为村人喜爱。汤的做法很简单，依据人们的喜好可分为白面尕尕汤和棒面尕尕汤。首先是做汤，锅里放少量油，然后放上点切好的白菜等炝锅翻炒，然后放些酱油、盐等调料，加水烧开，再放入白面尕尕或棒面尕尕即可。白面尕尕汤为家常做法，即用一点白面，加上一点清水，用筷子搅拌成不规则的小块，放入汤中煮熟即可。棒面

尕尕汤多是饭店做法，先用温水把棒面放入葱花、花椒粉和面（稍硬点），挤成方饼条再切成小方丁。将切好的玉米面丁，放入有干面粉的盆内摇匀成方圆形备用。锅里放清水烧开，再倒入摇好的玉米面块。煮熟后，加入盐、香油、胡椒粉、鸡精，撒入香菜即可食用。过去村中只有富裕家庭或年节或生病时才能吃此美味，如今尕尕汤却成为人们换口味的吃食。

疙瘩汤

附：

疙瘩汤典故

据说很久以前，一位老妇人去看望已嫁他乡的女儿，到了中午该做饭时，女儿却犯了难：按说母亲来了，该做点儿好吃的孝敬母亲一番，可是母亲来得突然，吃了饭就要往回赶路，一来自己来不及准备，二来婆家的日子也过得紧巴，这可做点儿啥呢？女儿灵机一动，有了办法，她把家里仅有的一点儿白面盛到碗里，加入丁点儿的水，用筷子搅拌成小碎疙瘩，又搜寻一些土豆、萝卜、鸡蛋、大葱、香菜等放入锅内，煮熟后烹了一勺油花，加入盐等佐料，便做成了一锅不稠不稀香喷喷的汤饭，小心翼翼地端给娘亲吃。不料，母亲品尝后赞不绝口，女儿悬着的心这才放下来。母亲问女儿这叫啥饭，女儿说这是我来到婆家后学会做的饭，名叫“疙瘩汤”。从此，这种经济快捷而又方便的美食就传遍了千家万户。

素盒子　村民所做素合子馅料多以韭菜、白菜、茴香、芹菜为主，还可根据个人喜好，加入木耳、鸡蛋、粉条、香菇、香干、面筋、虾皮等配料；面皮以白面为主，也有白面加少许棒子面、小米面、黑米面混合而成。最为常见的要数白面韭菜鸡蛋馅素合子：将鸡蛋去皮搅拌后炒熟，放凉切碎；韭菜择洗干净，切小末，装盆，放入食用油、五香粉、盐、酱油等调匀。面提前和好，揪成小面球，用擀面杖擀出面皮，然后将面皮包上馅，放进热锅后拍扁，大小形状随意，小火烙熟。其色泽金黄，口感香脆，味道鲜美，深受人们喜爱。

二、野菜类

凉拌柳蒿芽　又称水蒿、白蒿，季节性较强，一般5—6月份采集。做法：将鲜嫩柳蒿芽洗净，用开水焯5～8分钟，捞出后浸泡在凉水中；大蒜去皮切碎或捣成蒜泥备用；捞出泡在凉水里的柳蒿芽挤干水分并切碎，加入蒜末或蒜泥、豆酱、香油、味精等搅拌均匀，即可食用。具有健脾去火，解毒消炎等功效。

凉拌曲麻菜　又称苦苦菜、苦苣菜。取鲜嫩曲麻菜、豆瓣酱适量。将曲麻菜洗净沥干水分，切碎装入盘中，加适量豆瓣酱拌匀即可食用，也可将洗净的曲麻菜直接蘸酱食用。苦苦菜甘中带苦，有抗菌、清热、消炎、解毒、凉血、明目等功效。

炒苦苦菜　取鲜嫩苦苦菜适量，猪肉一小块，食油、调料若干。将苦苦菜洗净，沥干，切成小段备用；猪肉切成片，以少量淀粉、米醋抓拌均匀，备用；油锅烧热，先将肉片下锅，炒至八成熟，倒入苦苦菜同炒数分钟，添加食盐等调料翻炒出锅。

炒马齿苋　俗称马玲菜、长寿菜。有清热、利湿、解表、消炎、止渴、利尿、明目、止泻、除去肠垢、益气补虚、治疗久痢、降血压、防治心脏病等功效。做法：取新鲜马齿苋适量，食油、调料若干；将马齿苋去根，洗净，用开水焯 5～8 分钟，捞出后放入凉水中冷却一下；将马齿苋挤干水分，切段备用；大蒜去皮切片，备用；油锅烧热，加入一半蒜片和适量酱油炸锅，然后放入马齿苋翻炒，加水适量盖锅闷 20 分钟左右；淀粉勾芡，加入食盐、香油等调味品及另一半蒜片，出锅。

炒马齿苋

新鲜马齿苋也可做成馅儿包包子、饺子或凉拌食用。旧时，人们多在夏季采摘大量新鲜的马齿苋，择好洗净后用开水焯后晒开，留作冬春食用，借以缓解粮食菜品紧缺。

榆钱炒鸡蛋　取鲜嫩榆钱适量，鸡蛋 2 个，调料若干。将榆钱洗净后放入容器内，打进鸡蛋，加入食盐等调料拌匀，油锅内炒熟即可食用。

榆钱炒鸡蛋

三、粮菜混合类

菜团子　新中国成立前，棒子面饽饽和窝头是村户主食。每逢灾年，棒子面也不能满足全家需要。为节省粮食，人们只好将野菜与粮食混合食用，形成多种做法，菜团子即是其中之一。因其做法简单，营养美味，至今仍为人们所喜爱。

菜团子的主要做法为：用棒子面加温水和面，和匀后用湿布盖着醒面。把野菜剁成细末放入盐等调料拌匀，面醒好后，抓一把放在手心，拍成面皮，把馅放中间，边转面皮边往上拢，包成圆形的团子，上锅蒸熟即可食用。

进入 21 世纪，随着人们生活水平的提高，菜团子的馅料也多了起来，雪里蕻、豆角、白菜、茴香、韭菜、萝卜、马齿苋等，再配上一点肉馅，都可做成美味的菜团子，成为人们生活中一道既营养又保健的食品。

蒸榆钱扒拉　取鲜嫩榆钱若干，玉米面或小米面少许，新鲜小葱或蒜苗适量，调料若干。做法：将榆钱去蒂、洗净，沥干水分备用；取玉米面或小米面少许均匀撒在榆钱上拌匀，然后上锅蒸熟；将小葱或蒜苗切碎后加入食盐、酱油、米醋、香油、味精等调料适量调制成佐餐小料；在蒸熟的榆钱扒拉上按个人口味淋入适当佐餐小料搅拌后即可食用。

此外，榆钱也可以蒸成榆钱团子。将新鲜榆钱洗净后，按 1∶1∶1 的比例与玉米面、白面拌匀，加盐和调味品做成团子，上锅蒸熟即可食用。

榆钱是一种季节性食物。每年清明节前后榆树胚芽鼓胀，生出榆钱。因旧时春季正处在“青黄不接”的春荒阶段，村民常采摘榆钱蒸成“扒拉”或团子代替粮食充饥。由于榆钱扒拉入口绵软、略带甜香，且具健脾安神、清心降火、止咳化痰等药用功效，适宜老人和儿童食用，后来渐渐演化为特色食品。

菜龙　多采用白菜、韭菜为馅料，也可根据自己口味选择馅料。做法：取适量面粉，洗净白菜、香菜，适量豆豉及葱、姜、五香粉等调料备用；将面粉加入温水和匀后盖上湿布醒 30 分钟左右，使面团变得松软；将洗净的白菜、香菜及豆豉切碎加入调料搅拌均匀成馅；将面团放入面板上反复揉搓，再分成若干等分，取其一擀成薄薄的面片；在面片上铺上菜馅，从底部向上卷，卷好后捏紧边角。锅内烧开水，篦子上铺白菜嫩叶，放入菜龙，大火烧 20 分钟，再虚蒸 3 分钟，出锅食用。也可做成锅贴菜龙。菜龙粮菜混合，缺粮时既可节省粮食又可充饥。因其做法极其简单，味美省时又可多食蔬菜，至今仍被人们推崇。

摊烀饼　新中国成立前，村民在长期食用玉米面、高粱面等粗粮的过程中，形成很多粗粮细作的方法，摊烀饼就是其中之一。其主料有玉米面、高粱面、小米面等，馅料主要有韭菜、白菜或各种野菜。做法：取玉米面、韭菜若干；鸡蛋一个、虾皮适量、调料适量；将韭菜洗净切碎，鸡蛋炒熟切碎，虾皮切碎，倒入容器内加入各种调料适量并搅拌均匀；玉米面加水和成糊糊状；将平底锅烧热刷一层食用油，将面糊摊在锅里，要摊均匀形成薄饼状；盖上锅盖，小火烙制，几分钟即熟，烀饼底部金黄酥脆，馅料鲜香扑鼻。进入 21 世纪，粗粮被人们推崇为保健食品，摊烀饼被誉为“农家比萨”，仍为人们喜爱。

豆面菜贴饼子 60年代前村民食用较多的菜品和主食之一。主食材有黄豆面（用石碾碾压成渣子状）、玉米面或高粱面、甘薯面，白菜，葱花、盐等调料适量。将白菜洗净切成条状，玉米面加热水充分搅拌和成糊状，盖上湿布醒20分钟；取清水一碗放在灶台边；葱花炝锅（大铁锅），将白菜和豆面（渣）放入锅内翻炒半熟后加水煮；将和好的玉米面团放在手中，双手边团搓边沾水，然后拍成手掌大小的饼子依次贴在热锅上，盖上锅盖。约10分钟后，豆面菜熟了，饼也就熟了，锅盖一掀，满屋热气缭绕，清香扑鼻。

柳蒿芽馅包子 备面粉若干，新鲜柳蒿芽适量，猪肉半斤，调料若干；将面粉加酵母发好，柳蒿芽洗净，开水焯好、挤干水分；将柳蒿芽与猪肉剁碎，加调料调制成馅；将发好的面加适量食用碱，反复揉搓，揪成面团，用擀面杖擀出包子皮，上馅包好，上锅蒸熟即可食用。也可参照上述做法做成柳蒿芽馅饺子。常食此物，可以去温解表、舒肝调气、开胃消食。

附：

卫南洼的野菜、野粮

1949年前，卫南洼土地盐碱荒芜，但名叫"地梨""羊苗根""黄蓿""稗子"等野生植物却到处可见。然而，这些野菜、野草却救过无数穷人的生命。

1942—1943年春季，侵华日军推行第六次"强化治安"，王顶堤村家家户户没有粮食，连冻带饿，许多老年人和儿童挣扎在死亡的边缘。好不容易熬到春暖花开，村周围田野里长满"地梨""羊苗根"，人们拿着瓦垅铣、小平铣、小捉勾等工具，全家扶老携幼刨地梨。地梨可以煮熟吃，也可以晒干磨成面掺高粱面贴饽饽吃；"羊苗根"一般是洗净切碎掺高粱面蒸"扒拉"，像吃米饭一样用碗盛着吃，也能洗净蒸熟吃。人们就靠着"地梨""羊苗根"渡过了那一段最艰难的岁月。

"黄蓿"在盐碱瘠薄的土地上生命力最强，其他野生植物不能生长的地方，它长得却十分旺盛。秋天成熟后，人们把"黄蓿"收割运到家里，通过打轧，去掉老茎，把轧碎的叶、籽和嫩茎过筛装袋存放，吃时得先将黄蓿用水过滤，除去盐分，再摊开晾干，然后上磨粉碎，像磨其他粮食一样，用面箩箩出细面，用黄蓿面掺高粱面贴饽饽吃。卫南洼还生长一种野生粮食——"稗子"，秋后成熟收割打轧晒干再磨成面，比玉米面、高粱面的营养一点也不逊色，灾害之年可当成主要粮食。因此，史上的每一年秋收，农民都会像收获庄稼一样，收获"黄蓿""稗子"，也不管丰年歉年，都把它们收获储藏起来，当正经粮食食用。

新中国成立后，经过兴修水利，成片野生稗子不见了，黄蓿也很少了。

（赵宝卿）

第二节　习　俗

一、婚俗

新中国成立之前，村内男女婚姻以父母包办为主，男女双方不用见面或认识，全靠媒婆或介绍人介绍，主家听着合适即可。条件好的家庭再找合婚先生给看看，用双方的生辰八字和属相合一合，合适就定终身。男方让女方选择结婚日期，避开例假时期，在此基础上再选农历双日子。日子定下后，男方开始向女方送聘礼。迎娶头一天，女方要“过嫁妆”。请村里有儿有女的“全合人儿”往新人被褥里放枣、栗子、花生，意为“早立子，花着生”。一般民户娶新娘用大车，车上围好席圈；富户人家多用花轿。入洞房时新郎、新娘要吃半生不熟的饺子和面条，意为婚后生儿育女。婚后第四天，新娘回娘家，谓之“回四”。

新中国成立后，颁布《中华人民共和国婚姻法》，村内青年开始婚姻自主，自由恋爱，旧式婚俗得到彻底改变。50 年代，结婚迎娶方式简朴，新郎骑自行车到新娘家接新娘。新郎、新娘的服饰基本上是平时的服装样式，新娘的装扮在颜色上鲜亮一些，没有旧时的通体大红。六七十年代，结婚仪式简单。家人在一起吃顿捞面，也有的家庭在家里摆几桌，招待亲朋。当时讲究三大件，即自行车、手表、缝纫机。80 年代后，人们经济收入提高，出现结婚讲排场，大操大办之风。在迎娶的前一天，男家多搭起大棚，支起炉灶，借来桌椅板凳和碟子碗筷等用具，摆桌庆祝。当时要求男方要有新房，要有新打或新买的整套（组合）家具，并给女方彩礼一件金货，另加几千元不等。女方嫁妆讲究几大件：彩电、冰箱、洗衣机、组合音响、自行车或木兰轻骑等，同时还会陪送“三金”（金戒指、金耳环、金项链）等。新娘坐高级轿车，结婚仪式要录像，婚宴要摆十几桌，攀比之风渐浓。

进入 21 世纪，结婚费用大幅攀升，更加讲究排场。男方费用包括买（建）房子、下聘礼，费用在三十万元至百万元不等。女方多有陪送汽车者。结婚当日，迎娶新娘多使用豪华汽车，新娘的装束在一日之内多次更换。除传统的红色婚服外，多有人开始穿白色婚纱，婚礼中再更换其他样式的裙装，依各自意愿选择。随着人们对物质生活追求的提高，结婚礼物也讲究新的“三大件”：房子、汽车和票子。结婚要请婚庆公司，典礼、婚宴均在饭店进行。有的在迎娶和婚宴前还要燃放烟花爆竹。

人们对“过嫁妆”的风俗慢慢淡化，男女双方在平日里即开始积累生活用具，随时买来东西存放在新房。

虽然多数人结婚较为隆重奢靡，村内也有部分青年喜事新办，婚事从简，采取旅行结婚或参加集体婚礼等简朴方式，成为结婚新时尚。

二、丧俗

旧时，村里实行土葬，传统丧仪繁杂。请一位专门操持丧事的人（俗称“大了”）来代替主家操办，还要设立账房，请专人负责白事当中的各种开支和账目，包括登记亲友送来的奠仪和挽联、花圈等等，其后还要算清开销。有的还要请吹鼓手吹奏、和尚念经等。通常治丧时间为 3 天，有“小三天”和“大三天”之分。零时前人亡的为“小三天”，零时后人亡的为“大三天”。富豪及财主家治丧时间略长，曰“停五日”“停七日”。死者弥留之际要穿上寿衣，移放灵床停外屋，大门外挂挑钱纸，孝子亲朋穿上孝衣，跪在灵床前哭号。转天午后入殓，长子媳妇来整容，此时不许掉眼泪。是日傍晚“送路”，在十字路口焚烧纸牛（马），不能走回头路，众孝归，辞灵。出殡时街头行大礼，长子（长孙）打幡又摔盆。众人抬棺下坟地，离开村边哭声止，入土为安哭一场，抓把坟土埋亲人，回家“迈火”口含块糖。三日圆坟须去坟上“开门儿”，第一个七日烧七纸，五七日烧花，六十日烧船。死者周年为“忌日”，3 年过后，每年清明填一次坟。至 2016 年，上述传统丧俗虽仍有沿袭，但仪程已多从简。

70 年代末，村中开始推行火葬，旧俗淡化。80 年代，旧俗回潮。90 年代，又增新陋俗，兴扎制“冰箱、彩电、空调、汽车、楼房别墅”等祭祀用品，待烧“五七”纸时祭奠焚烧。进入 21 世纪，治丧费用逐年增加，居高不下。村中一度出现带重孝、大吃大喝、火化后骨灰盒二次装棺土葬等丧事大操大办、互相攀比的现象，后经村制定规章制度，统一由白事理事会办理丧葬事务，丧事简办渐成风俗。

三、生活习俗

祝寿　村里人为长辈庆祝生日叫过寿。年满60虚岁始称祝寿，从这一年起子女们开始为老人隆重过生日。逢十是大寿，如60大寿、70大寿、80大寿等。指的虚岁，实为59、69、79周岁等逢九的岁数。人们为讨个吉利，形成“庆九不庆十”的风俗。66岁因有六六大顺之意也为大寿，但过的是周岁。

为老人祝寿（2017年摄）

生日前一天包饺子，叫催生。催生饺子如果当天没吃完，转天也不能吃，留着后天再吃。如果生日那天吃了饺子，意谓捏寿星老的嘴，不吉利。生日当天，亲戚朋友送寿桃、糕点（蛋糕）、水果、酒及礼金等前来祝贺。当天的饭菜十分丰盛，不仅有热炒，还会有炖排骨、熬鱼等大菜。不管中午还是晚上，都会吃顿捞面，谓之“长寿面”。而且煮面时面条不能揪断。生日当天，寿星还要吃一个煮熟的鸡蛋，取此后日子顺顺利利之意。

随着生活水平的不断提高，村中长寿的老人越来越多。年过古稀已很平常，年过80岁、90岁、100岁的耄耋老人也不乏其人。进入21世纪，为老人祝寿多选择在饭店举行，餐前会为老人摆上生日蛋糕，插上生日蜡烛，大家一起唱生日歌。然后老人吹灭蜡烛，大家一起先吃块生日蛋糕，后再喝酒、吃饭。随着生活节奏的加快，亲朋好友间不似以前一样经常见面，故生日当天也成为亲戚朋友聚会的机会，大家欢聚一堂，其乐融融。

庆生　旧时，媳妇怀孕是一件大事，预示着添丁进口、香火旺盛。婆婆常以

“酸儿辣女”“儿勤女懒”“儿带母愁”“女儿打扮娘”“过门坎先迈左脚生男、先迈右脚生女”等俗例测卜孙辈男女。临产，孕妇需离娘家，以防“异姓血脉淋堂”招致娘家败落。

产前一天，全家吃饺子，谓“催生饺子”，并请接生员接生（改革开放后多到医院生产，而且一度兴剖腹产），挂红布门帘、系红布窗条，以辟邪和警示生人不得入内。媳妇分娩的消息要由女婿亲持“喜面”及时通知娘家：生男，将面条放桌子（或缸盖板）上；生女，将面条放锅台上。

小儿姥姥遂将大部分“喜面”分赠亲朋好友，并将备好的婴儿用品及产妇营养品送至女婿家。80 年代前，亲友邻居要送给产妇藕粉、红糖、鸡蛋、挂面等“稀罕”物，90 年代后则多送小孩衣物、玩具、童车、麦乳精、奶粉之类。进入 21 世纪，人们多改为送几百礼金。

产后 3 天，要宴请接生员，由接生员或近亲人用净水给孩子洗澡，谓“洗三”。产后 12 天（女婴 9 天），要“过 12 晌”，娘家送发面蒸饺给产妇，谓“捏骨缝”；婆家全家吃饺子，庆贺孩子平安闯过“孬日”（旧社会常因脐带感染致婴儿患“四六”风病死亡）。后来兴起过 12 天，主家在这天安排酒席款待送份礼的亲朋。

产后 30 天，新生儿要“过满月”。对礼轻者返回面条，对送礼金者安排酒宴庆贺。孩子姥姥家要送金银挂饰（挂锁、手镯、脚镯等）以将孩子“锁住”，使其长命百岁。过完满月，母子住娘家，谓“挪臊窝”。孩子 100 天（男婴 99 天）要“过百岁儿”，因“生日年年有，百岁只一个”，孩子父母双方均较重视。有的要从 100 家要来碎布给孩子做“百家衣”。80 年代以前多照“百岁儿”相，90 年代后渐兴“百岁儿”录像。孩子姥姥家要送面条，特制 1 根长而宽的条，谓“长寿面”；送衣物及“百岁钱”；有的蒸年糕，谓“年糕粘，面条拴，小孩活到一百三”。

孩子周岁时，亲朋好友要送上小孩衣服、毛毯、布料等，孩子姑姑给买鞋，孩子姨给买袜子，姥姥或者舅妈给买衣服，叫作：姑姑鞋，姨娘袜儿，姥姥，舅妈买马褂儿。随着生活水平的提高，拍“满月”照、“百岁儿”照的多了，给小孩送衣服的少了，送礼金的多了，主家也多变成在饭店订酒席招待亲朋了。其后，孩子的生日虽不再亲朋聚会，但也会自家年年给过。生日前一天，要给孩子包催生饺子。生日当天，孩子要吃一个煮熟的鸡蛋和面条。家长多会为孩子买生日蛋糕，买玩具礼物，再做一桌丰盛饭菜或饭店订餐，也有给孩子拍照片留念的。而且过去过生日多只过阴历，进入 21 世纪后，多数家庭农历、公历都过，也有的家庭只过公历了。

四、日常礼俗

旧时平辈村民见面拱手、子女见长辈作揖道福。50 年代后，双方见面寒暄，握手致意。对年岁大者称“大爷、大娘、大婶”，对女性常称“大姐、嫂子”，对男人常称“大哥、大伯（音掰）”。社会性称谓一般称男性为“同志”或者“师傅”。

新中国成立前，村内多有男人结拜盟兄弟、女人结拜干姐妹及认干爹干娘的习俗。60 年代后，拜把子、认干亲的逐渐减少。90 年代后，青年人一度流行用英语打招呼“哈喽（你好）、拜拜（再见）”。学校师生间，小学生向老师行少年先锋队礼，大学生向老师点头打招呼。

随着生活节奏加快，社会文明程度不断提高，村民之间见面时的语言也有很大变化。从过去一见面就问：吃饭了吗？你要去哪里啊？演变成现在简洁的“你好”。双方如果感情不错，多会聊上几句：好久不见，最近还好吗？你看上去精神不错，最近在忙什么？等等家常话。

村里基本上人和人之间是互相认识熟知的。过去，村民结伴去集上采购、售卖物品，一起下地干农活。想要去找谁有点事情，就直接去家里。串门要先在院中打招呼才可入室。进入 21 世纪，拜访前先电话预约时间。如确需临时造访或推迟拜访，也会及时电话告之，征得主人同意，并表示歉意。

五、传统节俗

村内传统节日（以汉族习俗为主）主要有：春节，正月初一；元宵节（上元节），正月十五；填仓节，正月二十五；龙抬头（中和节），二月初二；清明节，农历三月间；端午节，五月初五；中元节（俗称鬼节），七月十五；中秋节，八月十五；重阳节，九月初九；寒衣节，十月初一；腊八节，腊月初八等。

（一）过春节（过年）

一般由腊月二十三开始进入年前准备，直到转年正月十六过年结束，历时 20 余天。此节为全民性，在一年中最为隆重，其中尤以除夕、春节为核心。腊月二十三，祭灶王，俗称过“小年”，家家均买糖瓜，有“糖瓜祭灶，新年来到”之说。晚上多吃年糕或饺子。其后，人们开始紧锣密鼓地置办年货、添置新衣。同时擦玻璃、扫房子、炖肉、蒸（买）馒头、贴吊钱儿等，做着年前准备。腊月三十（小建二十九），俗称年三十或除夕。晚餐为年夜饭，全家人一起在家吃团圆饭，菜很丰盛，有鱼有肉，还有四喜丸子、扣肉和各种酒菜。饭以饺子为主，可有素馅、肉馅、三鲜馅等，也可以吃米饭、面条或涮羊肉等。近年在饭店聚餐者增多，多要提前几个月预订。一些已婚独生子女，还将双方老人接到一起吃年夜饭。饭后，全家人一起“看春晚”或进行其他娱乐活动。晚上十一点开始，燃放鞭炮、烟花，煮新年饺子。整夜“守岁”者逐年减少。

正月初一是春节，早上吃饺子，以素饺子为主，取一年素素净净之意。谚云“初一饺子初二面，初三合子往家转”。正月初二，出嫁的闺女带姑爷回娘家给父母拜年，俗称“回娘家”，后逐渐演变为“姑爷节”。村内沿有“姑爷乃门前贵客”、姑爷在岳丈家备受尊重之俗。正月初五，俗称“破五”，家家剁馅包饺子，放鞭炮，有“剁小人”“捏小人嘴”和“崩小人”之说。正月十五为元宵节，亦称灯节。村内兴吃元宵，猜灯谜，放烟花爆竹等。2004 年后，村中常组织表演秧歌等花会。每年正月十六日，人们多外出逛公园或商场，有“十五、十六，溜一溜，走百病”之说。

春节期间，人们常走亲访友，称为“拜年”。家家准备花生瓜子、糖果水果等，款待拜年者。拜年多说“恭喜发财”“过年好”等吉祥话。晚辈给长辈拜年多带礼物，为烟酒、糕点及水果等。长辈给孩子发红包，即“压岁钱”。“压岁钱”的数额由 70 年代的一两块钱，逐渐变成十元、几十元、百元甚至几百元。亲友之间拜年多打电话问候。2000 年后，从除夕开始，短信、微信拜年渐成时尚。

（二）天仓二十五

农历正月二十五，俗称“老天仓”，意为填满谷仓。该日黎明，家家户户在自家院内或打谷场上，用筛过的炊灰，撒出一个大小不等的粮囤形状，在里面放五谷杂粮，象征五谷丰登。70 年代至今，节日当天村民多自家蒸做豆馅馒头、枣馒头等，有的还做成老鼠、刺猬等样子，不自做的多在外买。

（三）龙抬头

农历二月初二，俗称“二月二，龙抬头”。节日当天，村内沿袭传统习俗，多吃煎闷子、炒鸡蛋、炒春菜、烙饼；男人剃头（理发）谓“剃龙头”，图吉利和好兆头。进入 21 世纪，该日剃头、理发之俗愈加兴盛。人们望子成龙心切，“二月二”理发者，尤以儿童、青少年居多。是日，村子周边的理发店普遍从早晨忙到深夜 12 点，费用也多涨至平日的 2 至 3 倍。

（四）清明节

依夏历 24 个节气轮回，无固定日，多在公历 4 月 4 日或 5 日。清明节已演化为民间纯祭祀节日，是村民心目中最被看重的节日之一。通常，村内居民于清明节前后 10 天，依传统习俗到村中墓地（后为陵园）扫墓祭祖。90 年代后，祭祀用品种类逐年增多，花样不断翻新，一些现代生活用品也被仿制成祭祀用品。扫墓时，普遍用各种纸绢、塑料拉花及挂有塑料苹果、葫芦等藤蔓将墓碑装饰一新。2008 年始，清明节定为法定节日，放假 1 天，与双休日结合可休息 3 天，俗称“小长假”。祭扫虽仍有烧化和放鞭炮等行为，更多人以献花等文明方式寄托情思。在外男女多利用清明“小长假”回乡祭祖，并借此与家人亲族团聚，畅叙亲情。

清明文明祭祀宣传（2015 年摄）

（五）端午节

农历五月初五，亦称端阳节、粽子节，村内俗称五月节。节日当天，村内仍沿袭门插艾蒿、吃粽子风俗。儿童肩配“老虎奋拉”或缀红布葫芦风俗淡化，但近年市场出现卖“五毒褡裢”者，有人买后挂于房中摆设或作为儿童玩具。吃的粽子，有老人的家庭多会自己制作，不爱包、不会包的多到超市买现成的，口味也不再局限于豆沙、枣等，椰蓉、蛋黄、腊肉等各种馅料应有尽有，十分丰富。21 世纪，村妇联多于端午节组织妇女包粽子，并赠送乡邻，增进情感。

村妇联组织包粽子（2017 年摄）

（六）七夕

农历七月初七，又称乞巧节。21 世纪后，与西方情人节相对应，称为中国情人节。村中年轻人多以互送玫瑰花、手表等方式过节。

（七）中元节

农历七月十五，俗称鬼节。村人多以烧纸方式祭奠列祖列宗。

附：

赤龙河上的盂兰会

盂兰会是过去赤龙河面上的一大盛事。

盂兰会是古人祭祀祖先的日子，也是佛教徒追念在天之灵的祭日。新中国成立前，每年农历的七月十五“中元节”（也称鬼节），人们除了到故去的父母和先祖坟茔去拜祭和焚化纸钱等祭奠活动外，还要以村为单位搞集体祭祀活动。特别是赤龙河沿线村庄，盂兰会办得有声有色，成了这一带村庄的一大风景。是日白天，先有发起者知会赤龙河沿线村庄。晚饭后发起村架起两艘大些的木船，载上民间乐队和提前做好的荷花灯若干，先在本村热闹一番放过荷花灯后，一路吹吹打打，沿赤龙河前行，每到一村，村里有人接站，村里的民间乐队出来与船上的乐队会合，一起吹吹打打，一起放荷花灯。那时的盂兰会，最精彩的当是放荷花灯，就是用彩纸做成荷叶与荷花组成的荷花灯。那荷花灯做得很精巧，底下的荷叶翠绿，做成船型，一朵粉红色的荷花盛开，花蕊上插一支蜡烛，完全像一件工艺品。点燃蜡烛，就是一盏灯，放在赤龙河的河面上，让其随水流飘走，寄托人们的哀思。那荷花灯放下去，一盏接着一盏，排成荷花灯的长队，顺流而下，成为赤龙河面上一道瑰丽的风景。放罢，村上也派船，载上乐队，加入盂兰会的行列，一起进发。这样，过一个村，加上一两只船，加上一路乐队，经过王兰庄，船队增加到十几只。这时满河的灯火船只，满河的民间音乐齐奏，简直就是一次自发的民间音乐大会演。再看那满河筒子里的荷花灯，自上游往下游漂流，烛火萤萤闪烁，连成一气，装点得赤龙河面的夜景风光无限。

盂兰会结束后，全村人聚集到村当中的土庙。这座两排房的土庙，平时无神供奉，每逢七月十五日盂兰会，庙里张挂神龛，供奉达摩老祖，全村人就此聚餐。

（赵宝卿　陈子茹）

（八）中秋节

农历八月十五，亦称团圆节，村内俗称八月节，有吃月饼、赏月的习俗。亲朋之间多以月饼为礼品，互相拜访问候。月饼人们多喜欢“五仁”“白果”“麻饼”“枣泥”“豆沙”等传统口味。2000 年后，村民多数在家设宴团聚，也有到饭店聚餐，且选择在饭店的越来越多。

（九）重阳节

农历九月初九，俗称九九重阳、老人节。村中会组织老人开展慰问、旅游等形式多样的敬老爱老活动。

（十）寒衣节

农历十月初一，人们多以烧纸方式祭奠故去亲人。村中一般设有专用焚烧点，便于人们烧纸。

（十一）腊八节

农历腊月初八，这天人们用各种米（白米、黑米、小米等）、豆（红豆、芸豆、黑豆、绿豆等）、小枣、核桃仁、莲子等 8 种原料熬制“腊八粥”食用。该日用醋腌蒜，谓“泡腊八蒜”或“泡腊八醋”，以备除夕就饺子一起食用。

六、公立节

新中国成立后，“五一”国际劳动节、国庆节等国家法定节日逐渐被人们认可和推崇。90 年代后，年轻人逐渐崇尚过“洋节”，以圣诞节、情人节为甚。进入 21 世纪，母亲节、父亲节等节日日渐兴起。

（一）新年

1月1日。又称元旦。是日，村企业、学校及村委会挂彩旗，张灯结彩，组织文体活动，庆祝节日。

（二）国际妇女节

3月8日。亦称“三八妇女节”。妇联组织召开座谈会、慰问老年妇女、文艺演出等活动，以示庆贺。

（三）植树节

3月12日。始于1979年。是日，村组织党员干部、志愿者、村民开展义务植树活动。

（四）国际劳动节

5月1日。90年代末期，“五一”节放长假7天（连同双休日），村民外出旅游者增多，有“五一黄金周”之说。2008年始，国务院规定“五一”放假3天（连同双休日）。家庭多喜短途旅游，或走亲访友。

（五）中国青年节

5月4日。村团支部组织团员青年开展义务劳动、文体活动，或参加镇团委举办的纪念活动。

（六）国际儿童节

6月1日。少年儿童身着节日盛装，参加各种文艺表演和联欢游艺等庆祝活动，村委会出资为其购买节日礼品，以示关怀与鼓励。

（七）中国共产党诞生纪念日

7月1日。是日，组织党员或参观教育展览，回顾党的历史；或召开表彰会，表彰优秀党员；或举行特殊党日，重温入党誓词，激励党员不忘初心，为强村富民做贡献。

（八）中国人民解放军建军节

8月1日。是日，村党支部、村委会开展拥军优属活动。

（九）国庆节

10月1日。村中开展各种形式的庆祝活动；商家多举办促销活动，青年男女多选择此日结婚，许多家庭借长假之机探视父母、走亲访友，或参加婚礼或外出旅游。也有年轻职场人员则利用长假进行学习、“充电”。

七、信仰

（一）岁暮洗理

年近岁暮，村中有腊月“二十七，洗疚疾；二十八，洗邋遢”之俗，连同理发，均有“拔除”之意。

（二）贴俗

贴倒酉 旧俗，腊月“二十九倒贴酉”。“酉”字在阴阳“五方”中属“西”方，正对应“五行”的“金”，酉倒（到）即金倒（到），如今演变成倒贴“福”字，反映的都是求吉心理。

贴条幅 除夕之前，在水缸上贴“连年有余”、在石磨上贴“白虎大吉”、在碾子上贴“青龙大吉”、在屋壁上贴“抬头见喜”、在门上贴“肥猪拱门”“连年有余”、在院墙上贴“出门见喜”、在棚圈上贴“六畜兴旺”、在窗户上贴窗花、剪纸、“喜鹊登梅”等等。有驱灾迎祥之意。

贴春联 由古代“桃符”驱鬼辟邪俗衍化而来。多7字联，竖贴门侧，左为上，右为下，门楣贴横批，内容多祈福、禳灾、祝颂、迎新、送旧之辞。

贴门神 80年代重兴，最流行的是唐将秦琼、尉迟恭及钟馗等画像，同时贴门心，双扇门贴“对脸儿”、单扇门贴“独坐儿”。21世纪，村民搬入新居，大门上多贴福字。

贴年画 民间尤喜“莲（连）年有鱼（余）”“招财进宝”（4字穿插安排成1个字）、“麒麟送子”“大胖小子”“牡丹富贵”等，大红大绿、富贵吉祥、喜庆祥和。

贴（挂）吊钱 红绵纸制作，有人工刀刻和机器裁制两种，村民多用16开型，后也日趋增大，商家多用宽0.5米、长1米以上。吊钱下部为桃叶状穗，内为福字或“四季平安”“合家欢乐”“财源茂盛”“招财进宝”“吉祥如意”等吉祥语。无论平房、大厦，门窗上檐多为每格1张，随风飘动，一片春色。

（三）放爆竹

村内红白喜事、年节多放爆竹，一为营造气氛，二为驱邪、避邪。1995年，天津市发布限时（平时22时后）、限地（交通要道）禁放条例，村中放爆竹行为得到规范。

（四）打发“外鬼”

当焚烧纸钱冥币时，要从钱圈（纸钱四周划圈，西方留口）里拣出一张放到圈外，谓防过路鬼魅与祖先抢钱。

（五）安“泰山石敢当”或“太公在此”

旧时，村民有在房后（侧）山墙安砖（石）刻的“泰山石敢当”或“太公在此”习俗，以镇妖驱邪。

（六）讨口彩

口彩即吉祥话。讨口彩就是在生活习俗中使用的吉祥话，或通过比附、象征、谐音等手段创造并使用的吉祥话，目的是图吉利，讨彩头，表达对美好生活的祈望。年三十吃鱼叫“年年有余（鱼）”，无论多少要剩下，叫“剩余（鱼）”；婚仪上借枣、栗子、莲子、花生比附出“早立子”“连生子”，男女“花着生”等口彩；新婚之夜新人吃饺子要说“生”，以讨生子的口彩；结婚贴双“喜”字“双喜临门”，倒贴喜字叫“喜”到（倒）了；还有定喜期、办喜事、抽喜烟、喝喜酒、吃喜糖、挂喜幛、唱喜歌等口彩；为人过生日叫“祝寿”，过生日者叫“寿星”，还有庆寿辰（诞）、吃寿面、吃寿桃、贺寿礼、喝寿酒等口彩；老年人寿终正寝叫“老喜丧”；打碎东西叫“岁岁（碎碎）平安”，等等。

人们青睐吉祥数字，尤以“8”字为甚，“8”谐音“发”，主发财。因此，商店开业、工程剪彩纷纷选取有“8”的日子。还有打喷嚏说“百岁”的习俗，打一个说“一百岁”、打两个说“二百岁”，多是长辈为晚辈讨此口彩。

八、迷信 陋俗

（一）迷信

预卜吉凶 80年代后，日历上出现印刷每日“宜”与“禁”内容，村民多爱购买查看。进入21世纪，算命现象有所抬头。村民有疾病或遇不如意事，有请“大师”给算卜者。

流言谣传 村人爱听信谣传。2000年前后，社会流传“上天收童男童女”，造成人心恐慌，不少家庭为“辟邪”，门窗上拴系红布条。

（二）陋俗

重男轻女 “不孝有三，无后为大”的思想在村中仍根深蒂固，重男轻女现象较严重。认为家中没有男孩是“绝户”，身板挺不直，说话不硬气。究其原因，“传宗接代”占多数，其次为“养儿防老”。

吸烟 村中男女皆有不少吸烟者。清末及民国期间，以吸关东烟为主。敬烟成为人际交往的重要手段，“来一颗（烟）”是男子见面后的高频用词。90 年代，待客烟为 5 元左右的中档“石林”牌。21 世纪，村民多抽 10 元至 20 元不等的“长白山”“小熊猫”“玉溪”等烟。1996 年 10 月，天津市在若干公共场所禁烟，但村人在村内收效不大。

酗酒　80 年代，村中“无酒不成席、不醉不喝酒”一度成为风尚，因酗酒伤身或酒后造成交通事故的时有发生。近年，村中喝酒者仍不乏其人。

路边烧纸　村民于“鬼节”等日多有给先人烧纸及衣物习俗，焚烧多于通衢路口，每每造成公路边灰堆一片，经风刮人踏，造成环境污染。

路上倒药渣　村民有将中药废渣倒在路上习俗，源于药王从药渣中发现犯味药而救活病者的故事，但流传至今却成为污染环境的陋习。

安照妖镜　村民有在门楣、房山安玻璃镜的习俗，称为“照妖镜”，谓可化解邪祟。如镜子正面有人家居住，易引起邻里纠纷。

拦婚车“道喜”　90 年代流行，每有接“新”车通过，路人（多男青年）可拦车“道喜”，主家需以喜糖、喜烟甚至喜钱买路，往往一再破费，近年，此俗减少。

人情繁礼　亲朋“人情礼”，婚丧嫁娶要送，生孩子、乔迁、上大学、过生日要送，生病住院要送，成为许多家庭经济负担。21 世纪后，多有教师节给老师送礼现象，尤以幼儿园、小学校为甚。

冥界“文化”　2000 年后，村中祭祀时流行用印刷的“冥币”，颜色、式样均酷似人民币，上面印有“世界地府银行”，行长“玉皇大帝”、副行长“王母娘娘”和“地府阎王”等字样。祭物除传统纸钱外，还出现许多现代仿制品，如纸糊家用电器、洋房别墅、汽车、“佣人”等五花八门。

喧哗划拳　村中偶有年轻人聚会或私家宴场合中，为增添酒兴，划拳行令，大声喧哗以引人注目。夏日，路边多有男子赤裸上身，几个人打扑克牌或下棋，喧哗声往往至深夜才停。其不雅言行，受到大多村民批评。

（三）陋习

90 年代，村中赌博等陋俗沉渣泛起。以经营为目的的“牌馆”应运而生。即使是家庭内部玩“麻将”娱乐，也要有“彩儿”，带有赌博性质。2000 年后，“六合彩”曾一度盛行。2016 年，仍有村民借打麻将、顶牛之际进行赌博。

九、禁忌

古来村庄禁忌很多，新中国成立后破除迷信，提倡科学、唯物主义的人生观、世界观，大量迷信和不科学的习俗禁忌被摒弃。改革开放后，一些旧俗和禁忌死灰复燃。进入21世纪，部分村民在生活中仍信守多种传统禁忌，其中以女性讲究者为多，故俗称为“妈妈例儿”“例儿”。村域古来主要禁忌有：

（一）年节忌

旧时忌讳农历年三十儿包饺子和吃饺子时说“够了、行了、完了”等词语。除夕忌睡通宵，谓一年睡不醒。忌已婚妇女三十午夜串门儿借东西。除夕垃圾不出屋，一谓聚财，二怕将祖先魂灵扫地出门。正月初一不担水、不借火，以显示百物不缺、样样富足。火喻旺，人借兴旺、借人兴旺均属不吉。春节忌打灶门，谓对灶王不恭；忌数馒头、饺子数，怕家财有数；忌说“完了”“没了”“坏了”。以防言成现实；忌除夕至来年正月初五期间说穷、死、没之类词语；忌正月初二外来人借水；忌自家之物在他人家过年。忌出嫁女看娘家灯，怕娘家“登光”。正月初一忌针线，谓一年不得闲，又怕刺中神鬼引起麻烦；忌农历正月初五、十五、立春八月节，已婚妇女在娘家度过，忌农历正月里理发做鞋买鞋，以鞋音邪，怕买鞋招邪；正月忌剃头，有“剃头死舅舅”之说；忌拜年磕双数头，有“人三鬼四”之说。忌二月二动剪刀，怕招虫引蝎。

（二）生活忌

忌筷子长短不一，有“三长两短”之嫌，不吉利；忌筷子横置碗上或立插饭上，均为祭祀方式；忌筷子分放碗两边，有分离意。忌还药锅，谓“还病于人”。忌无偿要瓢（簸箕之类），怕财被舀走。忌无偿买烧纸，谓心不诚。忌戴孝串门，谓“送孝于人”。忌午后看病人，谓病人已到末日。忌死者伴侣随灵车进墓地，怕“随灵走”，又说是与死者决绝准备重娶再嫁。忌年内一（两）出（嫁）一（两）进（娶），谓“喜冲喜”。忌孝期内办喜事，谓“凶冲喜”。忌单日婚娶，谓“走单儿”。忌迎亲车往返走同一条路，谓“走回头路”，因寡妇再嫁称“回头”。忌婚姻双方属相相克。忌在身上逢补衣服，谓“身上连，万人嫌”。忌镜子正对床，怕成镜中人。忌饺子、馒头25个，因25是供品数。忌正对人磕头，因孝头正对人。忌2人分吃1个梨，怕“分离”。忌属虎之人进产房，对新生儿不吉。忌孕妇迎亲，谓不洁等。忌下午或晚上看病人。忌晚上进产妇房间，进房间时需用水缸照一下。忌斟茶时壶嘴对着别人。忌吃饭时破口碗给客人或者长辈使用，忌用筷子指指点点。忌男女衣裤混穿。忌借别人水筲挑着出入人家家门。忌孕妇在娘家生产，不然需要丈夫耕一块地。忌产妇与别人家的婴儿百日内相见。忌自然流产、人工流产未满月的妇女串门儿。忌中药锅放在桌子上，有“砂锅不见木”说；忌中药渣子倒入粪坑

(应该倒在路中央，任人踩来踩去)；忌主动归还药锅；忌煎煮中药时候抽烟。忌已婚女子吃娘家腊八饭。忌两人共吃一个梨。

(三) 建造禁忌

忌五月盖屋，谓“使人头秃”。忌前房高于后房，谓“欺祖”。忌过道正对院门，谓人鬼同路（若必须正对，需加影壁)。忌窗对他人门，有“门对窗，必遭殃；窗对门，不打官司即死人”之说。忌房屋正南正北，因庙是正南正北。忌门对西南开，主凶。忌房屋接西，谓越接（人丁）越稀。忌同向窗子大小不一，谓“大眼瞪小眼”，主家庭不和。忌桑木上房（当檩或椽子)，桑音丧，不吉。忌前院栽桑，不吉。忌后院栽柳，柳为墓树，不结籽，主无嗣。忌院中栽杨，杨树叶阔，遇风拍响，称为“鬼拍手”。忌孕妇进刚上梁的新屋，谓不洁。

(四) 婚嫁忌讳

旧时，忌同族五服之内通婚；忌农历正月提亲，如果提亲要给每人买一条红腰带；忌讳属相相克者成亲，忌讳同岁未过百日不能成亲；忌姑女还家即姑女嫁舅男，谓之“骨肉还家”；迎新送亲有“姑不接，姨不送，姥姥舅舅全不用”之说；忌新婚被褥不是全科人儿（指父母公婆儿女双全者）做的；忌孕妇、寡妇进洞房；忌新娘独自回娘家留宿；忌讳家庭在一年中一娶一嫁，当先娶后嫁；忌讳迎亲车辆同一条路，来回走；忌讳孕妇迎亲送亲；忌讳寡妇进别人的房间，进别人的洞房。旧时，迎娶寡妇在下午举行结婚典礼。

现在除了与丧偶或离异女子结婚与未婚者相同外，其他禁忌还在一定程度上被保留。

(五) 丧葬忌讳

忌讳死者停床时两脚蹬空；禁入殓时死者亲家与其见面（故入殓后亲家再吊唁)；忌死者配偶随灵柩出院子进墓地；忌孕妇身挨死人灵床；忌出殡时孝子回头；忌孕妇进坟地送葬；忌吊唁时主家给的孝服原封不动带回家中；忌穿孝服者进邻家串门；忌丧事百日之内吃面条儿；忌丧事后当年办喜事；丧失亲人后三年内贴春联儿，忌当年春节拜年。

第十章　方言谣谚

立村之初，人们从山西、山东和安徽等地迁徙至吴庄子村，在海河怀抱中繁衍生息，七八十岁以上老人语音复杂，而在当地出生的人则均为纯正天津口音。独特的水文化，孕育出村民们勤劳善良、尚农尊读、勤俭朴实、乐土重乡的品格，催生土特产、生产生活饮食文化及特有的民俗风情。村民在劳动和社会生活实践中，总结出涉及气候、物候、农事、社会政治生活等诸多民谣谚语，地方个性鲜明，语言干练，诙谐幽默，为村民喜闻乐听，今犹多有使用。

第一节　方言土语

一、方言

（一）语音

吴庄子村位于天津旧城区西南，属汉藏语系汉语，北方语音，天津话片。村中语音语调均与市区无差别，方言谣谚也很相近，唯农事类留传较多，今仍偶有使用。

方言与普通话区别为：

1. 该方言把没有声母的字音前加入声母 n，如：“挨打、不碍事、案板、马鞍子、按照、鳌鱼、棉袄、讹诈、恶心、幺蛾子、摁钉、藕坑、怄气、偶尔”等等。

2. 读音变换声母（前字母为普通话声母，后字母为村方言声母），如：y、r，没用，永远，允许；b、p，逮捕；ch、sh，刹那；j、z，俊俏；j、q，花键儿；m、n，谬论；n、l，鲜嫩；x、q，膝盖；s、x，宿舍；sh、ch，教室等等。

3. 读音变换韵母（前为普通话韵母，后为村方言韵母），如：ong、eng，瞎弄；

an、ie，苤蓝；i、ei，披大衣；in、ing，天津；o、ao，摸里儿；o、e，玻璃；i、u，钥匙；an、ao，棉花；ou、ao，解剖；u、uo，俘虏；uo、ou，做活；ue、ie，侵略；a、ai，把…放好；u、iu，把…取来。

4. 爱加儿话音，常用的有：今儿个，夜儿个，前儿个，改明儿，里响儿，响儿头，擦黑儿，当间儿，浮头儿，多前儿，那前儿，地尖儿，麻爪儿、耐人儿，符神儿，那黑儿，鸡留儿，家巧儿，仓官儿，脚豆儿，玻了盖儿，不识闲儿，白吃饱儿，眼力见儿，献前儿等。

改革开放后，随着人们文化程度的提高和普通话的普及，村民语音及语言逐渐被标准普通话代替。

（二）常用方言

倍儿（特别）

哏儿（有意思）

头响火（上午）

过响火（下午）

夜来个（昨天）

赶后儿（后天）

大建（农历历法大月一个月 30 天）

小建（农历历法小月一个月 29 天）

年五更（除夕夜）

吃喜面（订婚）

并骨（夫妻合葬）

起腻（找事儿）

坐地炮（撒泼耍赖）

落道邦子（行为不端的人）

二把刀（对某种工作知识不足，技术不熟练）

扛刀（挨饿的意思）

打眼了（未辨别清楚而买了假货）

罗罗缸（事情拉扯不清，麻烦事）

编笆造模（无中生有，造谣生事）

轴子（性情固执的人）

栽了（脸上不光彩，当众出丑）

起五更（凌晨起床）
刮拉雷（霹雳）
贼星（流星）
老爷儿（太阳）
火柿子（西红柿）
茅房（厕所）
地蚕（蚯蚓）
蝲蝲蛄（蝼蛄）
癞蛤蟆（蟾蜍）
长虫（蛇）
蛤蟆（青蛙）
猪秧子（小猪崽）
羊羔子（小羊）
牛犊子（小牛）
女猫（母猫）
郎猫（公猫）
叫驴（公驴）
儿马（公马）

二、土语

（一）典型词语

村内方言典型词语有：扫听（打听），膈应（讨厌），胳肢（gé zhi），火赁（羡慕），虚忽（不真诚），拉（lǎ）忽（忘心大），瞅瞅（chou 二音），糟尽（糟蹋），晌火（中午），狼虎（乱糟糟），半颤子（不精熟），揪地（地或室内地面），识举（知足），暴腾（尘土飞扬），罗罗纲（圈套圈），瞎么虎眼（胡乱吆喝），格色（个性），腰分量（称分量），拉拉饭（掉饭粒），嘛（四声，即吗）等。

（二）部分称谓

太爷：曾祖父。老太太：曾祖母。您老：是您的意思。老娘婆子：接生员。人家：别人。姨子：妻子的妹妹。老丈人：岳父。丈母娘：岳母。舅子：妻子的兄弟。老娘们儿：已婚妇女。老爷们儿：已婚男子。大伯、大大：比父亲年长的同辈男子。大娘：大伯的妻子。伯伯：比父亲小的同辈男子。婶子：叔母。一担挑：连襟。闺女：女儿。姑爷：女婿。白眼儿：女儿的子女。红眼儿：儿子的子女。

2017 年吴庄子村常用土语简表

表 4

词语	释义	例句
上亮子	门上方的玻璃窗	今天打扫卫生，擦了上亮子
褶咧	无理取闹或指人事儿多	别惹他，他可褶咧了
横（héng）是	可能	他怎么还不来？横是家里有事
唆了蜜	棒棒糖之类甜食	小孩子可爱吃唆了蜜了
零嘴儿	零食	他家零嘴儿特多
果子	油条	早晨他买了两根果子
嚏喷	打喷嚏	他冻得直打嚏喷
恁么（něn）	怎么，那么	你恁么嫩么腻味人呢
油葫芦	隶属蟋蟀科	墙砖缝里有个油葫芦在叫
尼了	你或您	尼了这是干嘛去
迂	悠闲	抽烟喝茶看着球赛，挺迂啊
孬鱼	熬鱼	吃的贴饼子孬鱼
顺（shún）	难看、丢人	当着那么多人数落我，我多顺呐
侉	土气	你这身衣裳太侉了
来（lǎi）	拽	他快站不住了，快来他一下
拾不起个儿	形容筋疲力尽	累得他都拾不起个儿来了
拢子	梳子	他去买了一把拢子
堆故（gu）	身体摊成一团	他怎么堆故那儿了
干饭	米饭	我都不知道自己吃几碗干饭
糖堆儿	糖葫芦	老少都爱吃糖堆儿
快（kuǎi）	挠或舀	后背让蚊子给咬了帮快快
鞋塔拉	拖鞋	我去超市买了一双鞋塔拉
垫巴	正式吃饭前先少吃一些	先吃两块蛋糕垫巴垫巴
色（shǎi）	颜色或好色	那个人挺色的
一边儿大	指年龄相仿	他跟小李一边儿大
楞（léng）子	比较蛮横的人	别理他，这人简直就是个楞子

续表 4

词语	释义	例句
介	这	介是怎么回事
大尾巴鹰	意同装蒜	别装大尾巴鹰了
大了（liǎo）	红白喜事的司仪	他家喜事多亏了大了忙活了
折饼儿（固秋）	无规则的乱动	快睡觉，你在那乱固秋嘛呢
自歪	弱者向强势一方不服气	别自歪了，快认输吧
揍兴	德行，贬义，多用于骂人	瞧他那揍兴
鼻等	鼻涕	你看他冻的，直流鼻等
脖葛儿	脖子和衣服的空隙	把一虫塞一个胖子脖葛儿里了
糟改	调侃，找乐	他总拿人糟改了
崴泥了	坏了	这回可崴泥了
耐人（yin）	招人喜爱	这小孩倍儿耐人
隔色	特殊	他这人有点隔色，不好沟通
罗罗缸	纠缠不清	这回可罗罗缸了
倍儿哏儿	有意思	他讲的笑话倍儿哏儿
打镲（chǎ）	开玩笑	别打镲了，说正经事
不时闲	闲不住	他干活干惯了，一点不时闲
落忍	过意不去	让人干那么多活，有点不落忍的
识举	知足	现在生活条件那么好，他特识举
为嘛许的	没必要	给你操那么多心，为嘛许的
吃挂落儿	受连累	你也跟着吃挂落儿了
当间儿	中间	上有哥，下有弟，他是当间儿的
翻呲	翻脸，数落，叨叨	没事别翻呲
祸祸	糟蹋	这孩子能祸祸，东西扔得哪都是
凉白开	白开水	他一下就喝了一大杯凉白开
嘛玩意儿	什么东西	你买的这是嘛玩意儿
小眼子巴擦	眼睛很小	他长得小眼子巴擦的
现世报儿	丢人现眼	你这现世报儿，回来干嘛
矫情	争辩	他这人特能矫情

续表 4

词语	释义	例句
犟嘴	顶嘴	看你还敢犟嘴
眼力见儿	察言观色	他特有眼力见儿
大仁果	花生	他出去买了一斤大仁果
齐活	成功	还有最后一个就齐活了
出幺蛾子	标新立异	你怎么竟出幺蛾子呀
兑故（gū）（鼓叨）	拾掇，修理	你那瞎兑故嘛呢
腻歪	讨厌	他这人嘴特碎，让人腻歪
得楞	修理	他特巧，一会儿就把车得楞好了
病秧子	身体不好	他从小就是个病秧子
擦黑儿	傍晚	他出去玩了一天，擦黑儿才回来
编巴造魔	捏造瞎话	别听他的，他净编巴造魔
不得烟抽	不得志	他在单位里不得烟抽
不含糊	不服气	他干什么都不含糊
大拿	能人	他在村里是大拿，什么事都能办
吃饱了撑的	无事生非	你吃饱了撑的呀，什么事都管
掰开揉碎	仔细分析	掰开揉碎给他讲道理
白话蛋说话	不切实际	他是白话蛋说话，别信他
白吃饱	什么事不干的人	他什么事都不做，就是个白吃饱
不亮梢	不明智	这事办得不亮梢
半拉个叽	某方面知道一点的人	他什么都学，却都是半拉个叽的
逗闷（mèn）子	开玩笑	你别逗闷子了，有事快说
靠人	不正当异性关系	那个女人在外靠人了
不顺南不顺北	不顺从	他不顺南不顺北
暴腾	尘土飞扬	他扫完地，整个屋子都特别暴腾
拔闯	替别人出气	他特仗义，总是为兄弟拔闯
圆全	圆满	他把事办得特圆全
般配	条件一样，合适	他俩挺般配的
大概其	多数是，基本	这事他只知道大概其

续表 4

词语	释义	例句
搭咯	找，联系	给你搭咯对象
倒插门儿	入赘	他虽是倒插门儿，却特受人尊重
坏菜	糟糕	坏菜啦，我把这事忘得一干二净
画道儿	出主意	给姐画道儿，这事咋办呀
哈喇子	口水	做饭特别香，闻着就流哈喇子了
鬼魔三道	神神经经	他这人成天鬼魔三道的
见天见	每天	你见天见把自己圈在家里
下三儿	下三烂的隐晦说法	他就是个下三儿
翻错眼皮	义为看错了	你想称王称霸，你翻错眼皮了
护食	霸占事物，不许别人吃	这孩子护食，谁要也不给
护犊子	护孩子，有错儿不许人说	这人护犊子，只许他自己说孩子
闹（nāo）心	恶心	看他溜须拍马的样子，怪闹心的
撒丫子	跑	听说免费抽奖，他撒丫子就去了
铆劲儿	使足劲儿	他一铆劲儿，一气儿爬 10 层楼
老令儿、老例儿	约定俗成的老规矩	按照老令儿，立冬应该吃饺子
狼虎	狼吞虎咽	这人从小吃饭就狼虎，什么都吃
落（lao）炕	老、病得不行了	老爷子落炕了，快看看吧
乌涂水	半开水	这壶是乌涂水，不能喝
些罕	喜欢，稀罕	这孩子特招人些罕
故故懂（纽）	诡计	看你能有什么故故懂
要开锅	热闹	地拆迁这事在村里要开锅了
五脊六兽	坐卧不安	一听说要拆迁，他急得五脊六兽
庸乎	因为	他们俩庸乎嘛打起来了
上炕焐被	睡前把被子铺好	快上炕焐被吧，我困得不行了
扬棒	因骄傲张扬，显示	小子扬棒起来了
邪行	奇怪	这事真邪行，怎么躲都躲不掉
咯应	讨厌	一想起这事，他心里就咯应
震了	惊人，出名	在比赛中拿了第一，在村里震了

续表 4

词语	释义	例句
狗眨眼	贬义褒用，喻极短时间	他睡一“狗眨眼”就醒了
捯搡	言“拉”“吃”，有贬义	七月十五号丧，八月十五捯搡
捯饬	装饰；刻意打扮	她参加婚礼，大早就捯饬起来了
半颤子	半截，没完	这活干了半颤子，没完啊
眼不前	眼下，现在	别说那没用的，咱说点眼不前的
粘屁股	久坐不走	这人粘屁股，坐半天不走

第二节　歌谣谚语

一、谚语

（一）气候时令谚语

1. 下雨：一场秋雨一场凉，十场秋雨一场霜。燕子高飞晴天告，展翅低飞雨天抱。燕子低飞老牛叫，蛤蟆吵坑雨就到。蚂蚁搬家蛇过道，倾盆大雨即将到。蜜蜂早出晚归超，天气有变雨将到。蜘蛛高挂忙做网，连日久雨转晴朗。蚂蟥浮面天将雨，蚂蟥沉底天晴好。鸡早进窝天必晴，鸡晚进笼天必雨。池塘翻水鱼拂面，暴雨洪水现眼前。早晚烟扑地，苍天有雨意。早看东南晚看西北。日晕三更雨，月晕午时风。黑夜下雨白日晴，收得粮食无处盛。月亮戴草帽，明日把雨闹。东虹云彩西虹雨，南虹出来卖儿女（指将涝）。头伏有雨，伏伏有雨。竖闪电雨成线，横闪电雹成片。

2. 下雪：八月十五云遮月，正月十五雪打灯。头九有雪，九九有雪。

3. 冰雹：黑云黄稍子，必定下雹子。天有骆驼云，雹子要来临。

4. 炎热：老石旧砖，出汗闹天。傍晚火烧云，明天晒死人。

5. 云彩：云彩往东，一阵大风，云彩往北，一洼大水，云彩往西，王母娘娘披蓑衣，云彩往南，王母娘娘撑船。

6. 旱涝：七月十五定旱涝，八月十五定收成。开河不过惊蛰，春分地气通。夏至雷鸣三伏旱。

（二）农事谚语

1. 勤劳：秋天猫猫腰，累死冬天赚三遭。种地不上粪，等于瞎胡混。人误地一时，地误人一年。人勤地生保，人懒地生草。春耕深一寸，顶上一茬粪。家土换野土，一亩顶两亩。地种十年亲如母。要吃碱地饭，就得拿粪换。种麦不怕草，就怕坷垃咬。倒茬如上粪，种地要好，三年一倒。今年留下一棵草，明年一车拉不了。

2. 种植收获：麦子黄了稍儿，饿得弯了腰。头伏萝卜二伏菜三伏种荞麦。立秋双荚逗，十年九不收。立冬不出菜，冻了你别怪。秋风麦子正当时，寒露麦子搿倒坯。白露早，寒露迟，秋分种麦正当时。今冬麦盖三层被，来年枕着馒头睡。五月不耙地，六月干生气。七月枣，八月梨，九月柿子红了皮。种蒜不出九，出九长独头。

（三）事理谚语

家庭　两口子打架不用劝，放下桌子就吃饭。家有十担谷，说话气力粗。只有狠心的儿子，没有狠心的爹娘。不当家不知柴米贵，不养儿不知父母恩。子不嫌母丑，狗不嫌家贫。老虎不在家，猴子称霸王。

社会　指亲不富，看嘴不饱。雨过千层网，网网都有鱼。饱带干粮暖带衣。能走十里干，不走十里滩。浇树浇根，交人交心。没有金刚钻儿，别揽瓷器活儿。在家千般好，出门万事难。人怕出名猪怕壮。人多打瞎乱，鸡多不下蛋。阴来阴去下大雨，病来病去病死人。天下无难事，只怕有心人。师傅领进门，修行在个人。不怕一万，就怕万一。有理走遍天下，无理寸步难行。不怕没好事，就怕没好人。一朝被蛇咬，十年怕井绳。灯不点不亮，话不说不明。跟着神仙学好人，跟着巫婆学跳绳。发财遇朋友，倒霉遇勾头。儿行千里母担忧。没做亏心事，不怕鬼叫门，在家靠父母，出门靠朋友，不听老人言，吃亏在眼前。知人知面不知心，贪小便宜吃大亏，吃不穷穿不穷，算计不到就受穷。犯病的别吃，犯法的别做。人无远虑必有近忧。没有三分利，不起大五更。人有三宝精气神，天有三宝日月星。长木匠，短铁匠。争着不够，让着有余。前人栽树，后人乘凉。包子有肉，不在褶上。病从口入，祸从口出。耳听为虚，眼见为实。宁省囤尖，不省囤底。前头有车，后头有辙。人过留名，雁过留声。

二、歌谣

村内古来流传的歌谣主要有：

小老鼠上灯台儿，偷油喝，下不来，猫猫喵，猫来了，叽里咕噜滚下来。

点呀点，点牛眼，牛眼花，买菜瓜。菜瓜苦，买盐卤。盐卤咸，买只船。船没底，买只笔。笔没头，买头牛。牛没甲，买匹马。马没鞍，上泰山。泰山有只虎，专咬小孩你不走。

小耗子上缸沿儿，拿小瓢儿，舀白面儿，烙薄饼，炒鸡蛋儿，不吃不喝分两半儿。

拉大锯，扯大锯，姥家门口唱大戏。接闺女，叫女婿，小外孙子儿你也去。

小小子，坐门墩，哭着喊着要媳妇。要媳妇干什么？点灯说话，吹灯睡觉，明儿早晨起来梳小辫。

飞机飞得高，鬼子（指日本侵略者）要挨刀。飞机飞得矮，鬼子要挨宰。

说胡话，倒话胡，公牛下个母牛犊，聋子哭，哑巴喊，瘸子出来往外赶，一赶赶到老李家。老李家去赶集，骑着口袋扛着驴，东西道南北走，家家胡同人咬狗，拾起狗头砍砖头，拾起砖头咬一口。

哦，哦，睡觉了。狼来了，虎来了，和尚背着个鼓来了。哪里藏，庙里藏，一藏藏了个小二郎。二郎二郎你看家，我上南洼拾棉花，一拾拾了个大西瓜。你吃皮，我吃瓤儿，剩下瓜子喂小羊。

采呀采呀采藕哇，采了三筐两两楼哇，再采一筐家走哇，是都头没有啊。

小板凳三条腿，我给奶奶嗑瓜子儿，奶奶嫌我脏，我给奶奶擀面汤，面汤里面放点醋，酸得奶奶只想吐。

大娘水开了，把我的脚豆儿烫歪了，歪的歪邪的邪，过年不能穿皮鞋。

糖瓜祭灶新年来到，闺女要花，小子要炮，老婆要复裹脚条，老头儿要一个新毡帽。

打罗罗，又罗罗，收取麦子请婆婆。请了婆婆哪里坐，炕头上坐，丝糕年糕一大剁，笑的婆婆笑呵呵。

三、歇后语

一根筷子吃藕——挑眼了

武大郎当总理——人小办大事

丈母娘疼姑爷——诚心实意

老太太吃柿子——嘬瘪子

澡堂子的拖鞋——没有对儿

老太太吃山芋——闷口儿
骑驴看账本儿——走着瞧
坟头插烟卷儿——缺德带冒烟儿
打哈欠——好大口气
县官打他爹——公事公办
刘备摔孩子——收买人心
剃头挑子——一头热
木头眼镜——看不透
破汽车——没挡
脚面水——平汤（趟）
夜猫子进宅——无事不来
擀面杖吹火——一窍不通
麻绳捆豆腐——提不起来
脚底长疮头顶流脓——坏透了
老皇历——看不得
孔圣人搬家——全是书（输）
半夜打酱子——糊鬼
粪叉子掉河里——多余
坐飞机伸小手儿——胡天
飞机上挂暖壶——水平高
猪鼻子插大葱——装相
茅房里扔炸弹——激起民愤（粪）
纳鞋底不用锥子——真好
瓜子不饱——是人心
井里的蛤蟆——没见过大天儿
老鸹（乌鸦）落在猪身上——看见人家黑，看不见自个儿黑
老鼠拉木锨——大头儿在后头
尖嘴骡子卖驴价——坏嘴上了
秋后的蚂蚱——蹦不了几天了
鞋底抹油——溜了
庙里头失火——慌神了

做梦娶媳妇——净想好事
正月十五贴门神——晚半个月啦
砂锅捣蒜——锤子买卖
抱着元宝跳井——舍命不舍财
怀里揣马勺——盛（诚）心
推小车的拾搭腰——有袢（盼）儿了
心里长草——荒（慌）了
拽着胡子过河——牵须（谦虚）
倒了碾子砸了磨——石（实）打石（实）
冻豆腐——难拌（办）
蛤蟆跳井——卜咚（不懂）
打铁的钳子——好夹火（家伙）
大饼卷蚂蚱——夹（家）吃去

第十一章　艺文杂记

由于贫穷落后，古来村域教育文化水平较低，文化成果少。民间流传有“霍四平端私盐车”“赤龙河的传说”“张天师手掌雷劈红蟒”等一些传说，都被人们赋予文化内涵。义和团运动、抗日战争、解放战争期间流传的许多故事，基本属于史实性的真实事件。当代村中自创的劳动号子、儿歌、新诗、散文、口述档案、座谈会发言则反映着村民不同时期的生活与追求。《村规民约》作为文献记存，将继续引领、约束村民行为。

第一节　艺　文

一、儿歌

21 世纪初，村小学教师编出拼音儿歌，帮助小学生快速掌握汉语拼音。

单韵母

张大嘴巴 ɑ ɑ ɑ

拢圆嘴巴 o o o

嘴巴扁扁 e e e

牙齿对齐 i i i

嘴巴小圆 u u u

噘嘴吹哨 ü ü ü

声调标准

人行道平走 ā ā ā

天桥上坡 á á á

下坡上坡 ǎ ǎ ǎ

天桥下坡 à à à

声母

像个6字 b b b

右上半圆 p p p

两个门洞 m m m

伞柄朝下 f f f

马蹄走路 d d d

伞柄朝上 t t t

一个门洞 n n n

小棍赶猪 l l l

鸽子鸽子 g g g

一挺机枪 k k k

一把椅子 h h h

一只公鸡 j j j

左上半圆 q q q

一个叉子 x x x

禾苗向日 r r r

像个鸭子 z z z

半个圆圈 c c c

半个8字 s s s

像个树杈 y y y

像把折尺 w w w

字母对比
稀奇稀奇真稀奇，
b、d 肚皮对肚皮；
好玩好玩真好玩，
p、q 脸蛋对脸蛋。

二、散文

亦农亦渔的卫南洼

天津市城区西南的卫南洼，是一个土地面积比较大的大洼，南北约 8 千米长，东西宽约 10 千米。解放前，大洼基本上处于原始状态，耕地随高就高，随洼就洼，地势洼处“蛤蟆尿泡尿”就沥涝成灾。说来也怪，大凡沥涝成灾的年份，大洼内只要有积水，就一定会有鱼虾供人们捕捞，有人说，蚂蚱（蝗虫）产的卵有水就生鱼，鱼产的卵，旱时就孵化蚂蚱，当地群众一直就把这种误解当作真事。

生活在大洼周围各村的农民群众，只能适应十年九涝的环境，亦农亦渔，有水治鱼，水退种地。冬季和早春，在洼内无水的时候，部分农民用“夹挠子（鼠夹子）”打铁雀（候鸟）卖给饭馆，维持生计。开春解冻以后，适宜耕种的土地，播种高粱等高秆作物，亩产只几十斤。仍存有积水的洼底，依然是“打鱼摸虾”了。

单说当地农民的治鱼方法，真正是五花八门，捕鱼工具多种多样，为了适应季节和水面大小、深浅不同，光渔网就有大网、杆网、丝网、罾网、赶网、扒网等捕鱼网具，还有插箔旋、打行箔、扒泥鳅旋等，春秋两季，对水面小而鱼又多的坑洼、沟壑和比较小的坑塘则采取“竭泽而渔”的“淘鱼”，就是把水淘干拾鱼。

“杆网”，是专门捕捞水深处底鱼的渔具，一至二人使用，只能捉到河坡的底鱼，二人作业是两岸对拉，可捕捉到河中心的底鱼，这种渔具适用于冬季和早春鱼类休眠时期。

“丝网”适宜在宽阔水面鱼类最活跃的时期作业，此网网眼较大，专捕捉半斤以上的大鱼。鱼在游弋中撞上这种网，网线挂进鱼鳞、鱼鳃等部位，越挣扎挂的越牢靠，遇上较大的鱼，整贴丝网都缠绕在鱼的身上。

“插箔旋”也是在大水面鱼类较为活跃的季节，将几十领苇箔在已选好的地方，插成一个鱼类只能进不能出的“迷魂阵”，这个“迷魂阵”是治鱼的行家根据鱼类的活动规律设置的，它由苇箔插成直线——箔筳子、大圈、中圈、小圈、小窝子组成，各种鱼类只要顺着箔筳子游进大圈，就只能游进中圈、小圈，最后钻进小窝子，然后人们用捞盔将小窝子里的鱼捞净。

“扒泥鳅旋”是卫南洼所特有的捕鱼方法，专捕捉小鱼小虾。大洼的水退到膝盖以下，用铁锨从水中捞泥筑成埝埂，让埝埂形成一个“迷魂阵”，鱼类也是只进不出，最后游进最小圈，小圈开一小口，小圈外坐一苇篓，再与用苇子编织成约5寸长的喇叭状物（当地人叫“须”）相连，让小鱼虾钻入苇篓，如遇晴好天气，一天也能捕捉到几十斤小鱼虾，特别适宜艳阳天，小鱼虾可以钻满苇篓，远瞧像苇篓底朝上，近看原来整个苇篓已经钻满了小鱼小虾！

最有趣味儿的捕鱼作业，莫过于“打行箔”。这是在夏秋时节，大面积齐腰深水面上进行的治鱼方法，先选择好地势，由众人将小船运到的几十领苇箔，在水面插成一条几十米的直线（长度以苇箔多少决定），然后，由两只小船（每船三人），连续往返传递直线起点的苇箔送往终点，过程中，一人不停地敲打小船上的“铁簸箩”，就是一块30厘米见方1厘米厚四角微翘的铁板，放在中心有眼的石砧上，双手用木棍击打，由船底发出声音，使水中的鱼群闻声向插箔的地方逃窜，随着箔往返传递，众人快速将直行箔逐渐拐弯，形成一个大箔圈，然后，众人围住箔圈并用脚踢箔使箔圈逐渐缩小，最后对小圈内的鱼群，网捞人摸，捉净为止，另行选地方重新进行。

20世纪30年代前后，为了满足天津市内建筑业之需要，村庄北洼兴建了数座烧制红砖的转盘窑，这一代村庄的不少贫苦农民，参加“挑方坑”大军，平地挖坑取土，大洼内逐渐形成许多十几米深的坑塘水面，扑捞深水较大水面的渔具“大网”就应运而生了，“大网”是多人使用的渔具，网眼中等，可同时捕捞大小不等的底鱼和浮鱼。偶遇鱼多的地方，能一网打上来几百斤鱼。

“一方水土养一方人”，数百年来，当地农民祖祖辈辈就在这块土地上休养生息，适应并改造着环境，同时在也改变着自身的生产和生活方式。

（赵宝卿）

第二节　故事传说

一、故事

村中许多抗击洋人、反抗恶势力的故事。流传最多的是抗日战争故事，基本属于史实性的真实事件，因故事性较强，特辑于此。

吴庄子战斗

1946 年 6 月 1 日，国民党天津县还乡团 200 人包围了中共津南县七区区公所驻地吴庄子村，村内只有七区范松云等六名区干部，闻还乡团已至，立即转移，进入地道隐蔽，在地道内，整整坚守一天。次日，还乡团又纠集力量继续围攻，区公所人员被迫退到恶霸地主郭七院内，区公所人员凭仗高房工事打退了数次进攻。还乡团见久攻不克，竟然逼迫乡民数人，在前充当炮灰，妄图靠近大院。区公所人员立即向乡民喊话，劝解他们不要被利用。乡民乱作一团，将紧随其后的还乡团冲散。还乡团又逼迫乡民抱来柴草，用烟熏火烧，由于风向不顺，未得逞。这样，区公所人员一直坚守到天黑，前来增援的区小队于还乡团背后发起进攻。还乡团不战自溃。此战坚守两个昼夜，打死打伤还乡团 31 人，区公所无人员伤亡。

抢收敌物资

1945 年 8 月中旬，日军企图在投降前把窑厂仓库的大批物资运走。武工队闻讯后，立即与驻在吴庄子的我军 23 团某排取得联系，一起攻打广发、德新窑厂，组织群众夺取物资。窑厂的日军企图抵抗，但是被我火力压得抬不起头来，加上数百群众喊声震天，吓得日军从铁丝网底下钻出去逃回李七庄。这一次战斗，群众夺回一大批猪、羊、耕畜和家具物资，还夺得几头奶牛，全部分给贫苦农民。是年秋，古河窑厂附近日军经营的 2000 多亩稻田已经成熟，有十几个日军在看守。在胜利在即的情况下，武工队决定抢收稻子，不让粮食落在敌人手里，便组织各村 60 多名青壮年乘船开往稻地，一上午就收割两船稻子。由于奸细告密，下午看守稻地的日军赶来用机枪扫射割稻的群众，武工队与敌人展开战斗，用火力掩护群众割稻，这一下午割的稻子又整整装了3大船。当纪家庄的大队日伪军乘汽车赶来时，武工队掩护群众已经安全回村。

二、传说

在数百年的生产生活中，吴庄子人流传着一些动人的传说和故事，均属百姓愿望式的折射，故备存。

张天师掌手雷劈红蟒

相传，村围赤龙河西河塄水下住着一个叫红蟒的女妖，经常兴妖作怪。一次，一艘运粮船在西河楞抛锚打尖，临走起锚却拉不上来。年轻的船主潜水去起锚，见水底有一处阔绰的住房，船锚钩住了门框。年轻人好奇，见屋门开着，就朝里走要看个究竟。走进屋里，发现床上睡着一位漂亮的红衣红鞋女子，顿生爱慕，但又不敢造次，偷偷脱下女子的一只红绣鞋揣进怀里，溜出来摘下船锚就开船走了。那女子醒来后发现丢了红绣鞋又羞又恨，心知系船人所为，一怒之下，挑起水筲用法力一挑水把赤龙河水挑干，河道里的运粮船全都搁浅。这时，张天师发现是红蟒兴妖作怪，驾云追来，一个掌手雷劈了红蟒。红蟒水筲里的水倾出，淹了周围的村庄田地。

霍四平端私盐车

小南河霍家是武术世家，霍元甲在弟兄间排行第四，人称“霍四”。据说，霍四在弟兄间身体最单薄，他父亲出于爱护之心，恐他的体力不支，不准霍四参加习武，霍四心中不服，却一直在暗中偷着学，末了，他的功夫倒比所有弟兄都强。清末，天津南部三天两头闹灾荒，老百姓为了养家糊口，几乎家家垒盐灶熬硝盐，由于官府禁止贩私盐，人们就用布做盐帔子，装满盐穿在上身衣服里面，用这种方法运盐，一次只能运几十斤，多的也只有百八十斤。身强力壮、胆子大的人用独轮推车运盐，一次可以运二三百斤。一天，霍四与几个兄弟每人推着一辆装有三四百斤盐的独轮车，行至卫南洼，忽听后面人叫马嘶，回头一看，原来是官兵追赶他们。大伙一看这地方上不着村，下不着店，没处躲藏，急得抓耳挠腮。大伙都看霍四，让他快拿主意。霍四指着不太远的一小片高粱地说：“快！把车推进高粱地。”

说时迟，那时快，官兵顺着车辙追到高粱地边，路上的车辙印突然消失。官兵心想，难道他们能上天，能入地？官兵们四处搜索，走进高粱地，只见连人带车都在里面，霍四正蹲在盐车旁歇息。小头目纳闷儿地问：“你们的车是怎么进来的？”奇怪的是地上竟没有车轮轧的痕迹，盐警问：“霍四，你的盐车怎么弄进来的？”霍四回答：“是我一辆一辆端进来的。”小头目撇了撇嘴：“就你这猴头猴脑样儿，能搬得动这车？”官兵们哈哈大笑。霍四急了，倏地站起来，走到那头目面前：“我要搬得动怎么办？”“你要能把车搬出去，我放你们走！”“说话算数？变卦不是人！”“好！”只见霍四走到一辆独轮车前，双手握紧车把根部，气沉丹田，两膀一较劲，说声“起！”盐车一下离地一尺多高，一步一步，将独轮车端出高粱地，稳稳当当放在土路上。官兵们大吃一惊，齐声喝彩。霍四接着一辆一辆地把车端出高粱地，气不长出，面不改色。盐警们惊叹：“今天亲眼得见霍四的功夫，‘中国大力士’的赞誉，果然是名不虚传！我等佩服！”据说，自那以后，霍四卖私盐，果真再没遇到过盐警捉拿。

第十二章　人　物

吴庄子村地近天津卫，抗日战争、解放战争时期曾是中共地下党组织及民主政府经常活动的根据地之一。新中国成立后，特别是改革开放以来，村中涌现出一批优秀人物，创造出不菲业绩。在社会经济和精神文明建设中，一些干部、群众做出突出贡献，有的留下感人事迹。根据以人为本的原则，人物篇在传统录入传记、革命烈士、党政军界及教育科技界人物基础上，收录省市级、区级、街级先进人物。

第一节 人物传

张 良 籍贯不详。静海县七区区委书记，领导吴庄子一带革命武装进行抗日和与国民党军做斗争。1945 年 10 月的一天拂晓，国民党“义勇壮丁队”赵德谦部得知张良在吴庄子村活动，便带队包围吴庄子，张良突围出村后，因为子弹打光，被敌人的马队围捕。张良被带到良王庄伪军团部，受尽严刑拷打，但英勇不屈，后被敌人装入麻袋扔进河中，壮烈牺牲，年仅 22 岁。

第二节 个人荣誉

韩俊杰 1982 年 11 月 6 日，不顾个人安危扑灭大火，受到傅村公社党委表扬，号召全公社的共产党员向韩俊杰学习。

杨文起 在2005年社会治安综合治理工作中成绩突出，被区委、区政府评为先进工作者。2008年12月，在精神文明创建活动中成绩突出，被西青区精神文明建设委员会评为“2007年至2008年优秀组织者”。

韩清义 2006年6月，在推进南河改革开放和现代化建设实践以及保持共产党员先进性教育活动中，切实履行职责，抓好党建工作，成绩卓著，被西青区南河镇委员会评为优秀党务工作者。2010年6月，被精武镇授予“2009年度优秀共产党员”。2013年3月，韩清义被天津市社会社会管理综合治理委员会评为“2012年天津市优秀平安志愿者”。

高兰英 2009年2月，被区委组织部评为“2008年西青区党员干部现代远程教育优秀管理员”。2015年，被天津市镇党委评为“2015年度精武镇十佳志愿者平台管理员”。

张学伟 2012年，被团区委评为西青区优秀共青团干部。

陈秀霞 2014年10月，在2014年度中国梦好人评选活动中事迹突出，被天津市西青区精神文明建设委员会评为第三季度“西青好人”。2015年1月，被天津市精神文明建设委员会办公室评选为“天津好人”，入选天津文明网。

张　平 2015年被评为精武镇优秀志愿者。

刘　丽 2015年被评为精武镇优秀志愿者。

第三节　人物专记

村民拥护爱戴的好书记——记天津精武镇吴庄子村书记杨文起①

走进吴庄子村，优美整洁的乡村环境，现代化的健身中心，园区内鳞次栉比的工业厂房，这些都离不开吴庄子村民的勤劳与智慧，更离不开一心为民的村党支部书记杨文起。16年来，杨文起始终坚持“吃百姓之饭，穿百姓之衣，莫道百姓可欺，自己也是百姓”的座右铭，心系群众，为民谋利，带领吴庄子村老百姓走上了致富之路，全村呈现出一派文明祥和、繁荣发展的景象。

① 作者：史磊、于爱澍，原载2013年5月17日《天津日报·聚焦西青》。

杨文起在工作中（2017 年摄）

如何抓好经济建设，带领村民致富是杨文起考虑最多的问题。吴庄子村土地多为盐碱地，种植业发展艰难。在几经参观学习后，他深受启发，结合本村实际，重新勾画了全村发展蓝图，决定走工业化的发展道路。几年来，他带领村两委班子，充分发挥自身优势，不断深化改革，加大科技投入，高起点、高标准投资建设了吴庄子村工业园。期间，他身患鼻咽息肉，病情严重时连呼吸都困难，但他放不下手头工作，迟迟未去治疗，直到息肉几乎完全堵塞呼吸道，这才不得不住院手术。虽然人在医院，但他的心还每天惦念着村内建设，于是病房成了会议室，住院期间先后解决了两个花窖、七个暖室、五个大棚的拆迁问题，完成了工业园区的基础设施建设规划。在园区建设过程中，他坚持可持续发展，注重园区整体效益和产业长远发展，目前园区已完成“七通一平”，高标准完成了主要干道的照明和绿化工作，为招商引资奠定了良好基础。现如今，园区内已引进了一批科技含量高、附加值大的规模企业，既有效发展了村集体经济，增加了村财政收入，又解决了村民的就业难题。

经济发展了，集体收入增加了，提高村民生活水平成了杨文起的工作重心。他先后为村民办理了医疗保险，为困难户落实了低保待遇，为村民每年发放 4000 元的口粮补贴，为村里老年人每年发放 1200 元的养老金，每年为村里考入重点大学的学生发放 5000 元奖学金，为考入一般本科的学生发放 3000 元奖学金，每年春节购买 20 万元的米面油等生活用品，挨家挨户送到村民家中。他抓住津文公路开通、赛达大道修建、威乌高速公路从本村穿过等机遇，修建了贯通津文公路和干校路的宽敞大道，并安装了路灯，方便了村民出行。此外，他还带领村两委班子加强农村精神文明建设，为每户免费安装了闭路电视，修建了村民活动中心并配备了健身器材，修建了高标准的篮球场、羽毛球场，建成了设施齐全的老年活动中心，建成农家书屋，大大丰富了村民的业余文化生活。

在“党员承诺制”活动中，杨文起带头确定承诺内容，带头公开承诺事项，带头兑现承诺目标，真正做到了率先垂范，身体力行。他事事从自身做起，处处严格要求自己，不以职务之便为自己及亲属牟利。作为一名基层党组织的领路人，杨文起以高度自觉地党性修养、强烈的事业责任心和改革创新的精神全面推进了吴庄子村的和谐、稳定和跨越式发展，受到党员群众的赞誉，成为村民拥护和爱戴的好书记。

附　录

《吴庄子村规民约》

(2015 年 12 月)

第一章 总 则

依照《中华人民共和国村民委员会组织法》，参照《天津市西青区村民自治章程》制定村规民约。

第一条 实行村民自治必须在党的领导下，依法进行。正确处理好民主与法治，民主与集中的关系，实现依法治村。

第二条 村党支部要按照《中国共产党章程》《中国共产党农村基层组织工作条例》进行工作，发挥领导核心作用，依照宪法和法律，领导、支持和保障村民开展自治活动，直接行使民主权利。

第三条 村民委员会在村党支部领导下开展工作，自觉接受街党委、办事处的指导，努力完成好街党委、办事处交给的各项工作任务。

第二章 遵纪守法

第四条 遵守国家各项法律、法规，爱党、爱国、爱家乡，关心集体，积极支持公益事业，严格履行公民各项义务，勤劳守法致富，禁止偷税、漏税、损害国家集体利益，依法保护自己的合法权益。

第五条 村民要积极参与社会治安综合治理，支持村治保会、巡逻队、治安片长的工作，维护社会治安秩序稳定。

第六条 相信科学，反对迷信，坚持唯物论，坚决同一切邪教组织作斗争。

第七条 贯彻执行信访条例，坚持“逐级上访、分级管理”的原则，把信访问题化解在基层。

第八条 村民都要学法、懂法、守法，自觉维护法律的尊严，同一切违法犯罪行为作斗争。看好自家的门，管好自己的人，办好自己的事。

第九条 积极参加“文明家庭户”“遵纪守法户”评选，争创“双文明户”。

第十条 遵守社会公共秩序，维护社会公德，不恶语伤人，对打架、斗殴、偷窃行为除赔偿损失外当面批评、公开批评、公开检查。情节严重的移送司法机关处理。

第十一条 爱护国家、集体财务，对损坏公物和他人财物的根据情节给予赔偿损失、批评教育，情节严重送司法机关处理。

第十二条 严禁赌博。对参与赌博者一经查处没收赌资赌具，聚众赌博为赌博提供条件、赌具的，情节严重的送司法机关严惩。

第十三条 严格用电使用制度。电是商品，用电有偿、严禁偷电，偷电者以盗窃论处，情节严重的交公安机关惩处。未经批准不得私自安装用电设施，如发现不按用电管理有关规定造成后果的自负，并且依法交纳各项承担的费用，履行各自的义务（如水、电、承包费等项）。对于违反者，村委会有权采取相应处理措施。

第十四条 严禁私自砍伐国家、集体和他人树木及农作物，对砍伐破坏树木及农作物者予以赔偿损失，违反森林法的交司法部门处理。

第十五条 私房出租户有外来暂住人口居住的，三日内房主应向治保会登记，村治保会对暂住人口按标准收取水、电、卫生管理费，并按村暂住人口管理细则加强管理。同时，必须到派出所办理暂住证，对手续不全的，治保会有权拒绝暂住，出现一切问题由房主承担。

第十六条 对造谣惑众、搬弄是非、恶语伤人的要进行严肃批评教育。引起事端、妨碍大局稳定，造成严重后果的将交有关部门依法处理。

第十七条 对损坏水利设施、交通、供电、通信、生产等公共设施的，情节轻微除负责修复外，并按损失额赔偿；情节严重的交司法部门处理。

第三章　村风民俗

第十八条 提倡社会主义精神文明，反对封建迷信；提倡健康、文明有益的娱乐活动，树立良好的民风村风。

第十九条 喜事新办，不铺张浪费；丧事简办，实行火化。禁止穿重孝，坚持“三点白”（即白帽、白腰带、白鞋），不准穿孝裤、孝袍等，违者除批评教育外，村不予报销火化费、不出火化车。

第二十条 搞好村容村貌建设积极履行村民义务，绿化、美化保持庭院卫生、街道环境卫生，不乱泼、乱倒、乱堆垃圾、污物和其他杂物，违者对其批评教育并令其打扫干净。

第十五条 尊重知识，积极培养子女，保证子女九年义务教育。

第十六条 依法使用宅基地，新建、拆建房屋服从村委会统一管理，服从上级建房的规定，如违反按有关规定严惩。

第十七条 不准私自乱占闲散地，需要时向村委会提出申请，签订临时占地协议，收取一定数额的占地费，服从村中整体规划，村需要此地时无条件拆除，执行好临时占地规定。

第四章 邻里关系

第十八条 村民之间要互尊、互爱、互助，和睦相处，建立良好的邻里关系。

第十九条 在生产生活社会交往中，应遵循平等、自愿、互惠互利的原则，发扬社会主义新风尚。

第二十条 邻里纠纷，应本着团结友爱的原则平等协商解决，协商不成的可申请村调委会调解，也可依法向人民法院起诉解决，树立依法维权意识，不得以牙还牙，以暴制暴。

第二十一条 不许聚众闹事、打架、斗殴，造成后果严重的，给予批评教育并赔偿对方损失，触犯刑律的交司法部门处理。

第五章 婚姻家庭

第二十二条 自觉遵守《中华人民共和国婚姻法》，做到婚姻自主，男女平等，一夫一妻，尊老爱幼，建立团结和睦的社会主义文明新家庭。

第二十三条 反对包办买卖婚姻，提倡晚婚晚育，优生优育，严禁非法同居、未婚先孕。

第二十四条 夫妻双方在家庭中地位平等，共同承担家务，共同管理财务，共同教育好子女。

第二十五条 模范执行国家生育政策，提倡优生优育，科学育儿。

第二十六条 对遗弃、残害婴儿和虐待女婴及其生母的，按《天津市保护妇女儿童合法权益若干规定》执行。

第六章 社会福利保障

第二十七条 实行老有所养。每个子女都有赡养老人的义务，保证老人的生活。对本村男性村民年满 60 周岁、女性村民年满 50 周岁的老人实行老年人退休金制度，按月兑现发放。

第二十八条 坚持军有所优。按照上级有关规定，实行拥军优属、拥政爱民的工作方针，对现役军人每年发放优抚金，对退役军人量才录用，优先安排工作。

第二十九条 实现灾有所偿。村委会积极与保险公司取得联系，大力宣传动员村民参加房屋、家财、人身意外等险种，争取一人受灾，大家帮助。

第七章 民主政治建设

第三十条 定期召开村民代表大会，重大事宜民主决策。

第三十一条 坚持民主理财制度，实行村务公开，增加村务透明度，对重大决议事项及财务收支等工作，定期在公开栏内刊登、供村民阅览。

第三十二条 本村规民约，根据村实际情况制定，未尽事宜应遵照国家有关法规执行。

本村规民约自公布之日起实行。

《吴庄子村计划生育（户口登记）补充规定》

（2014 年 3 月 11 日）

根据上级放开单独二胎有关文件精神，为进一步规范我村户口登记工作，经村两委班子研究特做如下补充规定：

一、坚决执行上级有关放开单独二胎的规定，凡在本村范围内符合有关规定的一律准许办理申报二胎手续。

二、凡是本村的独生子、独生女或允许招婿的人员，所生育的二胎登记户口规定如下：

1. 本村农业户口男青年，妻子是非农业户口，计生政策允许生育的二胎，同意登记农业户口。

2. 本村非农业户口的男青年，妻子是本村农业户口，计生政策允许生育的二胎，同意登记农业户口。

3. 本村农业户口独女招女婿，男方非农业户口，计生政策允许生育的二胎，同意登记农业户口。

4. 本村多女儿户，其中一人允许招女婿，但必须是农业户口，男方非农业户口，计生政策允许生育的二胎，同意登记农业户口。

5. 本村农业户口不允许招女婿的女村民，计生政策允许生育二胎的，只允许其中一孩登记农业户口。

6. 凡是计生政策允许生育二胎的，原村集体发放的独生子女费一律退回。

三、对凡是违反计生政策超生的，做出如下规定。

1. 以 2014 年 3 月 11 日召开两委班子专题会研究为截止日。

2. 截止日之前超生的，按原协议进行处罚如下：

(1) 区计生委对其子女征收社会抚养费，村委会准许登记户口。

(2) 从上户口之日起，五年内不享受村里的任何待遇，第六年至第十年享受村民待遇的 30%，第十一年至第十五年享受村民待遇的 50%，第十六年至第二十年享受村民待遇的 70%，二十年后享受村民待遇的 100%。

3. 截止日开始，以后再有超生的（计生政策不允许生育的二胎），新生人口终身不享受村民待遇。

四、本规定自 2014 年 3 月 11 日起执行。

五、本规定解释权归吴庄子村委会。

六、以上规定望全体村民共同遵守执行。

《吴庄子村民自治章程》

第一章 总 则

第一条 为依法实行村民自治，加强农村民主政治，调动村民建设社会主义新农村的积极性，促进物质文明、精神文明和政治文明建设，特制定本章程。

第二条 本章程依据《中华人民共和国村民委员会组织法》及国家有关法律、法则，结合本村实际，经村民代表会议讨论修订。

第三条 本村实行村民自治，是在党的现行政策和国家法律规定的范围内，在村党支部的领导下，由村民委员会具体组织实施，村民代表会议监督执行。

第四条 本章程是全体村民的行为规范，章程面前人人平等，都必须严格执行。

第二章 村民自治组织

第一节 村民会议

第五条 村民会议由本村十八周岁以上的村民组成，是全村的最高权力机构。

村民大会根据工作需要召开，有十分之一以上的村民或三分之一以上的村民代表提议，应召开村民会议。村民会议由村民委员会召集。

第六条 村民会议的职权

（一）选举村民委员会，撤换和补选村民委员会成员。

（二）听取和审议村民委员会的年度工作报告，评议村民委员会工作。

（三）撤销或变更村民委员会、村民代表会议不适当的决定。

（四）讨论决定涉及全村村民利益的重大问题。

村民会议，应当有本村十八周岁以上村民的过半数，或者本村三分之二以上的户代表参加，所做决定应当经到会人员的过半数通过。

第二节 村民代表会议

第七条 村民代表会议由村民代表会议主席、村民委员会成员和村民代表组成，是全村的重要决策议事监督机构。讨论决定村民会议授权事项。村民代表的任期与村民委员会的任期相同，村民代表可以连选连任。必要时可以撤换和补选。村民代表依据村民居住情况划分村民小组，由户代表以投票方式选举产生，平均每15户产生一名。村民代表必须拥护党的路线方针政策，遵纪守法；坚持原则，作风正派，办事公道；关心集体，正确代表村民意愿与利益，有较高的群众威信；身体健康，有一定文化水平和参政议政能力。村民代表会议每季度召开一次，有五分之一以上的村民代表提议，应当召集村民代表会议。村民代表会议有三分之二以上的组成人员参加方可召开，所做决定应当经到会人员的过半数同意。

第三节 村民小组

第八条 村民小组是在村委会领导下，开展群众自治活动的基层组织，是村民委员会联系村民的桥梁和纽带。

第九条 本村划分17个村民小组，每个小组设组长（即村民代表）一人。

第十条 召开村民小组会议，应当有本村民小组十八周岁以上的村民三分之二以上，或者本村村民小组三分之二以上户代表参加，所做决定应当经到会人员的过半数同意。

第四节 村民委员会

第十一条 村民委员会是村民自我管理、自我教育、自我服务的基层群众性组织，实行民主选举、民主决策、民主管理、民主监督，接受上级政府的指导和村党组织的领导。

村民委员会成员由全村十八周岁以上有选举权的村民直接选举产生。可以连选连任。村民委员会实行少数服从多数的民主决策机制和公开透明的工作原则，建立健全各种工作制度。

第十二条 村民委员会职责

（一）认真贯彻执行党的路线、方针、政策，教育组织村民自觉遵守国家法律法规。

（二）向村民大会、村民代表会议负责并报告工作。

（三）完成镇政府布置的行政经济等工作任务。

（四）维护村民的合法权利，教育引导村民履行村民义务。

（五）组织村民发展经济，做好生产的服务协调工作。

（六）管理村集体所有的土地和集体财产。

（七）办理公共事务和公益事业，调解民间纠纷，维护社会治安。向上级政府反映村民意见、要求和建议。

（八）做好优待抚恤、救灾救济、殡葬管理、五保供养等社会保障工作。开展移风易俗活动。

（九）带领群众开展社会主义精神文明建设。

第十三条 村民委员会工作制度

（一）学习制度。村委会每月组织一次学习，主要学习党的路线、方针、政策、国家法律法规和上级党委政府的有关文件，不断提高思想水平和政策水平。

（二）会议制度。村民委员会每半月一次办公会，每季度一次向村民代表汇报工作会，每季度一次小结会，年终一次总结会，根据工作需要可随时召开。

（三）村委员会干部考核管理制度。村民委员会成员要落实分工，明确责任，明确奖惩，并定期总结检查，年终考核，不断提高干部的工作能力。

（四）村务公开制度。凡涉及村民利益的事项都要进行公开。主要包括：上级党委、政府有关政策规定落实情况；本村重要村内事务；村干部分工职责；财务收支；计划生育；救灾救济等有关村民关心的重大事项。公开形式建立村务公开栏、召开村民大会或村民代表会议，以及向各户发放公开材料等。

第十四条 村民委员会下设治安保卫、人民调解、财务统计、计划生育等配套组织。

治安保卫委员会的职责是发动和依靠群众搞好本村治安，协助政府和公安保卫部门做好治安工作，搞好日常治安巡逻和所属区域的安全检查。

调解工作委员会的职责是负责法治宣传教育，调解民事纠纷，及时化解矛盾，把问题解决在萌芽状态。加强纠纷信息反馈，严格控制重大事件发生。

财务统计工作委员会主要职责是严格执行财经制度，搞好集体财务的管理和审计工作。

计划生育工作委员会的职责是负责本村及所属区域内的计划生育工作，对妇女进行健康知识普及，对已婚育龄妇女按期进行孕情检查和随访。对生育一胎的育龄妇女进行计生知识宣传和知情选择的指导，避免计划外怀孕。

第五节　村务监督委员会

第十五条　村务监督委员会负责村民民主理财，监督村务公开等制度的落实。其成员由村民会议或村民代表会议推选产生，其中应具备财会、管理知识的人员。按市区要求应支持、鼓励分管纪检工作的村党组织班子成员依法定程序选为村务监督委员会主任。村务监督委员会向村民会议和村民代表会议负责，可以列席村民委员会会议。

第十六条　村务监督委员会应当建立村务相关档案。包括：土地发包方案和承包合同、经济合同、集体财务账目、集体资产登记文件、公益设施基本资料，基本建设资料，征地补偿费使用及分配方案等。

第六节　村民

第十七条　本村的村民享有下列权利：

（一）依照《中华人民共和国宪法》规定，享有公民应享有的一切权利。

（二）参加公务活动，提出有关村务的建议和批评，对村干部和村务进行监督。

（三）享受本村举办的各项公共事业和公益事业利益的权利。

（四）十八周岁以上的（剥夺政治权利的村民除外）村民有选举权和被选举权，有参加村民会议，讨论决定村务重大问题的权利。

第十八条　每个村民有以下义务：

（一）遵守村民自治章程，执行村民会议、村民代表会议和村民委员会的决定、决议。

（二）完成村委会分配的任务。

（三）团结互助、尊老爱幼，维护村集体利益。同一切危害村民利益的行为做斗争。

（四）自觉参与精神文明建设，开展移风易俗，争创文明村，文明户，遵纪守法户等活动。

第七节　村干部

第十九条　村干部应严格要求，牢固树立全心全意为村民服务的思想，努力干好本职工作，要求做到：

（一）认真贯彻执行党的路线、方针、政策，坚持四项基本原则，政治上同党中央保持一致，模范执行市、区、镇党委、镇政府的各项决策部署。

（二）认真学习党的政策，学习科学文化知识和现代管理知识，不断提高政策理论水平和工作能力。

（三）坚持实事求是，讲究工作方法、作风民主，尊重村民意愿，善于做群众工作。

（四）吃苦在前、享受在后、履行职责、勤奋工作，带领村民勤劳致富。

（五）不吃请、不受礼，清正廉洁，办事公道，不以权谋私，敢于同不良现象作斗争。

（六）以身作则，在各项工作中模范带头，做群众的表率。

（七）坚持原则，主动开展批评和自我批评，自觉接受群众监督。

（八）维护集体利益，与村干部一道齐心协力，共同做好村务各项工作。

第三章　经济管理

村集体的资产、资源归全体村民所有。由村委会统一管理，每个村民都应自觉参与管理，实现集体资产、资源的保值、增值。

第一节　资产管理

村集体经济组织所有的建筑物、道路、农业机械、交通工具、农田水利设施和教育、科技、文化、卫生、体育设施；各级政府对村集体的无偿拨款、补贴、减免税款以及国家机关、社会团体、企事业单位、其他组织和个人对村集体经济组织的资助、捐赠的财物；村集体经济所有的现金、存款、有价证券；村集体经济组织所有的商标权、专利权等无形资产等均属村集体所有，由村委会统一管理，并落实资产管理有关法律规定。

第二节　土地资源管理

村行政区域内所有土地，包括工业园区、村民自建厂房用地、村民宅基地、承包人承包土地以及其他荒地、耕地、水面坑塘、道路、沟渠等均属村集体所有，由村委会统一管理，土地承包者只有使用权，村民个人享有集体收益分配权，没有土地的所有权。

第二十条　在厂房、车间等租赁中，凡涉及集体土地相关的，应遵守合同中的约定事项，不得在原有的土地上改造、扩建或随意转租他人。

第二十一条　村集体所有的土地，应服从国家建设征用需要，土地经营者不得以任何借口进行阻挠，并执行国家法律规定补偿标准。

第三节　农业管理

第二十二条　村民的土地承包经营权受法律保护，村委会应认真落实土地承包政策，稳定以家庭承包经营为基础，统分结合的双层经营体制。

第二十三条　村委会下设农业服务组织，负责组织指导管理农业生产，为农业生产提供必要的条件。

第二十四条　村民承包集体所有的土地、鱼池、果木等，应当同村委会签订承包合同。除村民承包的口粮田、自留田外，其他承包项目均应采取公开招标的方式确定承包人。村委会应当维护农业承包者的依法经营的自主权、产品的处理权和正当的收益权。

第二十五条　农业承包者应履行合同约定，缴纳承包费。

第二十六条　村民土地承包者，不得改变原有土地的使用性质，不得在所承包的土地上随意取土建设，不得开挖鱼池、建墓或堆放废弃物，不得损坏水面、堤坝、沟渠及各种农业设施，不得乱砍滥伐承包土地上的树木。

第二十七条　村民承包的土地不能随意转让或者转包其他人，土地退包由村委会统一安排。

第四节　财务管理

第二十八条　严格落实村账镇管规定，由村委会分管财务工作的负责人，统一负责全村的财务管理工作。

第二十九条　成立村民理财小组和村务公开监督小组，加强财务监督。

第三十条　发挥财务监督委员会作用，负责村民民主理财，监督村务公开等工作的落实。

第四章　社会秩序

第一节　社会治安

第三十一条　每个村民都要学法、知法、守法，自觉维护法律的尊严，同一切违法犯罪行为作斗争。

第三十二条　村民之间应团结互助，相互尊重，和睦相处，严禁侮辱、诽谤他人，严禁造谣惑众，拨弄是非。

第三十三条　自觉维护生产、生活秩序，不扰乱公共秩序，不阻碍公务人员执行公务。

第三十四条　严禁偷盗、敲诈，侵占国家、集体、个人财产，严禁赌博，严禁替罪犯隐藏赃物。

第三十五条 严禁非法生产、运输、储存、销售和买卖易燃、易爆物品；严禁私存枪支、弹药等危险品。

第三十六条 村民要爱护公共财产和村内各项公益设施，不得损坏水利、交通、生产等公共设施，不得在居住区内安装噪声大的机械设备。

第三十七条 不得在公路上挖沟开渠，堆积粪土，摆摊设点，不得以任何理由妨碍交通秩序。

第三十八条 村民要遵守社会公德，不调戏妇女，不准私拆和毁弃他人邮件，诚实守信。

第三十九条 严格用水、用电管理规定，不准私自接电、接水，要切实爱护水、电设施。

第四十条 要保持和维护好村容村貌，爱护保洁设施，共同创造干净整洁的生活环境。

第二节 村风民俗

第四十一条 加强精神文明建设，提倡移风易俗，反对封建迷信和一切不文明行为，树立社会新风尚。

第四十二条 提倡喜事新办、丧失简办、厚善薄葬，不铺张浪费，反对大操大办。深化丧俗改革，不穿重孝，不设酒宴，不念经拜佛，遗体实行火化。坚持“三点白”（即白帽、白鞋、白腰带），提倡戴青纱、白花。

第四十三条 破除迷信，解放思想，不算卦，不相面，不悬挂带有封建迷信色彩的图像，不搞各种封建迷信的祭祀活动，不听、不看、不传淫秽书刊等音像资料。坚决抵制各种邪教组织及活动，不参与传销活动，反对以家族势力干扰和影响集体事业的发展。

第四十四条 违反本节上述条款者，村委会有权给予批评教育，限期改正，对触犯法律的移交司法机关处理。

第三节 邻里关系

第四十五条 村民之间要相互尊重，相互理解，相互帮助，建立良好的邻里关系，形成互敬、互爱的良好风气。

第四十六条 村民在经营、生活及社会交往中应遵循平等、自愿、互助、互利原则，顾全大局，发扬风格。

第四十七条 村民宅基地要服从镇、村规划，不得私自改建、扩建房屋，不得损坏整体规划和四邻利益。

第四十八条 邻里间发生纠纷要依靠组织解决，不得无理取闹、寻衅滋事，对制造纠纷的当事人，情节较轻的予以批评教育，造成人身伤害或财产损坏的，要承担医疗和经济赔偿费用，对情节严重，触犯法律的交司法部门解决。

第四节 婚姻家庭

第四十九条 村民要坚持婚姻自由，男女平等，一夫一妻，尊老爱幼的原则，建立团结和睦的新型家庭。

第五十条 婚姻大事由本人做主，反对包办婚姻，反对借婚姻索取财物。

第五十一条 夫妻在家庭中地位平等，反对男尊女卑，反对家庭暴力，夫妻双方共同承担家务劳动，共同管理家庭财产，有共同抚养、教育子女的义务。

第五十二条 对丧失劳动能力，无固定收入的老人，其子女必须尽赡养义务，生病就医、日常生活费用由子女负担。

第五十三条 对父母的遗产，儿女有平等的继承权。

第五节 计划生育

第五十四条 计划生育是我国的基本国策，全体村民要认真执行天津市计划生育条例，自觉控制人口增长，提高人口素质。

第五十五条 符合婚姻法和计划生育条例规定，持有生育证的夫妻，允许生育子女，生育一胎后，必须采取节育措施；经上级计生部门批准，生育二胎的，产期满后，必须采取节育措施，避免流产，不允许计划外生育。对于计划外生育的，当事人全家（包括夫妻、父母、孩子）不享受村里的一切福利待遇。对于夫妻双方一年内自愿退二胎指标的，一次性奖励3000元。

第五十六条 严禁弃婴、溺婴，违者报司法机关依法处理。

第五章 附 则

第五十七条 本章程由村民委员会负责解释，并具体实施，村民会议和村民代表会议监督执行。

第五十八条 为确保本章程的实施，成立由村委会成员和村民代表组成的工作小组，村委会主任兼任小组长，具体负责检查章程的落实情况，并向村民代表会议报告。

第五十九条 本章程自通过之日起执行。

2012年10月26日第八届村民代表第二次会议审议通过

参考文献

天津市西青区地方志编修委员会编：《西青区志》，天津社会科学院出版社，2003 年。

天津市西青区南河镇地方志编修委员会编：《南河镇志》，天津社会科学院出版社，2000 年 6 月。

天津市西青区统计局编：《西青区统计年鉴》。

韩嘉谷：《天津古史寻驿》，天津古籍出版社，2006 年。

《天津经济》《天津日报》《今晚报》等报纸刊物。

编后记

2017年，为贯彻落实习近平总书记、李克强总理关于地方志编修的重要指示、批示精神，实施西青区“村村建档修志”工程，吴庄子村党支部、村委会决定编纂一部完整村志，留下历史资料，作为鉴古明今、启迪后人的教材。组成主要领导参加的村志编修委员会，确定专人负责，聘请有修志经验的人员组成修志小组，开始编修村志。

2017年5月，村志编修正式启动。在编修过程中，村委会办公室及编修人员广泛搜集吴庄子村历史和现实资料，包括《李七庄乡志》《西青区志》《西青区统计年鉴》等书籍及村档案室资料，对村内相关村民进行访谈，并通过各种途径在全村范围内征集入志人物资料。在搜集到大量资料基础上，精心筛选、整合资料，进行初稿撰写，后进行互审讨论，集思广益，主笔统理全书。修改后，经村志编委会初审，报请街村志编纂委员会复审，向西青区方志办报审。经复核合格，《吴庄子村志》得以顺利出版，成为建村以来最重要的一项文化成果。

村志述、记、传、志、表、图、录齐全，突出村中特点，如实记述了建村600年间区域变化、自然地理、村政管理、经济文化、风土民情及人物等，重点记述改革开放以来吴庄子村社会发展变化历程和取得的巨大成就，具有鲜明的时代特色和浓郁的地方特色。

在本志编写过程中，曾得到村内外相关单位、团体和社会热心人士多方提供资料、更正史实、修正讹误，为志书的完成提供了许多帮助，在此对所有提供帮助的热心人士一并深表谢忱！

由于编修人员学识水平所限，本志缺点错误和遗漏之处在所难免，敬请广大读者和修志同行给予指正。

《吴庄子村志》编修委员会

2017年6月